Hermann Ungar

Sämtliche Werke 2: Erzählungen

Herausgegeben von Dieter Sudhoff

Hermann Ungar

Sämtliche Werke in drei Bänden

Band 2
Erzählungen

Herausgegeben von Dieter Sudhoff

Hermann Ungar:
Sämtliche Werke 2: Erzählungen.

1. Auflage 2001 | 2. Auflage 2015
ISBN: 978-3-86815-597-6

Umschlagbild: Anton Räderscheidt: Tennisspielerin (1926)
Porträtzeichnung: B. F. Dolbin (1929)

www.igelverlag.com

Igel Verlag Literatur & Wissenschaft ist ein Imprint der Diplomica Verlag GmbH
Hermannstal 119 k, 22119 Hamburg
Printed in Germany

Die Deutsche Bibliothek verzeichnet diesen Titel in der Deutschen Nationalbibliografie.
Bibliografische Daten sind unter http://dnb.d-nb.de verfügbar.

Inhalt

Knaben und Mörder

Zwei Erzählungen

Ein Mann und eine Magd

Ich bin ohne Eltern aufgewachsen. Denn mein Vater starb kurz nach meiner Geburt. Er war Rechtsanwalt in der Provinzstadt, in der ich geboren und in der er begraben wurde. Ich besitze nichts, was mich an meinen Vater erinnert, außer einem Brief an meine Mutter.

Nach dem Tode meines Vaters, der meiner Mutter sogar ein Stück Geld hinterlassen hatte, verließ meine Mutter, von einer starken Leidenschaft oder von Abenteuerlust getrieben, mit einem Ingenieur die Stadt und ließ mich vollständig mittellos mit einem Dienstmädchen in ihrer Wohnung zurück. Seither habe ich nichts mehr von ihr gehört. Bloß der vorhin erwähnte Brief wurde später von einem Gericht in Kanada als ihre Verlassenschaft meiner Heimatsgemeinde übermittelt. Damals war ich sechs Jahre alt.

Es ist klar, oder wenigstens verständlich, daß mich nichts meinen verstorbenen Eltern verbindet. Ich verstehe noch heute nicht, was Liebe zu Eltern ist. Das Organ hiefür ist bei mir nicht vorhanden: ich kann mir nicht vorstellen, was Elternliebe überhaupt bedeutet; sie läßt mich ungerührt bei anderen. Was mir gefehlt hat und wonach ich mich oft gesehnt habe, war ein warmer Mittagstisch oder ein Dach über dem Kopf oder ein gutes Bett, aber einen Vater oder eine Mutter habe ich nie vermißt. Wenn ich „elternlos“ sage, denke ich an Not und schlechte Kindertage. Sonst drängt sich mir keinerlei Vorstellung bei diesem Worte auf.

Ich war also allein und ohne Mittel von meiner Mutter zurückgelassen. Die Stadt hatte für mich zu sorgen und das tat sie, indem sie mich dem „Siechenhause“, das ein reicher Bürger gestiftet hatte, übergab. In diesem Siechenhause waren vier Freiplätze für Greise und zwei für Knaben und ich habe als einer dieser Knaben vierzehn Jahre meines Lebens verbracht.

Ich bin ein neuer Anfang gewesen. Ich wuchs heran ohne Tradition. Nichts Bewußtes hat mich der Vergangenheit verbunden. Ich habe nichts von meinem Vater gelernt und leider nichts von ihm geerbt. Dem Leben stand ich ohne vorgefaßte aufgezwungene

Meinungen und ohne eingetrichterte Prinzipien gegenüber, in denen andere, wenn ich es mir recht vorstelle, schon durch die Atmosphäre eines Elternhauses aufwachsen. Was neu war, machte mich staunen und lockte mich. Auch der Trieb der Geschlechter zueinander scheint mir den im Elternhause Aufwachsenden irgendwie bekannt zu sein allein dadurch, daß sie Mann und Weib miteinander sehen und sich einer Mutter in Liebe verbunden fühlen. Unvorbereitet, selbst ihren Duft nicht ahnend, trafen mich die erwachten Sinne.

Aber ich gehe weit vom Wege ab mit solchen Betrachtungen und sollte der Reihe nach dies alles erzählen. Wie das Haus aussah, wer es bewohnte und was sich weiter begab.

Das Siechenhaus befand sich in einem alten schmutziggrün lakkierten Giebelbau mit vielen Fenstern, deren jeder Flügel acht Scheiben hatte. Das ganze Haus machte auf den ersten Blick den Eindruck größter Unregelmäßigkeit. Ich glaube, es ist aus der Verbindung zweier verschiedener Gebäude entstanden. Zur Tür führten zwei ausgetretene Steinstufen und links neben der Tür stand eine Steinbank, wenn man die durch jahrelange Benützung glatt gescheuerte, auf zwei gedrungenen Blöcken ruhende Steinplatte so nennen darf.

Auf dieser Steinbank bin ich manchmal gesessen, wenn ich vom Spiel mit Knöpfen und Kugeln müde war.

Auch von innen sah das Siechenhaus nicht freundlicher aus als von außen. Die ausgetretenen steilen Stufen ins erste Stockwerk, die morsche Tür in das Vorhaus, die eine schrille Glocke in Bewegung setzte, die dunklen Flecken in der angegrauten Malerei der Wände, alles das ist nicht dazu angetan, in mir helle Erinnerungen an die Zeit meiner Kindheit zu erwecken. Ich weiß, daß ich nie etwas Fröhliches in diesem Haus erlebt habe. Ich glaube, daß in diesem Hause nie gelacht wurde. Ausgelassen, laut war ich vielleicht mit anderen Kindern, wenn wir in den Winkeln der alten Gasse oder auf dem schmutzigen Platze vor der Schule spielten. Wenn ich aber das Haus betrat, war mein Herz von einem Druck beengt, den ich sogar heute noch, denke ich an das Siechenhaus zurück, in mir spüre.

Vom Vorhaus führte rechts eine Tür zur Wohnung unseres Waisenvaters und links führten einige Treppen zu den Räumen, die wir bewohnten. Nur zwei, dreimal habe ich einen Blick in die Wohnung unseres Waisenvaters, den wir bei seinem bürgerlichen Namen, Herr Mayer, nannten, geworfen. Dort gab es Tischtücher, Familienbilder, Sofa und gepolsterte Stühle. Mir schienen diese Räume als Spitze irdischen Luxus. Und Herr Mayer als glücklichster Mensch. Heute weiß ich, daß auch er ein armer, auf das Gnadenbrot harter Leute angewiesener Mensch gewesen ist.

Das eigentliche Siechenhaus, dort wo ich wohnte, zerfiel in vier Räume. Der erste, in welchen man geradewegs über die Treppe aus dem Vorhause kam, war verhältnismäßig groß und hatte drei Fenster. In der Mitte stand der lange, mit Wachstuch bespannte Tisch, an dem wir unsere Mahlzeiten einnahmen. An der Wand hing ein großes Bild, das unseren Wohltäter darstellte; dieses Bild fürchtete ich. Ich wagte nicht, es anders als verstohlen anzusehen und gleich wieder wegzublicken. Mir war, als habe der Wohltäter böse Augen. Als kränke es ihn, daß ich hier von seiner Wohltat lebe. Ich machte den Wohltäter ungerechterweise für meine traurige Jugend verantwortlich. Hätte er dieses Haus nicht gestiftet, dachte ich, könnte ich hier nicht sein, sondern wäre wie die anderen Kinder bei den Eltern und hätte zu essen genug und hübsche Kleider und einen Ball zum Spielen. Mein Haß gegen dieses Bild ging so weit, daß ich einmal nachts mich in den Saal, so nannten wir dieses Zimmer, schlich und mit einem großen Tuche das Bild verhängte. Bei Tage, wo ich die Augen des Wohltäters auf mich gerichtet fühlte, hätte ich das nie gewagt. Das Tuch blieb einige Tage hängen. Niemand kümmerte sich darum. Bis es Herrn Mayer auffiel und er es entfernen ließ.

Mit dem Saale waren drei Kammern durch je eine Tür verbunden. Jede Kammer war für zwei Personen bestimmt. An jeder der beiden langen Kammerwände stand ein schmales hölzernes Bett, zwischen den Betten ein kleiner Tisch. Zwei Stühle, einige Haken in den Wänden und eine schwarze Kiste für Wäsche und Kleider, das war die ganze Einrichtung unserer Wohnstätte. Waschen mußten wir uns in einem Trog im Vorzimmer.

Aus den Fenstern unseres Zimmers sah man auf die schmale Gasse hinunter und in die unregelmäßigen Giebel der alten Nachbarhäuser.

Zu der Zeit, als ich im Siechenhause aufwuchs, waren nicht alle Freiplätze besetzt. Nicht weil man keine Armen gefunden hatte, keine Greise und keine Knaben, die sich darum beworben hätten, sondern weil seit der Stiftung die Verhältnisse teurer geworden waren und die Zinsen des Vermögens nicht mehr für die volle Zahl der Freiplätze gereicht hätten. So waren mit mir nur drei Greise zugleich im Hause. Ein Platz für einen Greis und einer für einen Knaben blieben unbesetzt.

Daß ich der einzige Knabe war, war nicht von Vorteil für mich. Die besondere Zusammenstellung von Knaben und Greisen zu gemeinsamem Leben ist, wie ich glaube, vom Wohltäter nicht zufällig gewählt worden. Ich glaube vielmehr, er wollte durch die Aufnahme von Knaben mit der Wohltat den praktischen Zweck verbinden, eine billige Arbeitskraft zu bekommen. Ich kann sagen, daß meine Arbeitskraft genügend ausgenützt wurde. Früh morgens mußte ich den Alten und Herrn Mayer wie seiner Frau, die ich fast nie gesehen habe, Kleider und Schuhe putzen, mußte für Stasinka, die Magd, Kohle aus dem Keller holen, Holz zerkleinern, Wasser tragen, zum Kaufmann gehen, bevor ich dann, schon müde, in die Schule ging. So bedauerte ich oft, keinen zweiten Knaben mit mir zu haben, der mir die Hälfte der Lasten abgenommen hätte. Besonders schwer fiel mir die Bedienung der alten Männer. Denn Herrn Mayer und seine Frau fühlte ich als Wesen höherer Art. Mayer war zum Herrn über mich gesetzt. Und Stasinka, der Magd, war ich gerne zu Gefallen. Aber die Alten: sie waren doch meinesgleichen! Sie waren nicht mehr als ich! Warum sollte ich ihnen die Schuhe und Kleider putzen und sonst behilflich sein, diesen schmutzigen alten Männern, die ich verachtete?

Da also unser nur vier im Hause waren, stand eine der Kammern leer. In den beiden anderen aber schliefen wir, in einer Jelinek und Klein, in der zweiten der alte Rebinger und ich. Ich sage der alte Rebinger, trotzdem auch Jelinek und Klein alt waren; aber Rebinger war ganz besonders alt. Jede Nacht fürchtete und hoffte ich, er werde sterben. Aber er starb nicht. Als ich das Siechenhaus verließ, war er noch immer am Leben und sah gerade so aus, wie er immer ausgesehen hatte, seit ich mich seiner erinnern konnte.

Mit diesen Menschen, in diesem Hause habe ich die Tage meiner Jugend verbracht, abgesehen von den Stunden in der Schule und den kurzen Weilen, die ich mit anderen Jungen auf der Straße spielte. Ich war kein besonders guter Schüler. Ich war ein armes Kind, noch dazu aus dem Siechenhause. Das sagt gar viel in einer kleinen Stadt, wo die Lehrer mit den Familien der Kinder aus angesehenem Hause verkehren, dort privaten Unterricht erteilen und durch zahlreiche Beziehungen materieller und gesellschaftlicher Natur mit ihnen verknüpft sind. Wenn ich etwas wußte, eine gute Aufgabe brachte, wurde nie wie bei anderen viel Wesen davon gemacht. Wenn ich dagegen, was wohl öfters vorkam, etwas schlecht gemacht hatte, wurde ich gescholten, ja manchmal auch – das wagte der Lehrer nur bei ganz armen Kindern – geschlagen. Dazu kam, daß mir durch das plötzliche Verschwinden meiner Mutter ein Ruf von sittlicher Minderwertigkeit anhaftete und daß selbst meine Mitschüler mich damit neckten, ja daß sie sogar einige verächtliche Verse über mich in Umlauf brachten, die mir bis zu meinem Abschied von der Schule anhafteten. Trotzdem diese Verse dumm und schlecht sind, haben sie mich, so oft ich sie hörte, so schwer gekränkt, daß ich sie mir bis zum heutigen Tage gemerkt habe, obwohl ich manches erlebt habe, was mich schwerer hätte erschüttern müssen und woran ich gleichwohl vergessen habe:

Ich lauf zu meiner Mutter gut,
sie ist ja Blut von meinem Blut.
Habt ihr nicht meine Mutter gesehn?
Ich will zu meiner Mutter gehn!
O denkt euch meinen Schreck,
mein gutes Mütterlein ist plötzlich weg.

Auch die Melodie, nach der dieses Spottgedicht gesungen wurde, klingt mir noch in den Ohren.

In den Pausen zwischen den Lehrstunden zogen meine Mitschüler ihr Frühstück aus der Tasche und ich stand dabei und sah ihnen mit großen Augen zu. Ich gewöhnte mir an, sie um einen Teil ihres Frühstückes zu bitten, und manchmal erhielt ich wirklich auf diese Weise ein Stückchen Butterbrot. Meistens aber bekam ich nichts, sondern wurde ausgelacht.

So war auch die Schule für mich keine angenehme Abwechslung nach Rebinger, Klein und Jelinek. Im Gegenteil, ich ging ungern in die Schule, trotzdem ich auf diese Weise dem Siechenhause auf einige Stunden entrinnen konnte. Fühlte ich doch, daß die drei Alten zu Hause mir gut seien. Sie wußten, wie wichtig ich für sie sei, wie notwendig. Sie hätten sich gehütet, sich's mit mir zu verderben. Gewiß, sie ekelten mich an, ich verachtete sie, ich haßte sie, ich hätte sie schlagen mögen, wenn ich stark genug gewesen wäre. Aber gerade das machte mich stolz zu Hause. Dort in der Schule verachtete, verhöhnte man mich. Hier im Siechenhause war ich ein notwendiges, wenn nicht bedeutendes Glied der Gesellschaft.

Der einzige von den Alten, dem ich eine gewisse Bewunderung nicht versagen konnte, war Jelinek. Täglich um zehn Uhr vormittags ging Jelinek zum Frühstück ins Wirtshaus. Das kostete, wie er immer gewichtig erklärte, acht Kreuzer. Lange vor zehn machte sich in uns allen eine große Unruhe bemerkbar. Nur Jelinek spielte den Gelassenen. Wir fühlten alle: gleich muß der Augenblick da sein, wo Jelinek, Siechenhäusler wie wir, uns wieder bodenlos demütigen wird, und wir warteten gespannt darauf. Nie haben Rebinger oder Klein, seit sie im Siechenhaus sind, dieses Glück genossen, „gabeln" zu gehen. Gewiß war das Wirtshaus nicht vornehm, in das Jelinek gabeln ging, aber er war dort doch Gast, Herr, Käufer. Jelinek genoß die Augenblicke, bevor er uns verließ, bis zur Neige. Langsam ging er im Saale auf und ab. Klein und Rebinger taten im höchsten Maß unbeteiligt. Aber Rebinger zitterten die Kinnladen vor Wut und der Speichel rann ihm aus dem zahnlosen Mund auf den Rock. Klein bastelte mit einer derartigen Wut an dem Regenschirm, den er gerade reparierte – er war Schirmmacher gewesen und man ließ noch manchmal bei ihm eine kleine Reparatur vornehmen – daß er fast die Stöcke zerbrach. „Also gehn wir halt", sagte Jelinek dann kurz vor zehn mit einer Ruhe, die ihresgleichen nicht fand, und ging mit langsamen, würdevollen Schritten.

Dann aber entlud sich Rebingers und Kleins Wut. Ich glaube, sie fühlten sich in ihrer Würde verletzt durch Jelineks Gabelfrühstück. Sie begannen Geschichten zu erzählen, sie überboten einander in Schilderungen von Prassereien aus ihrem eigenen Leben, daß Jelineks Wirtshaus, sein Acht-Kreuzer-Essen, die ganze Stadt daneben verblassen mußten.

Jelinek konnte sich's nämlich leisten. Denn Jelinek machte Geschäfte. Ich stellte mir darunter immer etwas ungemein Geheimnisvolles vor, obzwar Jelineks Geschäfte gewiß höchst arm an Geheimnissen waren. Sie bestanden nämlich darin, daß er alte Flaschen um einige Heller kaufte, indem er von Haus zu Haus nach ihnen fragte, um sie dann mit einem kleinen Gewinn an einen Händler weiter zu verkaufen. Mir kam Jelinek vor wie ein Großkaufmann, dessen Schiffe auf dem Ozean fahren, warenbeladen. Neben ihm war Kleins Tätigkeit, die ich täglich vor mir sah – seine zerbrochenen Schirme – unbedeutend und armselig.

Jelinek mit dem grauen herabhängenden Schnurrbart, der kreischenden und dabei heiseren, ewig schreienden Stimme war der einzige von meinen Mitbewohnern, vor dem ich etwas Respekt fühlte. Klein war fast blind und seine Augen blickten müde durch eine verbogene Brille. Niemals war er rasiert. Und immer hatte er einen Schirm zwischen die Knie geklemmt, an dem er bastelte. Für Klein konnte ich manchmal Mitleid empfinden, das so weit ging, daß ich ihm einen Gegenstand, nach dem seine Hände suchend tappten, der ihm zu Boden gefallen war oder den er verlegt hatte, stumm zuschob. Seine geduldige Ruhe machte meinen Haß, der selbst vor Jelinek nicht immer Halt machte, wehrlos.

Unerbittlich, unnachsichtig, stumpf war mein Herz gegen Rebinger. Sein Körper, der von den Fingerspitzen bis in die Knie ununterbrochen zitterte, seine roten, wimperlosen Lider, die triefenden Augen, sein zahnloser Mund, der in fortwährender Bewegung war und aus dessen Winkel ohne Unterbrechung ein dünner Faden Speichel rann, sein fortwährendes stotterndes kopfloses Sprechen, seine ganze menschliche Hilflosigkeit machte mich zu seinem

Feind. Ich war ein Kind und an diesen Greis gekettet, der nachts sein Bett beschmutzte und dessen verlöschendes Leben einen Schritt von mir Nacht für Nacht einen Kampf mit dem ihm zusetzenden Tode zu kämpfen schien. War ich geboren als ein böses Kind, daß dieser Alte in seinem Bresten nichts in meiner Seele rühren konnte und daß ich, wie ich glaube, an die Leiden dieses zitternden Körpers, dieser ausgelöschten Seele gekettet zu sein schwerer empfand als der Häftling seinen ewigen Kerker?

Hinter dem Siechenhause befand sich ein kleiner schmutziger Hof, aus welchem Treppen in einen Garten hinauf führten. Es war eine der Merkwürdigkeiten dieses Hauses, daß man kaum aus einem seiner Teile in einen anderen, kaum aus einem Zimmer ins andere gelangen konnte, ohne über Treppen gehen zu müssen. Der Garten war klein. Einige Bäume standen darin, in der Mitte ein alter Nußbaum, unter dem sich eine Holzbank befand. Er grenzte an andere Höfe und Gärten, von denen er durch eine etwa mannshohe baufällige Mauer getrennt war. In einer Ecke, zu der man quer durch den Garten am Nußbaum vorbei gelangte, war ein Brunnen gebohrt, über dem ein Bottich hing; drehte man das Rad, sank der Bottich an einer knarrenden Kette in den Brunnen hinab. Aus diesem Brunnen ward das Wasser, das man im Hause brauchte, geschöpft.

Rebinger pflegte Nachmittag auf der Bank unter dem Nußbaum zu sitzen. Er hielt die Hände auf den rohen Stock gestützt und murmelte vor sich hin. Und wenn Stasinka vorbeiging, in jeder Hand eine Butte, Stasinka, die Magd, den Blick der glanzlosen Augen stumpf vor sich hingerichtet, die starken Füße in Holzpantoffeln, schleppend, nickte er ihr zu. Seine Augen waren auf ihre schweren dicken Brüste gerichtet, die bei jedem Schritte schwappten. Ich drehte für Stasinka das Rad. Und ich sah Rebingers Blicke und Stasinkas Brust und ich fühlte, daß Rebinger etwas wisse, was mir unbekannt sei.

Ohne ein Wort des Dankes ging Stasinka zurück, wie sie gekommen war. Rebinger sah ihr nach, seine eingefallenen Lippen verzogen sich zu einem lüsternen Lachen. Und der Speichel rann ihm auf den schmutzigen Rock.

Ich habe jahrelang mit Stasinka unter einem Dache gelebt und es kann kein Zweifel darüber bestehen, daß ich viel zu Stasinka gesprochen habe. Aber, wie merkwürdig es auch klingt: so genau ich mich jeder ihrer Bewegungen, ihres Blickes, ihres Ganges, ihres Körpers erinnern kann, so lebhaft ich noch heute ihren Geruch in meiner Nase zu fühlen glaube, wenn ich an sie denke, so wenig kann ich mich ihrer Stimme erinnern. Mir ist als habe ich sie nie sprechen, nie lachen gehört. Meiner Erinnerung ist Stasinka stumm. Ich höre ihren Atem, den sie schnaubend aus der Nase stößt, ich sehe ihr dickes farbloses Gesicht, ich sehe selbst das Muster ihres Kleides, aber ein Wort, das sie gesprochen hat, höre ich nicht.

Ich bin vielleicht acht Jahre oder etwas älter gewesen, als Stasinka ihren Dienst im Siechenhause antrat. Ich glaube nicht, daß Stasinka vom ersten Augenblick an mich irgendwie erregte. Das ist wohl erst nach und nach gekommen. Wenn ich es recht überlege, finde ich, daß ich vielleicht, vielleicht sage ich, vollständig teilnahmslos an ihr vorbeigegangen wäre, wenn Rebinger nicht gewesen wäre. Rebinger hat mir die Augen geöffnet und noch heute ist der Augenblick, in dem dies geschah, vollständig klar vor mir.

Ich stand im Garten, um verstohlen halbfaule abgefallene Äpfel vom Boden aufzulesen. Rebinger saß auf seiner Bank und blinzelte in die Sonne. Da kam Stasinka mit ihren Butten durch den Garten und ging auf den Brunnen zu. Ich war einige Schritte von Rebinger entfernt, sah seine Lippen sich bewegen, sah wie er zitternd den Stock auf den Boden aufstieß und eine Bewegung machte, wie um sich zu erheben.

„O du dicke Kalle du", sagte er und nach jedem Worte setzte er ab, wie um Kraft zum nächsten zu holen, „dicke Kalle du!"

Ich ließ den angebissenen Apfel zu Boden fallen. Ich sah Rebingers verzerrtes Gesicht und folgte dem starren Blick seiner Augen. Ich sah erstaunt, wie zum ersten Male, die Magd. Rebingers Lallen tönte in meinen Ohren: Kalle du! Ich hatte das Wort nie gehört. Ich wußte nichts und alles. Etwas Neues brach ein in mich, da ich sie erkannte: Stasinka! die dicke Kalle. Nie hatte ich ein Weib anders denn bei schwerer Arbeit gesehen, nicht einmal je bei mütterlicher Zärtlichkeit. Nun bestürzte mich plötzlich der Sprudel einer schlafenden, ungerührten Quelle in mir. Ich warf die Arme in die Höhe und entlief.

Mir ist, als müsse der erste Eindruck der erwachenden Sinne unvergänglich sein. Als sei ein jeder dem ersten Weib, das ihm begegnet, für immer verfallen, wenn auch vielleicht bloß in einer Liebe, die Religion und Sitte der Leidenschaft entkleidet haben, wie der Liebe zu einer Mutter. Meine Leidenschaft zu Stasinka ist nie erloschen, trotzdem Stasinka stumpf und ohne Glanz geblieben ist, indes ich auch Höhen des Lebens sehen durfte.

Die ersten Folgen der Begegnung im Garten waren lockende Furcht vor Stasinkas Gegenwart und auflodernde Feindschaft gegen Rebinger. Ich saß wach in meinem Bett und lauschte mit schreckdurchwühltem Gesicht wollüstig den Ausbrüchen seiner nächtlichen Schmerzen. Ich hätte ihn gewiß ersticken lassen in seinem Husten, ohne um Hilfe zu rufen. Ich fühlte in unbestimmtem Ahnen, daß Rebinger, dieser lallende, in Nacht versunkene Greis, mein Leben aus seiner Bahn gerissen und es Schuld wie Zerstörung ausgeliefert habe. Haß und Böses in mir wurden stark an Rebingers Leiden.

Trotzdem Stasinkas Gegenwart, ihr Anblick mich zu tiefst in meiner Seele schreckte und meine Glieder in Furcht vor etwas mir Drohendem, Ungewissen erbeben ließ, waren meine Träume erfüllt von Sehnsucht, sie zu sehen. Ich lauerte tagsüber auf dem dunklen Korridor, damit ihr Geruch, ihr Kleid mich streife, wenn sie aus der Küche ging. Ich saß am Brunnen und wartete, bis sie kam, Wasser zu holen. Saß Rebinger auf der Bank unter dem Baum, verbarg ich mich im Gebüsch und ließ kein Auge von seinem Gesicht. Ich hätte nicht können ihm unverborgen gegenüberstehen. Da wäre mein Haß zum Mörder geworden. Ich hätte nur aufspringen müssen und seine Kehle wäre zwischen meinen harten Fingern zerbrochen, wären nicht Blätter und Zweige als Hindernis zwischen mir und ihm gestanden. Ich floh ins Versteck vor mir selbst.

Kam sie, drehte ich bebend das Rad. Sie sah mich nicht an. Ihre Tieraugen blickten ausdruckslos auf die rollende Kette. Sie dankte nicht und ging.

Mich aber zwang eine Kraft über mir mitleidslos in ihre Nähe. Stumm begann ich ihre Arbeit für sie zu tun. Sie stand oder saß dabei, regungslos, ihren schweren Atem aus der Nase stoßend und ließ es geschehen. Ich aber warf vom Holz, das ich spaltete, meine Blicke ängstlich auf ihre voll herabhängenden, sich langsam hebenden und senkenden Brüste.

Damals begann ich mir die ersten Kreuzer zu verdienen. Das tat ich, indem ich am Sonntag Zeitungen vom Postamt holte und den Abnehmern zustellte. Denn Sonntags wurde in unserem Orte die Post nicht zugestellt. Ich verdiente so wöchentlich etwa zwanzig bis dreißig Kreuzer. Ich kaufte Süßigkeiten dafür, ein buntes Band, einen glänzenden Kamm und legte es Stasinka hin, die meine Geschenke wortlos nahm.

Mit der Zeit war es mir gelungen, mir in die Küche, die eigentlich zu Herrn Mayers Wohnung gehörte, Zutritt zu verschaffen. Abends, wenn Mayers schlafen gegangen waren, öffnete ich leise die Küchentür und trat ein. Stasinka stand da und wusch Eßgeschirr oder bereitete die Arbeit für den nächsten Morgen vor. Ich trat hinzu und nahm ihr die Arbeit aus der Hand.

So ging wieder Zeit dahin, wohl lange Zeit. Und ich wuchs heran im Siechenhause mit drei Greisen und mit einer Magd.

Der Augenblick, da ich, vierzehnjährig, das Siechenhaus verlassen sollte, dürfte nicht mehr ferne gewesen sein, als wieder ein Ereignis eintrat, das sich mit besonderer Deutlichkeit meiner Erinnerung eingeprägt hat.

Es war an einem Abend in der Küche. Die kleine Petroleumlampe brannte auf dem Küchentisch. Stasinka und ich hockten auf der Erde und lasen Linsen aus einer großen Waschschüssel. Stasinka saß mir ganz nahe. Ich wagte nicht, die Arme oder Füße zu bewegen, kaum die Hände zu rühren. Nur meine Finger langten wie fremde Apparate die schlechten Linsen aus der Schüssel. Es war als sei Stasinkas Gegenwart körperlich eine Last, die schwer über mir und ihr und den Dingen ruhe.

Ich fühlte ihren Atem an Ohr und Wange. Meine Nase sog den warmen Geruch ihres Körpers. Wie ein müdes großes Tier hockte sie da in der Fülle ihres trägen Fleisches, die Augen lichtlos und die großen Hände neben den meinen in der Schüssel.

Meine Füße begannen zu zittern. Ich hatte das Gefühl, als verlöre der Körper seinen Halt und fiele. Aber ich fürchtete mich so entsetzlich, Stasinka auch nur um die Breite eines Haares näherzukommen, als würde dann unfehlbar etwas Ungeheures, Niederschlagendes hereinbrechen über mich, mich zu vernichten.

Ich begann zu schwanken. Bebend löste sich der Krampf der widerstehenden Muskeln. Ich fühlte, wie meine Schulter sich der ihren näherte, fühlte es, als ob ich dabei einen ungeheuer langen Weg durchmesse. Nun berührte mein Körper den ihren.

Stasinka aber schob mich von sich. Und hatte die Hand wieder ruhig über den Linsen.

Da brach Lust auf in mir. Knabenscheu schwand, Tier, Leidenschaft, Blut schrie in mir. Ich war frei. Ich war bereit, Herr zu sein. Noch tasteten meine Hände Bruchteile von Sekunden hilflos an meinem Kopf, dann streckten sie sich. Ich sprang auf. Griff nach Stasinkas vollen, dicken, sich hebenden, senkenden Brüsten.

Stasinka erhob sich stumm. Sie umfaßte mich und hob mich wie eine leichte Last. Sie öffnete die Tür. Sie stieß mir ihre schwere Faust gegen die Rippen und ließ mich an der Schwelle zu Boden fallen. Dann schloß sie ruhig hinter sich die Tür.

Ich aber, daliegend, mich windend, erlitt die erste Entzückung der Liebe.

Die letzten Monate meines Aufenthaltes im Siechenhause half ich Stasinka nicht mehr bei ihrer Arbeit. Ich belauerte und verfolgte sie. Ich wollte nicht mehr Stasinka dienen. Ich wollte stärker sein als sie.

Ich stand nachts an der Küchentür und hörte ihr ruhiges, vollgefressenes Schlafen. Ich belauschte sie, das Ohr an die Tür gepreßt, bei ihren menschlichen Verrichtungen und bebte in gewaltsam verhaltenen Lüsten. Ich folgte ihr in den Keller und lauerte auf die Stunde, da ich sie packen könne, Stasinka packen an ihren dicken Brüsten. Doch ich fürchtete den glanzlosen Blick ihres stummen Seins.

So, von unerfüllten Lüsten durchtobt, vergingen die letzten Tage meiner Leiden im Siechenhause. Die Schule hatte ich bereits verlassen und der Tag kam immer näher, an dem ich von meiner Jugend Abschied nehmen sollte, in die Welt gehen, einsam, ganz auf mich allein gestellt, und sehen, wie ich mir forthelfe.

Der Abschied ward mir nicht schwer. Umsomehr als ich vorläufig in unserem Orte bleiben sollte und mein Auszug kein Abschied für immer war. Täglich nach der Arbeit würde ich ins Siechenhaus gehen können, sollte mich etwas dazu treiben. Aber ich hatte keinerlei Gefühle für das Haus und seine Insassen, nicht einmal ein Gefühl der Dankbarkeit. Ich war froh, das Haus meiner traurigen Kindheit, die Greise wie Herrn Mayer zu verlassen, froh, das Bild des Wohltäters nicht mehr vor mir sehen zu müssen und meine Seele war voll von Bildern einer glücklichen Zukunft, in der ich nicht mehr duldete, sondern Herr war und über andere gestellt.

Stasinka, die Magd allerdings blieb, indes ich ging. Ihr würde ich nicht mehr nachschleichen können auf ihren Wegen durch das Haus und ihre Gegenwart würde nicht mehr um mich sein, wenn ich aus dem Hause war. Aber ich würde einmal, das wußte ich, wieder kommen und vor Stasinka stehen als Herr, in dessen Hand Macht gegeben ist, Macht über Gold, über Menschen und würde sie lachend zur Erde zwingen vor mir.

Zwei Tage vor meinem Abgang ward ich zum Verwalter des Hauses, einem angesehenen Bürger, gerufen. Er hielt mir eine Ansprache, von der ich nicht viel verstand, weil ich durch den Reichtum, mit dem das Zimmer, in dem ich empfangen wurde, mir eingerichtet zu sein schien, abgelenkt wurde. Nur so viel weiß ich, daß er mich ermahnte, des Wohltäters und seiner guten Tat an mir in meinem ferneren Leben eingedenk zu bleiben und daß er, wie mir heute scheint, mehr sich als mich darüber zu beruhigen versuchte, daß ich hilflos und einsam in die Welt gestellt würde, indem er ausführte, ich könne auf Grund des Samens, der im Siechenhause in meine Brust gelegt worden sei, im Kampfe ums Leben, der mir bevorstehe, nicht verloren gehen. Trotz dieser Teilnahme für mich entließ er mich mit einem Geldgeschenk von zehn Gulden, das der

Wohltäter für die das Siechenhaus verlassenden Knaben festgelegt hatte, um sich nie mehr um mein Schicksal zu bekümmern.

Am Morgen, an dem ich scheiden sollte, stand ich auf wie immer und putzte wie immer Klein, Jelinek, Rebinger und Herrn und Frau Mayer Kleider und Schuhe. Dann sagte ich Herrn und Frau Mayer Lebewohl. Herr Mayer sagte einige Worte, in denen er mir viel Glück wünschte und hielt unterdessen meine Hand fort in der seinen. Mir war als sei ihm als einzigem schwer, mich ins Ungewisse ziehen zu lassen und als suche er nun vergeblich, mir etwas Gutes zu sagen. Ich muß irgendwie unbestimmt seine Güte gefühlt haben und damit, daß ich nun ja doch ein Zuhause verliere, wenn auch ein armes und freudloses; denn ich begann zu schluchzen. Da küßte mich Herr Mayer auf die Stirn.

Dann ging ich in den Saal, wo die Greise saßen, packte meinen Rock in ein Zeitungspapier, nahm meine kleinen Habseligkeiten zusammen, reichte den Alten die Hand und ging. Im Hofe stellte ich mich unter das Küchenfenster und rief:

„Lebewohl, Stasinka, ich gehe ja fort von hier, lebewohl!"

Stasinkas Kopf erschien im Fenster und ihre Augen sahen mich müde an.

Ich hatte nicht weit zu gehen. Etwa fünf Minuten vom Siechenhaus entfernt stand das Gast- und Einkehrwirtshaus „Zur Glocke", in dem ich als Lehrling eintreten sollte. Denn ich wollte Kellner werden. Dieser Beruf schien mir von allen, die in Frage kamen, weitaus der aussichtsreichste und lockte mich auch sonst, ohne daß ich mir darüber Rechenschaft gegeben habe, an. Vielleicht ist Jelineks Gabelfrühstück, die tägliche Vormittagsszene im Siechenhause schuld daran gewesen, mir einen Beruf, der mit ständigem Aufenthalt in einem Gasthause verbunden ist, besonders verlockend erscheinen zu lassen. Was immer mich zu dieser Wahl bestimmt haben mag: ich trat bei der Witwe Glenen als Schanklehrling in die Lehre.

Die Witwe war ein altes, grauhaariges Weib. Sie schielte ein wenig, war dick und resolut. Man sah es ihr an, daß sie imstande war, mit betrunkenen Gästen und Knechten fertig zu werden.

Das lange dunkle Gastzimmer machte gewiß keinen vornehmen Eindruck. Leute mit dem Hut auf dem Kopf, Pfeifengestank, bespuckter Fußboden, schreiende Kartenspieler, dazu noch ein Musikautomat, der den Lärm vergeblich zu überkreischen versuchte. In einer Ecke thronte die Witwe Glenen hinter dem kleinen Laden, umgeben von Flaschen, Gläsern und glänzenden Pipen. An ihr mußte jeder vorbei, der das Zimmer verließ und mit ruhiger Selbstverständlichkeit strich sie das hingelegte Nickel- oder Silberstück in ihre Lade.

Meine Tätigkeit bestand fürs erste darin, von Tisch zu Tisch zu gehen und die Gläser nach den Gästen, die fortgegangen waren, zu sammeln und hinter dem Laden in einem Eimer zu spülen, dann auf einen Wink von Frau Glenen in den Keller zu springen und diese oder jene Flasche zu holen. Außerdem hatte ich aufzureiben, zu heizen, Holz zu zerkleinern, Kleider, Schuhe zu putzen, kurzum alles zu tun, was gerade zu tun war, während Franz, der ältere Lehrling, unter den strengen Blicken der Frau, die ihre Augen nicht von ihm ließ, die Gläser füllte, die ihm die Gäste oder die ich ihm hinschob und außerdem in Stall und Hof nach Ordnung und Sauberkeit sehen mußte.

Leicht war die Arbeit, die ich leisten mußte, nicht, und abends war ich so müde, daß ich auf die Schütte Stroh, die ich mir im Gastzimmer gerichtet hatte, hinsank und einschlief. So kam es, daß ich in der ersten Zeit nicht ins Siechenhaus ging, ja kaum manchmal an Stasinka zu denken Zeit fand. Erst später, als ich mich an die Arbeit gewöhnt und mich von dem oder jenem zu drücken gelernt hatte, pflegte ich um die Dämmerung aus der „Glocke" davonzulaufen und von rückwärts durch fremde Gärten und über Mauern in den Siechenhausgarten einzudringen. Dort stand ich dann im Gebüsch und wartete bis Stasinka kam. Kam sie, trat ich langsam vor und drehte wie früher das Rad. Sie ließ es geschehen. Nie schien sie davon irgendwie überrascht. Dann ging sie, ich sah ihrem in den Hüften sich langsam unter der Last der vollen Wasserbutten bewegenden Körper nach, der im Hause verschwand. Ich ging, auf demselben Wege, auf dem ich gekommen war.

Lange konnte mir die Stellung im Gasthaus „Zur Glocke“ nicht gefallen. Ich hatte Größeres im Auge. Mir schwebten menschengefüllte Restaurants, lichtdurchflutet, vor, von denen Franz mir erzählte, der einmal in der Hauptstadt gewesen war. Ich sah mich mit einem enganliegenden schwarzen Rocke bekleidet zwischen Tischen, an denen vornehme Menschen saßen, hindurchschreiten und hatte eine Tasche voll klingenden Geldes. Franz sparte, um in die Stadt fahren zu können und dort eine Stelle zu suchen und ich beschloß, mit ihm zu gehen. Allerdings konnte ich nicht daran denken, mir von den Kreuzern, die ich manchmal von einem Knecht, dem ich beim Ausspannen half, geschenkt bekam, die vierzig Kronen, die man nach Franzens Berechnung fürs erste brauchte, zurückzulegen. Aber über die Geldfrage machte ich mir keine Sorgen. Und als Franz mir einmal nachts mitteilte, er werde in zwei Tagen morgens sich auf die Beine machen, erklärte ich ihm meinen Willen, ihn zu begleiten.

Vorbereitungen hatte ich keine zu treffen. Nur was ich am Leibe trug, war mein Besitz. Abschied zu nehmen hatte ich von niemandem außer von Stasinka. Das wollte ich in der letzten Nacht tun.

Am Abend vor unserer Abreise ging Franz zu Bekannten und Verwandten Abschied zu nehmen. Ich blieb. Im Hause wurde es ganz ruhig. Frau Glenen schlief fest im dritten Zimmer. Nur hie und da hörte man aus dem Stalle das Klirren einer Kette, an der ein Pferd riß.

Ich stand von meinem Strohlager auf und tappte mich zum Laden, ohne Licht zu machen. Ich ging zur Geldlade und steckte meine Messerklinge in den schmalen Spalt zwischen Lade und Pultdecke. Dann begann ich langsam die Pultdecke zu heben. Da es mir nicht gelingen wollte, die Lade auf diese Weise zu öffnen, begann ich die Schrauben, mit denen das Schloß im Holze befestigt war, zu entfernen. Dann versuchte ich, das Schloß in seinem Lager zu lokkern. Das gelang. Die Lade ließ sich schon ein kleinwenig herausziehen. Jetzt stemmte ich das Messer noch einmal mit aller Kraft gegen die Pultdecke und zog zugleich die Lade mit einem heftigen Ruck vor. Das Schloß knackte und die Lade war geöffnet.

Ich nahm zweihundert Kronen in Noten, die regelmäßig aufeinander geschichtet lagen, an mich und schob die Lade zu. Dann ging ich aus dem Hause, um von Stasinka Abschied zu nehmen.

Im ganzen habe ich zweimal in meinem Leben gestohlen. Das war mein erster Diebstahl, vom zweiten werde ich später erzählen müssen. Das sei vorweggenommen, daß mein zweiter Diebstahl sich vom ersten im wesentlichen dadurch unterschied, daß ich beim zweiten Male schon wußte, damit etwas Schlechtes zu tun, während ich das erstemal von diesem Gedanken ganz unberührt war. Es schien mir damals selbstverständlich, dieses Geld aus der Lade an mich nehmen zu dürfen, da ich es doch dringend brauchte. Und ich glaube heute, wo ich doch über viele Dinge, die ich in meinem Leben getan habe, schon anders denke als zu der Zeit, da ich sie tat, daß ich mit diesem ersten Diebstahl wohl wirklich nicht etwas Schlechtes getan habe; die Unbefangenheit, mit der ich damals stahl, spricht mich vor mir selbst frei.

Ich nahm also das Geld an mich und ging, von Stasinka Abschied zu nehmen. Wie so oft kroch ich über Mauern bis ich im Siechenhausgarten und vor Stasinkas Fenster stand. Es war eine warme Sommernacht und Stasinkas Fenster stand offen. „Stasinka“, rief ich leise, „Stasinka“, und da sich nichts rührte, nahm ich eine Handvoll Sand und kleine Steinchen und warf sie durchs offene Fenster.

Stasinkas Kopf erschien verschlafen und zerrauft. „Komm herunter“, flüsterte ich, „ich reise weg. Ich will dir was sagen, Stasinka.“

Sie verschwand. Es vergingen einige Minuten, in denen ich angstvoll zwischen Hoffen und Hoffnungslosigkeit bebte. Endlich erlöste mich das Geräusch ihres schweren Schrittes auf der Treppe.

Sie trat aus dem Hause. Der Körper war durch ein Tuch nur zur Not verhüllt.

„Ich fahre weg, Stasinka“, sagte ich, „ich bin gekommen, dir Lebewohl zu sagen.“

Sie schwieg. Ich drängte mich an sie. Das Bewußtsein, sie lange, lange, vielleicht nie mehr zu sehen, gab mir Mut.

„Ich fahre weg, hörst du", sagte ich; ich stand ihr schon ganz nahe. „Ich bin noch nicht quitt mit dir, Stasinka." Daß sie stumm dastand, teilnahmslos, machte mich wütend. „Nun kannst du mich nicht mehr aufheben wie ein Kind, du, nein! Hörst du, nicht mehr aufheben!"

Ich drängte sie gegen die Tür. Stasinka gab mir, ohne Widerstand zu leisten, nach.

„Nun zeige ich dir, wer jetzt der Stärkere ist, Stasinka! Willst du das sehen?" Wir standen im dunklen Vorhaus. Ich zog die Tür hinter uns zu.

Aus dem vergitterten Fenster neben der Tür fiel ein matter Schein auf ihre Gestalt. Nichts war zu hören als ihr gleichmäßiger schwerer Atem.

Jetzt griff ich sie fest um ihren Leib. Sie hob die Hand abwehrend gegen mich. „So willst wohl wieder, wieder wegschieben, zur Seite schieben, he? Stasinka? Du!"

Ich schob mein Bein hinter ihr Knie und legte sie zu Boden. Ihre Augen sahen mich fremd und unbeweglich an. Ich kniete über ihr. Als ich nach ihren Brüsten griff, suchte sie sich mit plötzlichem Ruck zu entwinden. Ich fuhr ihr gegen die Gurgel.

„Kalle du, Kalle du", sagte ich und stürzte mich über sie.

Sie hob die Hand, als zeige sie nach oben. Ihr Blick war starr nach oben gerichtet, als sähe er etwas Entsetzliches.

Ich wandte mich um. Und sah – ans Fenster gepreßt, verzerrt zu faunischer Fratze – Rebingers Gesicht.

Ich sprang auf und lief hinaus. Er stand da und seine Hände hielten die Gitterstäbe umklammert. Ich trat von rückwärts auf ihn zu.

Ich hatte das Gefühl, als seien meine Hände, die sich um Rebingers dürren Hals schlossen, eiserne Zangen. Ich fühlte wollüstig das ewige Zittern seines Körpers in meinen Fingern. Als es aufgehört hatte, ließ ich seinen Körper zu Boden fallen.

Dann ging ich in das Haus zurück, befreit, wie nach einer großen Tat. Stasinka war nicht mehr da.

Ich schlich die Treppe hinauf. Ich wußte, daß die Glocke an der Tür nicht läute, wenn man sie mit plötzlichem Ruck öffne. Sie gab einen kurzen leisen Ton.

Die Küche war versperrt. Ich kratzte an der Tür wie ein Hund. Dann lauschte ich und hörte: den lauten Atem der schlafenden Stasinka.

Als ich durch den Garten ging, sah ich im dämmernden Morgen Rebingers Gestalt wankend und unsicher sich an der Mauer entlang ins Haus tasten.

So verließ ich das Siechenhaus und Stasinka. Zum letzten Male für lange Zeit kroch ich über Mauern und schlich durch die Gärten. Ich wandte mich nicht um. Langsam schlenderte ich dem Bahnhof zu.

In der Stadt nahmen wir Wohnung in einem finsteren schmutzigen Viertel. Mit uns schliefen noch drei Männer im selben Zimmer, Nacht für Nacht andere. Tagsüber liefen wir von Hotel zu Hotel, um unsere Dienste anzutragen.

Franzens Pläne gingen, wenigstens fürs erste, nicht so hoch wie die meinen. Er fing bei den kleinen Hotels an und war zufrieden, nach vier oder fünf Tagen in einem Absteighotel eine Stelle als Lohndiener zu erhalten, die angeblich wegen des stündlich wechselnden Publikums besonders einträglich sein sollte. Ich fand Franzens Standpunkt begreiflich. Er hatte ja bloß vierzig Kronen und ich hatte noch fast zweihundert. Ich konnte mir's erlauben, wählerisch zu sein.

Ich hatte mich immer im engen schwarzen Rock gesehen, hineilend zwischen Tischen, an denen vornehme Leute saßen. Nun wollte ich nichts nachlassen von meiner Forderung. Höchstens eine Livree wie sie die Boys, die gelassen in den Hallen der eleganten Hotels standen, trugen, hätte ich für den schwarzen Rock getauscht. Aber wie Franz mit hinaufgekrempelten Hemdärmeln, eine blaue Mütze mit goldenen Buchstaben auf dem Kopfe, das wollte ich um keinen Preis der Welt.

So lief ich denn weiter, von Hotel zu Hotel, ohne Erfolg. Langsam wurde ich bescheidener und ich begann, in Cafés und Restaurants mich anzubieten. Vielleicht wäre ich in kurzem wie Franz

Lohndiener in einem Hotel letzter Güte geworden, hätte ich nicht eine Bekanntschaft gemacht, die mich davor bewahrte.

Franzens Bettstatt bezog ein junger blonder Mensch, den ich zu meinem Erstaunen in den folgenden Tagen Abend für Abend neben mir traf. Kein Wunder, daß wir zwei als die einzigen Bleibenden im ewigen Wechsel der nächtlichen Gäste einander näherkamen. Ich erfuhr, daß mein Nachbar Kaltner heiße, daß er einige Jahre in Amerika gelebt und sich dort auch etwas beiseitegelegt habe. Er sei hierher gekommen, leider, um es nun hier zu versuchen, habe aber erkannt, daß hier kein Geld zu machen sei, und kehre nun, und zwar schon in den nächsten Tagen, nach Amerika zurück. Die Karte zur Überfahrt hatte er schon in der Tasche.

Kaltner erzählte mir von Amerika. Daß man dort sein Glück machen könne, wenn man arbeiten wolle, und daß er jedem, der ihn darnach frage, raten könne, hinzugehen.

Mich verlockten die Aussichten, die sich mir nach Kaltners Erzählungen in Amerika bieten würden. Ich ließ mich von Kaltner in einem Café einem älteren Herrn mit einem Vollbart vorführen, der mich durch ein goldgefaßtes Augenglas, das er zu diesem Zwecke am vorderen Drittel seiner hageren Nase festklemmte, prüfend musterte.

„Haben Sie hundertzwanzig Kronen?“ fragte der Herr unvermittelt, nachdem er mich eine Weile auf diese Weise angesehen hatte. Als ich ja sagte, setzte er sich sofort hin und schrieb etwas auf einen braunen Zettel. „Bitte“, sagte er. Ich legte hundertzwanzig Kronen hin und er gab mir den Schein.

Das alles war sehr schnell gegangen und ohne daß ich eigentlich um meinen Willen gefragt worden wäre. Selbst wenn ich aber gewollt hätte, hätte ich nicht gewagt zu widersprechen.

Tags darauf befand ich mich auf der Reise nach Hamburg und einen weiteren Tag später schiffte ich mich auf einem alten schmutzigen Schiff, das „Neptun“ hieß, ein.

Ich hatte nichts mit als drei Laibe Brot und einen Geldbetrag von zwanzig Mark.

Ebenso wie meine erste Eisenbahnfahrt hat auch die erste Reise über den Ozean keinen Eindruck auf mich gemacht. Ich bin für

Naturschönheit wohl nicht empfänglich gewesen, worüber sich niemand wundern wird, der weiß, daß ich im Siechenhaus aufgewachsen bin, und nach dem, was ich erzählt habe, begriffen hat, welcher Art meine Kindheit gewesen ist. Ganz abgesehen davon, daß ich keine Zeit zu müßiger Naturbetrachtung hatte, da ich auf dem Schiffe Hunger litt und nur dadurch mich wohl am Leben erhalten habe, daß ich den elenden Zwischendeckpassagieren Wasser zutrug, Kinderwäsche waschen half und ähnliches mehr, wofür ich da einen Happen übelriechender Wurst, dort ein Stück Brot oder einen Schluck Schnaps erhielt.

Man könnte denken, daß das Zusammenleben mit den Auswanderern, diesen schmutztriefenden, halbverhungerten Menschen, mich weich gemacht habe für menschliches Elend.

Aber die Armut meiner Reisegefährten erweckte Abscheu in mir und Verachtung. Reich sein, dachte ich, mächtig sein! Und Gold, viel Gold in der Tasche. Und dann vor Stasinka hintreten, die Magd aus dem Siechenhause.

Das war wohl der einzige Traum meiner Jugend.

Auf dem Schiffe schon hatte ich erfahren, daß es in New York Viertel gäbe, in denen Deutsche und Juden wohnen, wo man daher fortkommen könne, ohne englisch zu sprechen. Wir kamen am Morgen an und ich ließ mich von einem Mitreisenden, der seine Frau aus Europa geholt hatte, in diesen Stadtteil führen. Dort machte ich mich sogleich auf die Suche nach einem Verdienst.

Ich war vom Glück begünstigt. Denn nachmittags war ich schon Aushilfsbursche in einer kleinen Bar.

Dort gefiel es mir nicht lange. Ich hatte viel Arbeit und unangenehme Arbeit, und kaum genug Verdienst, um mich satt zu machen. Täglich kam es zu Raufhändeln, die ich über einen Wink meines Chefs dadurch schlichten mußte, daß ich die Gäste auf die Straße setzte. Ich verließ diesen Posten bald und kam nach einiger Zeit, in der ich von Tag zu Tag eine andere Stellung hatte, in ein Tingeltangel, in dem ich mehrere Monate blieb. Hier ging es mir verhältnismäßig gut. Eine von unseren Damen, ein großes, schlankes Mädchen von etwa dreißig Jahren mit hellblondem Haar, fand nämlich Gefallen an mir, so daß ich neben meinem eigenen Verdienst noch einen Teil des ihren einstreichen konnte.

Trotzdem wäre ich wohl auch in Amerika nicht weitergekommen, sondern Zeit meines Lebens Barkellner geblieben, höchstens Besitzer einer kleinen Bar geworden, hätte ich nicht Mut und Skrupellosigkeit genug besessen, meinem Glück ein wenig nachzuhelfen. Ich hatte eingesehen, daß ich in unserem Tingeltangel auch nicht mehr erreichen könne, als ich schon erreicht hatte, und verließ es deswegen, indem ich, um einen Abschied von meiner Freundin zu vermeiden, eines Tages ausblieb.

Ich kam als erster Kellner in eine Bar, in der viel und hoch gespielt wurde und in der es darum etwas zu verdienen gab. Meine Tätigkeit in dieser Bar ist entscheidend für mein Leben geworden.

Ich war etwa zwei Monate in der Chicago-Bar, als einmal gegen Morgen mein Blick auf einen dicken schlafenden Herrn fiel, der nach seinem Äußeren ohne Mühe als wohlhabender Viehhändler oder Farmer zu erkennen war. Ich stand an den Pfosten der Küchentüre gelehnt. Der schlafende Herr war der letzte Gast. Ich war müde und blickte gähnend nach der Uhr. Es war halb fünf Uhr. Ich sah zum Mixer hinüber, der hinter dem Bartisch duselte, und wieder zum schlafenden Gast. Mein Blick blieb an seinem Rücken hängen. Der Rock hatte sich etwas hinaufgeschoben und in seiner gespannten Hose waren deutlich die Konturen einer gefüllten Brieftasche zu erkennen.

Langsam ging ich an dem Schlafenden vorüber. Ich nahm das leere Glas, das auf dem Tische vor ihm stand, und trug es zum Bartisch. Kein Zweifel: Gast und Mixer schliefen tief.

Ich zog mein Messer aus der Tasche und schnitt im Vorübergehen mit scharfem Schnitt die Hosentasche auf. Dann ging ich wieder zur Küchentüre und lehnte mich an den Pfosten.

Der Riß in der Hose klaffte bei jedem Atemzuge des Mannes. Eine braunlederne Tasche, wie sie eben die Viehhändler vom Lande tragen, wippte und wurde mit jedem Atemzuge deutlicher sichtbar. Ich bewegte mich nicht. Meine Augen gingen ohne Unterbrechung im Kreise vom Gast zum Mixer, vom Mixer zur Tasche.

Nach einigen Minuten war die Tasche fast ganz sichtbar. Der obere Rand ragte schon aus dem Tuch der Hose heraus. Nur am unteren Ende hielt sie noch leicht.

Ich ging langsam auf den Mann zu, griff mit zwei Fingern nach der Tasche und schritt rasch zur Tür hinaus auf die Straße. Um in meiner weißen Kellnerdreß nicht aufzufallen, pfiff ich mir einen Wagen und fuhr nach Hause.

Dort erst öffnete ich die Tasche. Ich fand viertausend Dollars in Papier. Viertausend Dollars ist Geld, Stasinka, viertausend Dollars ist Geld.

Zugleich machte ich mich reisefertig und saß im nächsten Zug, der nach dem Westen fuhr.

Das war mein zweiter und letzter Diebstahl. Von da an hatte ich es nie mehr notwendig zu stehlen. Ich hatte in der Brieftasche neben dem Geld auch Adressen von Viehhändlern in allen Staaten gefunden. Die Beziehungen meines Vorgängers nutzte ich aus und hatte nach zwei Jahren fünfundzwanzigtausend Dollars verdient.

Nun fuhr ich Kajüte nach Europa.

Es war ganz selbstverständlich, daß ich nach Europa fuhr. Ich bin nie ein Träumer gewesen. Ich habe in Amerika schwer gearbeitet und keine Zeit gehabt, von Stasinka zu träumen. Ich dachte an sie und sah ihren schleppenden Gang, die großen, schweren Brüste und den stummen Tierblick ihrer Augen. Ich sehnte mich nicht nach ihr: ich wußte, ich müsse noch einmal ins Siechenhaus zurück und Herr werden über Stasinka.

An einem Sommerabend kam ich in meiner Heimat an. Am Bahnhof hatte sich nichts verändert, aber gegenüber stand ein neuer Gasthof. Ich kehrte ein. Beim Abendessen holte ich den Wirt aus und erfuhr, daß im Siechenhaus alles geblieben sei, wie es damals war. Bloß Jelinek, Klein und Rebinger waren gestorben. Dafür saßen drei andere Greise an ihrer Stelle. Ich sagte dem Wirt, dem mein Interesse fürs Siechenhaus sonderbar vorzukommen schien, daß ich selbst dort aufgewachsen sei, und fragte dann unverhohlen nach Stasinka. Stasinka war noch immer Magd im Siechenhause.

Als es ganz finster geworden war, machte ich mich auf den Weg. Wieder wie als Bursche in der „Glocke“ schlich ich mich durch die Gärten und über Mauern. Ich kannte noch jeden Schritt. Dann stand ich im Garten des Siechenhauses. Ich warf wie früher eine Handvoll Sand durch das geöffnete Küchenfenster. Stasinkas Kopf erschien.

„Stasinka“, sagte ich, „ich bin zu dir gekommen. Kennst du mich noch, Stasinka...? Komm herunter zu mir, Stasinka!“

Stasinkas Kopf verschwand. Ich wußte, daß sie gehorche. Sie trat aus der Tür, wieder bloß in ein Tuch gehüllt. „Ich bin zu dir gekommen, Stasinka“, sagte ich. „Sieh mich bloß an, Stasinka, sieh mich doch näher an. Ich bin was geworden, siehst du. Weißt du, was das heißt: was geworden?“

Stasinka sah mich ergeben an. Sie hatte noch immer die großen hängenden Brüste und noch immer stieß sie laut den Atem aus der Nase.

„Nun wirst du mich doch nicht wegschieben, Stasinka!“ sagte ich. Ich trat nahe an sie heran. „Nun doch nicht mehr. Jetzt bin ich ein Herr, Stasinka, verstehst du, ein Herr!“

Ich legte meinen Arm um sie. Sie stand müde da.

Meine Finger griffen nach Stasinkas Brust. Aber Stasinka streckte ihre Hände aus und stieß mich ruhig von sich. Ihre Augen waren unbeweglich und zu Boden gerichtet.

„Stasinka“, sagte ich, „ich bin kein Waisenkind mehr. Stasinka, jetzt bin ich stärker als du.“

Stasinka, die Magd aber, wandte sich um und, sich leise in den Hüften wiegend, als trüge sie die schweren Butten zum Brunnen, ging sie langsam zur Tür.

Dich mach’ ich noch kirre, dachte ich, dich mache ich kirre!

„Stasinka“, sagte ich und ich bemühte mich, ruhig und freundlich zu sprechen. „Deswegen bin ich nicht zu dir gekommen, fürchte dich nicht, deswegen nicht. Ich wollte dich... Ich wollte dich mitnehmen nach Amerika!“ Sie blieb an der Tür stehen. Und ich begann ihr zu erzählen von Amerika. Ich wußte nicht, was sie locken würde, was sie verstehen konnte, und so schilderte ich ihr alles ohne Ordnung. Bei schönen Kleidern, die sie tragen würde, fing ich an. Ich sprach von dem ruhigen Leben, das sie führen würde. Von Geld sprach ich, von Essen und wieder von Essen. Ich verbiß mich in dem plötzlichen Gedanken, sie nach Amerika zu nehmen. „Aber gleich mußt du mit mir gehen“, sagte ich, „morgen! Ich komme dich holen. In der Früh. Und du wirst mit mir gehen, Stasinka!“

Sie ging ins Haus hinein. Ich wußte, sie würde morgen mit mir gehen. Denn sie würde gehorchen. Dann war sie in meine Macht gegeben und ich wollte sie zerbrechen sehen unter meiner Gewalt.

Am Morgen holte ich sie ab. Sie kam ohne Hut mit einem in ein Tuch geschlagenen Bündel, das ihre Habseligkeiten barg. Sie folgte mir in einem Abstand von wenigen Schritten zum Bahnhof. Ich nahm Karten erster Klasse für uns beide. Stasinka sollte sehen, wer ich sei. Aber sie saß stumm mit bewegungslosen Augen auf ihrem Platze.

In Hamburg kaufte ich ihr einen Hut und ein Kleid. Sie war weder erstaunt noch dankbar. Sie nahm es schweigend hin.

Wir schifften uns ein, ich erste, sie dritte Kajüte. Vielleicht verstand sie eher, wenn sie den Unterschied sah. Täglich ließ ich sie in meine Kajüte holen und ihr einen Imbiß servieren. Sie aß, schwer atmend und schweigend. Lange noch, nachdem sie gegangen war, lag der Geruch ihres Körpers in der Kajüte. Ich saß da und sog ihn ein wie den Rauch einer Zigarre. Nun wollte ich sie nicht mehr besitzen. Nur sich aufbäumen wollte ich Stasinka sehen gegen mich, aufschreien hören. Aber sie blieb stumm und ihre Augen sahen mich glanzlos an.

In New York quartierten wir uns in einem kleinen Hotel ein. Stasinka bekam ein kleines Dachzimmer. Für mich nahm ich ein Zimmer in der ersten Etage. Dann ging ich daran, auszuführen, was mir, als ich im Siechenhausgarten Stasinka gegenüber stand, wie ein Blitz durch den Kopf gefahren war.

Ich wußte, wo man in New York seine Leute trifft und suchte ein kleines Café auf, in dem russische und polnische Juden verkehrten. Es war ein kleines rauchgeschwärztes Lokal, an den Wänden befanden sich Plüschbänke, die wohl einmal rot gewesen waren. Dicht gedrängt standen kleine Marmortischchen, an denen die Gäste saßen, viele mit dem Hute auf dem Kopf. Manche gingen von Tisch zu Tisch oder standen in den schmalen Gängen zwischen den Tischen. Das Zimmer war erfüllt von den schreienden Stimmen der gestikulierenden Menschen und dem Klappern der Geschirre, die in einem Winkel des Raumes gefüllt und gespült wurden. Ein Kellner, blaß, mit verschlafenen Augen, in einem fettglänzenden Frack, trug Gläser mit Tee auf einer großen Tasse.

Ich sah mich nach einem Platze um. In einer Ecke saß ein Herr, dem Aussehen nach ein galizischer Jude, allein an einem Tische. Ich setzte mich zu ihm. Er sah mich beobachtend ein Weilchen an, dann sprach er mich an.

„Frisch in New York?" fragte er.

„Selber frisch", sagte ich kurz.

Er erkannte sofort, daß ich kein Neuling sei. Langsam fuhr er sich mit seiner Hand durch den schütteren braunen Vollbart. Die Hand war fein und zart wie eine Kinderhand. Seine wimperlosen entzündeten Augen gingen unstet durch den Raum.

Durch die schmutzigen Fenster schien trübe das Licht eines regnerischen Tages. Ich sah teilnahmslos auf die Straße hinaus und wartete, daß mein Nachbar mich wieder anspreche.

Nach einer Pause fing er wieder an:

„Sie machen Geschäfte?"

„Nein. Ich stehle."

Er lächelte zu meinem Witz.

„Geschäfte, ich hab' mir's gedacht. In was, wenn ich fragen darf? Ich kann Ihnen sagen, man ist schon anders zusammengekommen. Kann man wissen, vielleicht kommen wir auch zusammen."

Ich sah mein Gegenüber mit durchdringendem Blicke an. Dann sah ich mich vorsichtig um, wie um mich zu vergewissern, daß uns niemand belausche.

„Sachen!" sagte er und begleitete dieses Wort mit einer verächtlichen Handbewegung. „Was brauchen Sie da Angst zu haben? Ich heiße Seidenfeld. Also in gestohlene Ware?"

„Die Ware hat noch keiner gestohlen", sagte ich bedeutungsvoll. Nun sah er mich durchdringend an. Ich fing den Blick ruhig auf.

„Ich verstehe", sagte Seidenfeld und wieder strich seine kleine vornehme Hand durch den Bart, „ich verstehe. Jung?"

„Vielleicht achtundzwanzig."

„Bissel alt. Kann man sagen hübsch?"

„Man kann sagen hübsch. Dick!"

„Dick? Das ist jetzt nicht der Geschmack. Höchstens bei Beller. Dort verkehren Polaken. Die haben gern dick. Also man kann ja versuchen. Bringen Sie die Maad her."

„Zwanzig Dollars", sagte ich. Der Einfall kam mir ganz plötzlich. Ich mußte daran verdienen, sei es auch nur einen schmierigen Dollar. Verkaufen mußte ich sie. Verkaufen. Und einen Dollar dabei verdienen. Triumphierend lächelte ich bei diesem Gedanken.

„Zwanzig Dollars!" Seidenfeld schrie auf wie ein Todwunder. „Zwanzig Dollars, wo sie jetzt einem zulaufen, was?"

Er trommelte mit seinen Fingern auf die Tischplatte. Wie ist es möglich, dachte ich, daß dieser Mensch solche kleine zarte Hände hat?

„Was wollen Sie also geben?" fragte ich.

Er wandte sich mir mit dem ganzen Gesichte zu. Ich sah, daß seine Augen ungleich waren. Das linke Auge war halb geschlossen. In ernstem Tone, dem eine energische Bewegung der rechten Hand noch Nachdruck verleihen sollte, sagte er:

„Erst muß ich die Kalle sehn!"

Da begann ich ein entsetzliches Lachen, daß ich mich schüttelte und hustete. Ich lachte und hustete durcheinander. Meine Kindheit, meine Jugend, meine Vergangenheit brach los in diesem bösen Lachen. Die Leute im Café drehten sich nach mir um. Und Seidenfeld sah mich an, als sei ich verrückt geworden.

„Hat man schon gehört? Lachen tun Sie? Kann man kaufen, ohne zu sehn? Wer hat schon gekauft, ohne zu sehn? Sie haben schon gekauft?"

„Sie haben recht", sagte ich, noch schwer atmend. Ich mußte mir die Tränen von der Wange wischen. „Mir ist was eingefallen, Herr Seidenfeld. Gewiß, Sie sollen sie sehn."

Ich ging gleich und holte Stasinka. Sie setzte sich an den Tisch und wir verhandelten über sie in ihrer Gegenwart. Ich sah sie oft von der Seite an. Ihre Brüste hoben und senkten sich. Aber sonst schien sie wie eine Masse leblosen Fleisches.

Seidenfeld gab mir fünf Dollars. Dann brachte ich Stasinka zu Beller. Wir saßen im Wagen und Seidenfeld saß am Bock. Ich klimperte mit Seidenfelds Dollarstücken in der Tasche.

„Stasinka", sagte ich, „du wolltest mich nicht. Aber ich habe dich lieb und so schenke ich dir statt meiner tausend Wasserpolaken."

Ich packte Stasinka noch einmal mit aller Wildheit an ihrer Brust, die ich seit den Knabentagen sich hebend, sich senkend, groß und schwer all die Jahre vor mir gesehen hatte.

In der schmalen, dunklen Seitengasse, in der Bellers Etablissement sich befand, stieg ich aus und ging.

Am folgenden Abend suchte ich die „Neue Welt" – so hieß das Haus, in das ich Stasinka gebracht hatte – auf. Auf mein Läuten öffnete mir ein grinsender Neger und führte mich die Treppe hinauf. Ich hörte die erstarrte Musik eines automatischen Klaviers aus dem Salon, in den ich eintrat, ohne vorher abzulegen.

Ein Geruch von Schweiß und starken Getränken schlug mir entgegen, ärger, als ich ihn aus meiner Barkellnerzeit kannte. An den Wänden standen Sofas, die in allen Farben spielten, an den Ekken kleine Tischchen. Der Raum in der Mitte war frei, wahrscheinlich zum Tanzen. Eine müde brennende Gaslampe ließ alle Dinge in einem konturenverwischenden Zwielicht erscheinen.

Einige Mädchen, etwa fünf, lungerten auf den Sofas umher. In einem Winkel saß Stasinka. Sie war mit einem Fetzen roten Seidentuches bekleidet, der ihre Brüste nahezu frei ließ. Ihr Blick war stumpf zu Boden gerichtet.

Ich setzte mich in die entgegengesetzte Ecke. Eine Jüdin mit schwarzzerfressenen Zähnen kam zu mir. Ich ließ Whisky kommen. Mir war, als dringe das Geräusch von Stasinkas gleichmäßigen Atemzügen bis zu mir. Einen Augenblick lang fühlte ich ihren Blick auf mir. Dann sah sie wieder unbeweglich vor sich hin.

Lärmend kamen einige Männer, dem Aussehen nach Hafenarbeiter. Sie ließen sich am Nebentisch nieder. Frau Beller, ein schwarzes, hageres Weib mit unerbittlichen Augen, gab den Mädchen einen Wink. Sie erhoben sich müde und setzten sich zu den Männern. Bloß Stasinka blieb an ihrem Platze.

Ich hätte das Mädchen an meinem Tische gerne gefragt, wie sich Stasinka bei ihrem Eintritt ins Haus benommen habe. Ob sie geweint, geschrien, geflucht oder geschwiegen habe. Aber ich scheute mich, mein Interesse an Stasinka offen zu zeigen.

„Eine Neue?“ fragte ich mit einem kurzen Blick nach der Ecke, in der Stasinka saß.

„Eine Neue“, sagte das Mädchen. Es schien, als habe sie solch ein Ereignis wie die Aufnahme einer „Neuen“ in ein Haus so oft erlebt, daß es sich ihr gar nicht verlohnte, darüber zu sprechen.

„Sie ist still.“ Ich versuchte das Gespräch fortzusetzen. Das Mädchen zuckte aber bloß mit den Achseln, als wollte sie sagen: Gott, jede hat eben andere Mucken.

Ein großer Mann vom Nebentisch erhob sich und ging auf Stasinka zu. Sie saß unbeweglich, indes er zu ihr sprach. Ich weiß, sie wäre auch unbeweglich gesessen, wenn sie verstanden hätte, was der Mann zu ihr sagte.

Die Frau trat hinzu und sah Stasinka mit einem strengen Blick ihrer bösen Augen an. Stasinka erhob sich und ging, sich in den Hüften wiegend, als trüge sie die schweren Butten zum Brunnen im Garten des Siechenhauses. Der Mann folgte ihr.

Stasinkas Kopf war zur Erde geneigt und mir war, als wollte sie sagen:

„Die Frau hat es befohlen.“

Ich sprang auf und sah Stasinka nach, bis sie in der niederen Türe zu ihrem Zimmer verschwunden war. Ich blieb vor der Tür stehen. Das Mädchen, das mit mir am Tische gesessen war, trat zu mir und sagte irgend etwas, das an mein Ohr schlug, ohne daß ich es verstand. Sie schmiegte sich an mich. Ich aber schob sie von mir und eilte fort.

Ich hatte geglaubt, ich würde frohlocken, wenn ich Stasinka so tief gedemütigt haben würde. Aber von Frohlocken habe ich nichts in mir gefühlt, als ich Stasinka in ihrem Zimmer in der „Neuen Welt“ verschwinden sah. Da ich die Treppe hinunterging und am grinsenden Neger vorbei, war mir, als hätte ich bloß etwas Halbes getan und als müßte ich umkehren, um Stasinka zu Tode zu prügeln. Das Stummsein ihrer lichtlosen, schweren Seele, das allem, das ich grausam über sie brachte, stumpf gehorsam war, ließ mich fürchten, daß ich in all meinem Haß wehrlos sei gegen Stasinka, die Magd.

An diesem Abend in Bellers „Neuer Welt“ habe ich Stasinka zum letzten Male in meinem Leben gesehen. Tags darauf lernte ich einen Mann kennen, der mir einen Handel anbot. Die Sache schien mir gut und ich steckte mein Geld hinein. Es war eine Spekulation mit einer neugefundenen Petroleumquelle. Die Angelegenheit nahm mich derart in Anspruch, daß ich Stasinka nicht aufsuchen konnte. Nach vierzehn Tagen verkaufte ich mit einem Gewinn von zwölftausend Dollars meinen Anteil, was mein Glück war, da sich später herausstellte, daß die Quelle gar nicht existiere.

Jetzt erst kam ich dazu, Bellers Etablissement zu besuchen. Zu meinem Staunen war Stasinka nicht mehr da.

Ich fragte Beller nach ihr. Das war ein dicker blonder Mensch mit kleinen Augen und einer dicken und einer mageren Wange. Die Nase stand ihm schief aus dem Gesicht. Er sagte mir, sie habe einen Posten in einer Kleinstadt gefunden. Sie passe dort auch sicherlich besser hin. Er nannte mir einen kleinen Ort im Westen.

Ich zweifelte keinen Augenblick daran, daß ich Stasinka nachreisen müsse. In dem Ort, den mir Beller genannt hatte, war sie nicht mehr. Ihre Spur führte in ein Nachbarstädtchen, von dort in ein zweites, ebenfalls ohne Erfolg. So suchte ich Stasinka vergeblich durch etwa vier Wochen. Dann gab ich die Hoffnung auf und ging nach Francisko.

In Francisko bot sich mir Gelegenheit, mich an einer kleinen Ofenröhrenfabrik zu beteiligen. Ich steckte mein Geld hinein und legte damit den Grundstein zu meinem heutigen Reichtum. Die Fabrik gedieh, jährlich konnten wir sie in irgend einer Weise vergrößern. Dazu kamen glückliche Spekulationen und nicht zuletzt die Beharrlichkeit, mit der ich es verstand, die Stellung meines Kompagnons zu untergraben, der endlich darauf eingehen mußte, eine verhältnismäßig kleine Geldsumme als Abfindung anzunehmen und das Unternehmen mir zu überlassen.

Jährlich einmal ließ ich in die Zeitungen eine Notiz einschalten, durch die ich Stasinka aufforderte, sich bei mir zu melden. Ich erhielt niemals eine Antwort. Trotzdem gab ich keineswegs die Hoffnung auf, ihr noch einmal zu begegnen. Mir schien, als sei sie mir etwas schuldig geblieben, und als habe ich das Recht, vom Schicksal die Begleichung dieser Schuld zu verlangen.

Ich hatte Macht und Gold und war Gebieter über viele. In meiner Fabrik mühten sich Tausende, Männer, Frauen, Kinder, für mich. Ich war ein harter und unbarmherziger Herr gegen alle, die in meiner Macht waren. Stasinka aber hatte sich meiner Macht entzogen.

Mein fester Glaube, noch einmal Stasinka zu begegnen, sollte getäuscht werden. Allerdings hörte ich noch einmal von ihr, aber anders, als ich gedacht hatte.

Ich saß in meinem Bureau, als der Diener mir eine Frau meldete, die sich, trotzdem ich zu dieser Stunde nicht empfing, nicht abweisen lassen wollte. Ich ließ die Frau eintreten. Es war ein etwa vierzigjähriges Weib aus dem Volke mit einer lose über den Rock hängenden blauen Bluse bekleidet, plump, mit zahnlosem Mund. Auf den Armen trug sie einen etwa zweijährigen Knaben.

Auf die Frage, was sie wünsche, erzählte sie mir, sie sei Hebamme in einem Orte nahe der Küste. Eine Frau habe vor etwa zwei Jahren bei ihr entbunden und ihr den Auftrag erteilt, den Knaben, den sie geboren habe, aufzuziehen und ihn, wenn er so weit sei, die Beschwerden einer Reise nach Francisco zu überstehen, mir zu überbringen. Die Frau sei im Wochenbette an heftigem Fieber gestorben und sie, die Hebamme, entledige sich des Versprechens, das sie der Sterbenden gegeben habe, indem sie mir den Knaben überbringe.

„Die Frau ist gestorben?" fragte ich. Für mich war kein Zweifel, daß der Knabe Stasinkas Kind sei.

Die Frau bejahte meine Frage.

„Sie lügen!" rief ich.

Die Frau zog den Totenschein aus der Tasche und einige Dokumente, aus denen ich ersehen sollte, daß ich nicht betrogen würde. Ein Arbeitsbuch Stasinkas, in dem die treuen Dienste, die sie dem Siechenhaus als Magd geleistet hatte, bestätigt waren, ihre Schiffskarte und das Zeugnis über ihre Tätigkeit bei Beller.

Es war kein Zweifel möglich. Stasinka war tot.

Ich fühlte ihr Sterben nicht anders als einen Betrug an meinem Rechte, einmal über sie herrschen zu können; seit den Knabentagen, seit den Tagen und Nächten im Siechenhause, in dem meine Kindheit gefangen gewesen war, war dieser Wunsch nicht erloschen.

Stasinka war aber vor mir aus dem Leben geflohen.

Nun stand ich da mit Macht und Gold, aber Stasinka, um die ich Macht gewollt hatte, war tot.

Ich läutete dem Diener.

„Führen Sie die Frau zur Kasse. Lassen Sie ihr zweihundert Dollars zahlen." Mein Blick fiel auf den Knaben. „Das Kind bleibt da."

Die Frau ging. Ich trat auf den Knaben zu, der auf dem Tisch lag. Er wich vor mir zurück und schrie. Er fürchtete sich vor mir. Ich glaubte, in seinen Augen Stasinkas stummen Tierblick wiederzusehen. Umbringen, dachte ich, umbringen! Ich suchte nach einem Instrumente. Eine Papierschere fiel mir in die Hände. Ich ging auf das Kind zu. Es hatte aufgehört zu schreien und sah mich starr an.

Ich wandte mich ab. Ich ließ den Diener mit der Frau zurückkommen.

„Haben Sie einen Monat Zeit?" fragte ich. „Ich liebe dieses Kind. Ich will seine Erziehung sichern. Sie werden gut bezahlt werden", sagte ich. Dann setzte ich mich und schrieb diesen Brief. Er war an den Bürgermeister meines Heimatsortes gerichtet.

„Verehrter Herr!

Ein Zufall hat das Geschick eines unglücklichen Findelkindes in meine Hände gelegt und mich sozusagen vor Gott für die Zukunft dieses Kindes, eines zweijährigen Knaben, verantwortlich gemacht. Ich bin unverheiratet und müßte das Kind fremden Leuten zur Erziehung anvertrauen. Selbst unter der Aufsicht Fremder aufgewachsen, kann ich mir die Entwicklung eines Kindes wohl vorstellen, welches nicht das liebevolle Bemühen um sich findet, das ich als Knabe im Siechenhause Ihrer Stadt zu finden so glücklich war. Damals wurden die Grundlagen in mir gelegt, die mich befähigten, im Leben meinen Mann zu stellen und jene angesehene Stellung zu erlangen, die ich jetzt einnehme. Das Beisammensein mit würdigen Greisen hat mich jung den Ernst des Lebens verstehen gelehrt und das Bild des Wohltäters im Speisesaal hat mir täglich einen Mann gezeigt, der im Reichtum der Armen nicht vergaß.

Hier nun bietet sich mir unverhofft die Möglichkeit, für einen Knaben zu sorgen und zugleich meiner Vaterstadt für meine schöne Jugend mich dankbar zu zeigen. Ich überweise Ihnen heute noch 30.000 (dreißigtausend) Dollars mit der Bestimmung, sie mögen zur Errichtung eines weiteren Freiplatzes für Knaben im Siechenhause verwendet werden, dessen erster Nutznießer der Knabe, den Ihnen die Überreicherin dieses Briefes vorstellt, sein soll. Diese Stiftung folgt sonst in allen Bestimmungen den Satzungen des Waisenhauses. Ich bitte bloß, daß irgendwo im Saale des Siechenhauses auch mein Bild angebracht werde. Ich übersende es heute zugleich mit dem Gelde.

Noch ein Gedanke drängt sich mir, da ich den Brief bereits schließen will, auf. Ich bin ein reicher Mann. Wäre ich es geworden, wenn ich nicht in meiner Jugend im Siechenhause zur Einfachheit und Arbeitsfreude erzogen worden wäre? Soll ich nun den Knaben, den der Zufall mich finden ließ, in Luxus und Reichtum erziehen, oder soll ich nicht vielmehr ihm dieselbe Grundlage geben, die ich selbst erhalten habe? Ich kenne dieses Kind kaum und schon liebe ich es. Darum will ich, daß es wie ich das Glück einer einfachen Jugend im Siechenhause meiner Heimat genieße."

Ich fertigte den Brief, schloß ihn und übergab ihn der Frau. Dann versah ich sie mit Geld und schickte sie mit dem Knaben nach Europa. Langsam begann ich mich damit abzufinden, daß Stasinka tot sei. Sie hatte mir ihren Knaben hinterlassen. In ihm noch vermochte ich, die tote Stasinka zu stürzen. In ihm ließ ich mein

Leben sich neuerlich wiederholen. Er sollte meine Jugend erleiden. Stasinka ward nach dem Tode zerbrochen in ihrem Kinde.

Einige Wochen nach der Abreise der Hebamme erhielt ich einen Brief aus meinem Heimatsorte, in dem der Bürgermeister mich daran erinnerte, daß er es gewesen sei, der als damaliger Verwalter des Siechenhauses von mir Abschied genommen habe. Er freue sich, als Greis zu vernehmen, welchen Aufstieg der Knabe aus dem Siechenhause genommen habe, wenngleich er nie daran gezweifelt habe, da er stets der Überzeugung gewesen sei, die er nun von neuem bestätigt finde, daß Arbeitswille und Ehrlichkeit zu Erfolg führen. Dann dankte er mir ausführlich für meine edle Stiftung.

Jahre vergingen, in denen ich in der Tätigkeit in der Fabrik aufging. Alles andere hatte gänzlich für mich aufgehört. Ich hatte nun kein Interesse mehr auf der Welt als die Vergrößerung des Unternehmens. Macht um ihrer selbst willen. Den Arbeitern gegenüber blieb ich unnachsichtig. Bei einem Streik verschrieb ich mir Kulis als Streikbrecher. Seither bin ich einer der gehaßtesten Unternehmer in Francisco geblieben.

Ich wurde fünfzig Jahre alt und stand herrisch, stolz auf mein Werk, aber einsam da. Ich hatte keinen Freund und kein Weib. Dafür hatte ich Geld und Feinde.

Es würde zu weit führen und vom eigentlichen Zweck dieser Erzählung entfernen, wollte ich diese Zeit meines Lebens näher beschreiben. Zudem denke ich, daß das, was ich davon erwähnt habe, in Verbindung mit dem über meinen ganzen Werdegang Gesagten, genügen werde, ein klares Bild von mir zu geben.

Manchmal kam mir die Erinnerung an Stasinka und Zorn stieg in mir auf. Dann dachte ich an den heranwachsenden Knaben, in dem ich sie doch noch besiegte.

So bin ich an die Wende meines Lebens gekommen.

Ich bekam einen Brief:

„Verehrter Wohltäter!

An dem Tage, an dem ich das Haus wehmütigen Herzens verlasse, in dem ich durch Ihre Güte auferzogen zu werden das Glück hatte, gebietet mir unwiderstehlich mein Herz, Ihnen meinen Dank zu sagen. Durch Ihre Güte haben Sie einem unschuldigen Kinde die Möglichkeit geboten, die Fähigkeit seiner Seele zu entwickeln und das Gute, das das Schicksal in seine Brust gesenkt hat, zu erwecken und zu vermehren.

Nun verlasse ich das Siechenhaus, in dem ich eine gesicherte Jugend verbracht habe, und werde mit Hilfe guter Menschen ein Lehrerseminar in der Stadt besuchen. Denn wie Sie, verehrter Wohltäter, drängt es mich, an unschuldigen Kindern Gott mich dankbar zu zeigen dafür, daß er auch mir, einem unschuldigen Kinde, seinen Wohltäter gesandt hat, so wie es Sie gedrängt haben mag, mich zu erretten aus Dankbarkeit gegen Ihr eigenes Geschick. Nur stehen mir nicht die Mittel zur Verfügung, in derselben Art dankbar zu sein wie Sie. Und mein bescheidenes Wollen strebt nicht, Reichtum zu erwerben, vielmehr sich in Ruhe und Einfachheit dem Guten zu ergeben. So habe ich beschlossen, Lehrer zu werden, und ich weiß, daß auch Sie diesen Wunsch gutheißen werden.

Ich versichere Ihnen, daß Ihr Bild nichts Schlechtes in meiner Seele gesehen hat. Stets habe ich Ihre Augen wie die des Stifters meines ‚Vaterhauses‘ zum Rechten ermunternd auf mich gerichtet gefühlt. Demütigen Herzens, zufrieden mit dem bescheidenen Los, zu dem mich die Fügung der Dinge bestimmt hat, verlasse ich die Stätte meiner Jugend, verlasse ich die Greise, denen hilfreich sein zu dürfen, mein Herz mit tiefem Glück erfüllt hat.

Verehrter Wohltäter, ich weiß, Sie bedürfen keines Dankes. Was Sie an dem Findelkinde, das seine Eltern nicht kennt, getan haben, haben Sie an seiner armen Mutter getan. In dem Kinde, in dem sich, wie ich weiß, die Seele der Verstorbenen wiederholt, haben Sie das Leben einer sicherlich Unglücklichen, die gewiß viel Schweres und, da sie meine Mutter war, wohl auch geduldig ertrug, nach dem Tode beglückt. Und Sie sind reich in dem Bewußtsein: Ich habe eine gute Tat getan!

Sie sollen den Namen, den mir das Siechenhaus gegeben hat, nicht kennen, damit Sie nicht meinen, mich mit Geld unterstützen zu müssen. Forschen Sie auch nicht nach ihm! Ich bin zufrieden mit meinem Los und weiß mir kein besseres.

Der Knabe, an dem Sie Gutes getan haben."

Ich ließ den Brief zu Boden sinken und sah lange starr vor mich hin. Erinnerungen und der Ton dieses Briefes bestürzten mich. Ich sah Stasinkas Knaben vor mir und hörte ihn sagen: Sie haben eine gute Tat getan.

Eine schrille Glocke weckte mich. Automatisch folgte ich ihr in die Räume der Fabrik. Ich ging durch die langen Maschinensäle im schmalen Gang zwischen den Reihen der glänzenden, ewig sich drehenden Räder. Wie von ferne hörte ich das Getöse der Arbeit.

Am Ende des letzten Saales, in dem die Erzeugnisse meiner Fabrik zum Verladen fertiggemacht wurden, erwartete mich der Direktor. Er führte mich zum eben fertiggewordenen neuesten Modell und begann, mir über die Vorzüge desselben an Hand von Notizen und des groß und glänzend vor uns stehenden Apparates zu berichten.

Ich hörte seine Worte, ohne sie zu verstehen. Während seines Vortrages noch wandte ich mich um und ging.

In meinem Arbeitszimmer las ich von neuem den Brief des Knaben, an dem ich Gutes getan hatte. Mich wunderte, daß ich nicht zornig wurde. Wollte ich ihm nicht Böses tun? Wollte ich ihn nicht Leid erdulden lassen? Und Stasinka in ihm? Aber der Knabe stand da vor mir und sprach: in mir hast du meine Mutter nach dem Tode beglückt.

So hatte sich der Knabe wie Stasinka meiner Macht entwunden. Deutlich, wie lange nicht mehr, stand Stasinka vor mir und ich sah ihren ergebenen stummen Blick: die Frau hat es befohlen. Mir aber geschah, was mir, soweit ich denke, nicht geschehen war. Mit einem Male rannen mir Tränen über die Wangen.

Ich weinte. Meine Kindheit ward wieder wach und ich sah sie gedrängt in einem einzigen Bilde vor meinen Augen. Ich sah das Siechenhaus und die Armut meiner Jugend und sah Haß und Ekel vor Armut, die mit mir wuchsen. Ich sah mich als Fabriksherrn, vor dem die Schar der Arbeiter zitterte, die ich haßte, weil sie arm waren, und die ich verachtete, weil sie ohne Macht waren. Ich sah Stasinka, die gehaßt war, die schuldlose, die meine Macht hingehen ließ, als fühle sie sie nicht. Ich sah den Knaben, den ich haßte, weil er ein Kind war, weil er mir ausgeliefert war, weil er Stasinkas fromme Augen hatte, den ich leiden lassen wollte und böse machen, bloß daß alle Einfalt der Seele, alle Stummheit gehorchender Herzen, die Mutter Stasinka aus ihm, ins Widerspiel verzerrt, lache und sich selbst besudle.

Und nun: Kinderhände greifen an die Wurzeln meiner Seele und ich weine um gütige Umarmung.

Ich wollte ein Kind, es aussetzend einem Schicksal gleich dem meinen, heranwachsen lassen, damit es werde wie... ich, der Mächtige? Sollte das Wahnwitz des Hassens sein, das, was ich vernichten wollte, mir gleich werden lassen zu wollen? Ahnte ich, ohne es zu erkennen, daß mein Leben, so reich an Macht, glücklos und arm sei, weil der Haß es einsam machte, weil Feinde es umstellten, Kälte, Fremdsein? Und jetzt wußte ich, daß auch mein Leben nach Wärme und Güte gerufen hatte, weil ich nicht ärger und härter hassen und töten zu können glaubte, als indem ich Stasinkas Kind mein eigenes Leben leben ließ. Doch das Kind ist demütig geworden und gut. Und seine Güte ruft zu mir.

Ich weinte um den Haß, den ich gesät hatte zu Vernichtung und den in seinem Ende das Schicksal gewandelt hatte.

Tränen wuschen den Haß aus meiner Seele. Mir ward, als leuchte mildes Licht in mir.

Im Lichte der guten Liebe sah ich Stasinka, die stumme Kreatur des Herrn. Sie ist eine Gehorchende gewesen, eine Fromme. Ich aber war das Element, das in ein in Gott geschlossenes Leben gedrungen ist, das Wesen des Demütigen zu zerstören, weil Haß Feind ist. Doch die gute Liebe wurde nicht zerstört und war stärker als das Böse. Sie spricht vom Knaben zu mir und antwortet ihm aus mir.

Stasinka wurde getötet. Aber nach dem Tode wurde sie beglückt. Güte und Demut sind so groß, daß auch das Herz des bösen Mörders den Strahl des Glückes fühlt.

Ich öffnete das Fenster. Vor mir war Francisco, räderdurchwühlt, menschengedrängt, pfeifend, schnaubend, rasend. Und im Westen sah ich das Meer. Aber über Francisco und die Gier und den Haß seiner Menschen und über das Meer und über tausende Städte voll Kampf und Feindschaft hinweg war eine Brücke von einem armen Knaben zu mir.

Ich beuge mich aus dem Fenster. Ich will näher sein, Gott, ich will näher sein! – Die Straße ist laut. Menschen treiben aneinander vorbei und sie sehen einander nicht.

Irgendwo, denke ich, ist ein Mord geschehen. Wieder hat man Stasinka erschlagen.

Ich aber bin nicht mehr allein.

O über mich, daß ein Geschöpf mich liebt...

Geschichte eines Mordes

Ich weiß nicht, ob meine Abneigung gegen bucklige Menschen die Folge meiner tiefen Abneigung gegen den buckligen Friseur in unserer Stadt gewesen ist oder ob, umgekehrt, meine ursprüngliche Abneigung gegen Verwachsene sich in diesem Menschen bestätigt hat. Mir will scheinen, daß ich von jeher einen unüberwindlichen Widerwillen gegen alles von Gott mit Höcker, Geschwür, Aussatz, Flechten und ähnlichem Makel Gezeichnete empfunden habe, ja, im Grunde sogar gegen alles Schwache und Zarte, selbst gegen Tiere, soweit sie eben von Natur aus nicht mit Stärke und Kraft versehen waren.

Nach diesem könnte man annehmen, daß ich selbst immer ein kräftiger und gesundheitstrotzender Mensch gewesen bin. Ich möchte nun gleich erklären, daß gerade das Gegenteil davon wahr ist. Ich war so schwächlich, daß ich aus der Kadettenschule, in die ich durch Inanspruchnahme aller Beziehungen meines Vaters endlich aufgenommen wurde, bereits nach etwa einem halben Jahre ausscheiden mußte. Ich war immer klein, mager, schmal, mein Gesicht war stets bleich wie Wachs, meine Schultern waren so hoch, daß ich den Eindruck leichter Verwachsenheit hervorrufen konnte, um die Augen hatte ich stets dunkelblaue Ringe, meine Gelenke und meine Knochen waren immer und sind noch heute zart. Wundert man sich, daß ich trotzdem alles Schwache haßte? Ist es nicht vielmehr wahr, daß man nichts so aus der Tiefe seines Herzens hassen kann und verachten als sich selbst oder sein Spiegelbild?

Ich werde die Geschichte einer Tat erzählen, die die Geschichte meiner Jugend ist. Meine Knabenjahre sind nicht von Liebe umgeben gewesen wie die anderer Menschen. Niemand war je gütig zu mir. Bloß einmal hat ein Mensch wie zu einem Menschen zu mir gesprochen, wenn auch nur in einem Brief. Ich werde erzählen, wie ich an diesem Menschen gehandelt habe. Meine Richter waren erbarmungslos zu mir und selbst mein Anwalt nannte mich einen durch das Elend äußerer Umstände, durch Abstammung von einem moralisch minderwertigen Vater selbst moralisch minderwertigen und verhärteten Menschen. Die Richter verurteilten mich zu zwanzigjähriger schwerer Kerkerstrafe, der höchsten Strafe, die sie bei meinem Alter über mich verhängen konnten. Damals war ich siebzehn Jahre alt. Nun bin ich einunddreißig.

Ich bin nicht unglücklich in diesem Haus und nicht ungeduldig. Ich freue mich der Strenge meiner Aufseher, ich freue mich des Zwanges zu Regelmäßigkeit in Schlaf, Arbeit, Spaziergang, dem ich unterworfen bin. Ich liebe solch ein Leben und manchmal ist mir, als sei ich nicht Sträfling, sondern Soldat, ein einfacher gehorchender Soldat, was ich gerne geworden wäre. Ich liebe es, zu gehorchen.

In sechs Jahren werde ich dieses Haus verlassen. Man sagt, daß in der Regel die Menschen, die nach Jahren, Jahrzehnten der Gefangenschaft aus dem Kerker gehen, nicht als brauchbare Glieder in die Gesellschaft der Menschen zurückkehren. Allein ich glaube, ich werde den Kerker nicht gebrochen verlassen. Ruhig werde ich über die Schwelle dieses Hauses gehen und nicht, um eine lang entbehrte Freiheit ungebunden bis zur Neige zu genießen. Ich werde einen Dienst nehmen, eine Arbeit. Hier habe ich das Drechslerhandwerk gelernt und so viel Geschick gezeigt, daß sogar der Direktor des Hauses manchen Gegenstand für seinen eigenen Gebrauch von mir anfertigen ließ. Ich hoffe, mich mit dieser Fertigkeit ernähren zu können, wenn meine Strafe um sein wird.

Ich habe gesagt, daß mir hier manchmal ist, als sei ich Soldat. Nun will ich hinzufügen, daß dieses Wort nicht ganz das und nicht alles, was ich hier fühle, umfaßt. Wenn ich abends in meiner Zelle sitze und zu dem kleinen vergitterten Fenster hinaufsehe, scheint es mir oft, als sei ich nicht Sträfling, sondern Mönch. Ein kleiner, unbekannter, stiller Mönch, ein einfältiger Mönch, mit dem sein Oberer zufrieden ist, und ich lächle und bisweilen falte ich über den Knien meine Hände. Nein, es ist so gar nicht Sehnsucht nach der Welt in mir, nur Geduld, Ruhe, Zufriedenheit. Wenn mich meine Richter, der Anwalt und die Frauen, die bei meinem Prozesse Zuhörerinnen waren, so sähen, gewiß würden sie wieder sagen, ich sei ein verhärteter, verstockter und moralisch minderwertiger Mensch.

Ich sitze da und lächle. Ein Mörder! Und sitze da und lächle wie ein zufriedener frommer Mönch.

Bin ich wirklich ein Mörder? Ich habe einen Menschen getötet. Aber mir ist, als habe ich sie gar nicht selbst getan, so fern, so fremd ist mir diese Tat. Mir ist sie wie eine klösterliche Geißelung, die ich einmal über mich, nicht über den Ermordeten, verhängt habe. Als sei die Narbe noch auf meinem Rücken. Doch verheilt. Noch koste ich die Erinnerung an diese Geißelung meines Fleisches und freue mich ihrer, da ich kein Instrument in meiner armen Zelle habe, den durch Askese abgehärmten Körper von neuem zu strafen, nicht aus Haß, nicht aus Rache zu strafen, nicht um die Lust der Sinne aus ihm zu jagen, aus einem Gefühl vielmehr, das ich nicht klar umschreiben kann: ich nenne es Gehorsam.

Aber ich will nicht mich in Betrachtungen über mein derzeitiges Leben verlieren, vielmehr so kurz, wie ich es vermag, die Geschichte meines Lebens mitteilen. Ich war erst siebzehn Jahre alt, als es geschah, und hatte nicht viel gesehen und erlebt, da ich, abgesehen von meiner kurzen Kadettenzeit, nicht aus der kleinen Stadt herausgekommen war, in die, wenige Jahre nach meiner Geburt, nach seinem Abschied und nach dem Tode meiner Mutter, mein Vater mit mir übersiedelte. In einem einstöckigen schmalen Hause, das am unteren Ende des etwas ansteigenden Marktplatzes neben der Kirche lag und dessen erstes Stockwerk ich mit meinem Vater bewohnte, wuchs ich auf.

Ich habe meinen Vater so deutlich in Erinnerung, als stünde er lebend vor mir. Wenn auch unmittelbar vor dem Ereignis sein Äußeres verfiel, hatte er selbst da noch die aufrechte soldatische Haltung des Oberkörpers, trug noch immer den schwarzen, langen, nun nicht mehr ganz sauberen Rock hoch geschlossen. Ich weiß, daß früher täglich meines Vaters erster Weg in die Rasierstube führte, wo er sich das Kinn sauber ausrasieren, den Backenbart frisieren und den Schnurrbart einbinden ließ trotz unserer ärmlichen Verhältnisse, die meinen Vater sicherlich stark bedrückten.

Im Orte nannte man ihn nicht anders als den General. Dieser Name wurde ihm anfangs gewiß beigelegt, um den alten Herrn mit den soldatischen Allüren zu verspotten. Später bürgerte sich dieser

Name für meinen Vater so ein, daß niemand ihn anders ansprach, gleichsam als gebühre meinem Vater dieser Titel. In der ersten Zeit wohl mochte mein Vater dies als Verhöhnung empfunden haben, doch da er bemerkte, daß die Leute – vielleicht bloß, um nachher umso herzlicher über ihn lachen zu können – ernst blieben, begann er wohl, sich geschmeichelt zu fühlen, und es ist möglich, daß er zuletzt selbst an seinen Rang geglaubt hat. Jedenfalls hätte es ihn dann auf das tiefste beleidigt, wenn ihm jemand diesen Titel verweigert hätte. In Wirklichkeit war mein Vater niemals General gewesen, hätte es auch nicht werden können, da er gar nicht Offizier, sondern Militärarzt gewesen war und als Oberstabsarzt den Dienst quittiert hatte. Dazu war er nicht durch Alter oder Krankheit gezwungen gewesen, sondern durch den Umstand, daß man ihm auf Unregelmäßigkeiten in der Verwaltung der ihm in seiner Eigenschaft als Kommandanten eines großen Militärkrankenhauses anvertrauten Gelder gekommen war. Wohl gelang es meinem Vater mit Hilfe eines Verwandten meiner Mutter, die fehlenden Beträge zu ersetzen und die Sache soweit zu vertuschen, daß es zu keiner Untersuchung kam. Trotzdem blieb ihm nichts anderes übrig, als um seine Pensionierung einzureichen.

Meine Mutter, die schon seit Jahren leidend war, scheinen diese Aufregungen so angegriffen zu haben, daß sie starb. Mein Vater entschloß sich, die Stadt, in der er zuletzt Dienst gemacht hatte, zu verlassen und in den kleinen Ort zu übersiedeln, in dem er als Sohn eines Beamten geboren worden war. Zu dieser Übersiedlung mochte ihn ebenso der Wunsch, dem Aufsehen, das sein plötzlicher Abschied machen mußte, aus dem Wege zu gehen, wie die Notwendigkeit größter Einschränkung der Lebenshaltung veranlaßt haben. Seine Pension war gering und zudem mußte er noch von dieser Summe monatlich einen ansehnlichen Teil als Abschlagszahlung dem Verwandten überweisen, der es ihm durch ein verhältnismäßig großes Darlehen ermöglicht hatte, die von ihm verwalteten Beträge in Ordnung zu übergeben.

Wir bewohnten in dem schmalen, dunklen Hause neben der Kirche eine Wohnung, die aus Küche und zwei Zimmern bestand. Zuerst hielten wir ein Mädchen, das die notwendigen Arbeiten verrichtete und unsere Mahlzeiten zubereitete. Doch ward mein Vater des Speisens und des Aufenthaltes in unseren dunklen und ärmlich eingerichteten Zimmern bald überdrüssig und begann im Gasthaus seine Mahlzeiten einzunehmen. In der Folge wurde das Mädchen entlassen. Eine Aufwartefrau kam nun täglich morgens, die Betten in Ordnung zu bringen sowie Kleider und Schuhe zu putzen. Ich erhielt meine Mahlzeiten in der Küche des Gasthauses verabreicht, indes mein Vater immer mehr sich an den Aufenthalt in der Gaststube gewöhnte. Zu Hause war es einsam, die Malerei der Wände war alt und schadhaft, auf Schränken und Kästen lag der Staub in dicken Schichten, alles machte einen so verwahrlosten Eindruck, daß auch ich lieber auf der finsteren Holztreppe saß als in der Wohnung.

Von frühester Jugend an mied ich jeden Verkehr. Nach Schluß der Schulstunden ging ich nicht mit meinen Kameraden nach Hause und niemals spielte ich mit ihnen. Da ich kein Hehl daraus machte, daß ich Soldat, Offizier werden wollte, nannten sie mich hänselnd den kleinen Soldaten. Ich beachtete ihre Hänseleien nicht, und meine Mitschüler nannten mich stolz. Nur einmal habe ich mich mit einem Schulkameraden in einen Raufhandel eingelassen, in dem ich als der Schwächere naturgemäß unterlag, zumal alle anderen Kameraden gegen mich Partei nahmen. Das war, als mich einer der Jungen höhnisch lachend fragte, weswegen ich eigentlich so stolz sei, ob etwa deswegen, weil mein Vater es bis zum General gebracht habe.

War ich damals stolz? Nun weiß ich, daß ich bloß unglücklich war. Der Makel auf meinem Vater, der den Soldatenrock so wenig ehrenvoll hatte ausziehen müssen und der nun, alt und grau, eine so lächerliche Rolle in der Stadt spielte, stieß mich von allem zurück, erfüllte mich mit tiefer Bitterkeit und machte mich einsam. Ich habe diesen alten Mann geliebt, der immer tiefer sich verlor und dessen würdiges und Ehrfurcht vor seinem Range heischendes Auftreten ihn um so lächerlicher machte, je tiefer er sank. Ich weiß nicht, ob er sich seiner Wirkung jemals bewußt wurde, ob er ahnte, daß die Menschen ihm seine Haltung und seine Erzählungen nicht glaubten, ob er wußte, daß sie heimlich über ihn lächelten, wenn sie tief den Hut vor ihm zogen und ihn mit „Herr General“ anredeten, oder ob er etwa, dies alles durchschauend, die schmerzliche Tragik eines Schicksals auf sich nahm, unter dessen Maske vielleicht allein ihm das Leben noch möglich war. Ich weiß es nicht. Mir ist, als fürchtete er mich, der ich als einziger ihn so ganz durchschaute. Voll Grauen erinnere ich mich – und diese Erinnerungen gehören zu den schwersten meiner Jugend – erinnere ich mich der seltenen Stunden, in denen ich mit meinem Vater allein war. Meist schlief ich oder ich tat, als schliefe ich, wenn er spät abends unsicheren Schrittes heimkehrte, ängstlich behutsam auftretend, um mich nicht zu wecken. Wenn er aber manchmal nicht aus dem Hause konnte, weil die Gicht ihn peinigte, saßen wir beisammen. Sein Blick verbarg sich vor dem meinen. Er sprach kein Wort, der sonst nicht müde wurde zu erzählen. Die Würde war aus dem Gesicht verschwunden, das nur Furcht ausdrückte und hilflose Unsicherheit. Es war, als sei sein Herz voll entsetzlicher Angst, ich, der ich alles wisse, könne den Mund öffnen und sprechen. Sprach er mit jemandem auf der Straße mit seiner lauten, weit vernehmbaren Stimme und ich, der Sohn, kam in die Nähe, verstummte er und blickte scheu zu Boden. Und bei dem allen fühlte ich, daß die Scheu vor mir in meinem Vater sich in Feindschaft gegen mich verwandelte, der ich sein Mitwisser war, nicht der Mitwisser der Gründe seines Abschieds – die kannte die ganze Stadt – sondern der einzige Mensch, dessen Blick ihm verriet, daß er wisse, wie wenig er, der „General“ selbst, an seine traurige Rolle glaube, die er so stolz und so erheiternd spielte. Später, als mein Vater vielleicht wirklich sich in das Spiel, das man ihm aufgezwungen, eingelebt hatte, daß er, der kaum noch nüchtern war, das Martyrium einer ursprünglich bewußten Verstellung schon für Wirklichkeit nahm, war er mein Feind und blieb es. Seine Scheu vor mir wich da wohl, damit aber auch die Schranke, die seiner Feindschaft im Wege gewesen war, und er ward hart gegen mich und schonte mich nicht.

Ich glaube, daß an der Entwicklung des Verhältnisses meines Vaters zu mir nicht zuletzt auch der bucklige Friseur Josef Haschek Schuld getragen hat. Immer, wenn ich an diese Zeit meines Lebens, an die Zeit vor dem Verbrechen überhaupt zurückdenke, steht Josef

Haschek's Gestalt vor mir, und gewiß war auch dies der Grund, daß ich, der ich nicht geübt bin in der schriftlichen Darstellung von Ereignissen, von diesem Menschen ausging, als ich diese Niederschrift begann. Der häßliche, bucklige Mensch, dessen lange Arme fast bis zu den Knien herabhingen, ist mir wie das Sinnbild dieser häßlichen, einsamen und unglücklichen Zeit.

Josef Haschek's Oberkörper hatte die Form eines nach oben etwas abgeflachten, auf der Spitze stehenden Würfels. Sowohl aus der Brust wie aus den Rücken ragte je eine Ecke dieses Würfels weit heraus. Ohne Hals saß der Kopf, der beim Gehen ganz eigentümlich schaukelte, in den Schultern. Ich erinnere mich in diesem Zusammenhange einer Uhr, die im Laden eines Uhrmachers auf dem Marktplatz im Fenster hing und von uns Kindern angestaunt wurde. Es war eine Pendeluhr, die an ihrem oberen Rand einen Mohrenkopf mit beweglichen Augen trug. Dieser Kopf war wohl mit dem Pendel verbunden und wurde von diesem in gleichmäßige Bewegung gesetzt. Auch saß er nicht etwa auf einem Hals, sondern ragte kaum mit dem Kinn hervor, ein Umstand, der den Bewegungen dieses Kopfes, wie mich dünkt, etwas Grauenvoll-Komisches gab und es mit sich brachte, daß ich mich seiner bei der Schilderung von des Friseurs schaukelndem Kopf erinnere.

Ich weiß nicht, wodurch es dem Friseur Haschek gelang, zuerst das Vertrauen meines Vaters zu erringen, immer größeren Einfluß auf ihn zu gewinnen, ja ihn endlich völlig zu beherrschen. In meinem Prozeß ist Haschek als einer der Hauptzeugen aufgetreten und nicht zuletzt ihm ist es zuzuschreiben, daß die Herzen meiner Richter sich gegen mich verhärteten und daß ich vor ihnen stand als ein keiner sittlichen Regung fähiges Geschöpf. Alles, was mich in den Augen derjenigen, die über mich urteilen sollten, verwerflich erscheinen lassen konnte, trug er ihnen vor und er erreichte seinen Zweck. Er war mein Feind, seit ich denke.

Ich habe berichtet, wie widerwärtig mir stets alles Schwache, Kranke und Bresthafte gewesen ist. Es mag sein, daß der Friseur meine Abneigung dunkel fühlte und daß dies zuerst Regungen des Hasses gegen mich in ihm weckte. Hiezu mag gekommen sein, daß er die stille Ablehnung bemerkte, die ich für die Entwicklung der immer innigeren Freundschaft zwischen ihm und meinem Vater zeigte. Gewiß hat auch er, wie alle anderen, mein Schweigen, meine trotzige Einsamkeit, die die Folgen meines Unglückes waren, als Stolz gedeutet, und es mag diesen häßlichen Menschen gekränkt haben, daß ich mich nicht zu ihm setzte, mit ihm zu sprechen und seinem Geschwätz zuzuhören. Vielleicht fühlte er, daß ich diesen Umgang meines Vaters als seine tiefste Erniedrigung empfand. Denn solche Menschen pflegen zu sein wie ein Mörder auf der Flucht, der ein trockenes Blatt vom Baume fallen hört und erschrickt. Solche Menschen, sage ich, und ich muß befürchten, daß man mich nicht versteht. Habe ich doch bisher nur gesagt, daß der Friseur bucklig, schwach und häßlich gewesen ist und daß sein Kopf beim Gehen sonderbar in den Schultern schaukelte.

Solche Menschen sind gewalttätig, herrisch, schonungslos und grausam gegen alles, was schwächer ist als sie und in ihre Macht kommt. Solche Menschen, solche häßliche, verwachsene und schwache Menschen sind unterwürfig und demütig gegen alles, was stärker ist als sie. Aber sie hassen es und sie wissen es zu vernichten, wenn es sich eine Blöße gibt oder in ihre Gewalt fällt. Solche Menschen sind klug. Sie sind klüger als die Starken, Gesunden, Geradegewachsenen. Sie lachen über die Ruhe dieser Gesunden, die ihrer guten Verdauung entspringt, sie verhöhnen im Innern ihren aufrechten Gang, die Würde, in der sie einherschreiten, das Produkt ihrer Mittelmäßigkeit. Aber ihre Klugheit hebt solche Menschen nicht über diese Mittelmäßigen, Gesunden. Ihr Lachen ist nicht erkennende Ironie, es ist eine verwundende Waffe, deren Schärfe sich nach innen kehrt und schmerzend das eigene Fleisch stachelt. Solche Menschen leben unter dem Drucke einer beständigen Furcht, wie der Verbrecher auf der Flucht, denn haben sie gleich kein Verbrechen begangen, so ist doch alles in ihnen bereit, es jederzeit zu tun. In solchen Menschen ist der Verdacht immer wach, daß man sie verachte, sie häßlich finde, über ihre Häßlichkeit lächle, daß man Ekel empfinde vor ihnen. Sie sind eitler als die schönen Menschen. Sie lieben es, sich auffallend zu kleiden, ja, eine Blume ins Knopfloch zu stecken, gleichsam verwegen den Spott herausfordernd, vielleicht weil es ihnen Qual bereitet, den armseligen, abgezehrten Körper den Blicken auszustellen, diesen Körper, den sie selbst hassen und verachten, mehr als die andern ihn verachten, mehr als sie selbst irgend etwas in der Welt hassen und verachten.

Vielleicht ist der Friseur darum besonders mein Feind gewesen, weil ich ja im Grunde seinesgleichen war und doch mich von ihm unterschied. Denn ich hatte mich noch nicht aufgegeben. Er war dem Bewußtsein seiner Schwäche und Bresthaftigkeit schon erlegen, wenn er je dagegen gekämpft hat. Ich aber war beherrscht von dem Gedanken an ein Ziel, der mich bis zu meiner Tat nicht verließ, und so war ich noch nicht besiegt. Vielleicht war es die Gewißheit dieses Gedankens, die meine Glücklosigkeit wie Stolz erscheinen ließ und mich einsam machte. Meine Einsamkeit machte den Friseur zu meinem Feind, nicht allein weil er die Einsamen haßte, sondern weil ich war wie er und doch einsam. Denn Menschen seiner Art sind nicht einsam. Sie wollen Menschen, die ihnen zuhören, vor denen sie sich entblößen, sich schänden, in Worten, in Lachen, Tränen und Bewegungen schänden, aus Sucht, ihre eigene Kläglichkeit noch zu quälen und den Gedanken der Rache an denen, die ihnen zuhören, nicht sterben zu lassen.

O Gott, o Gott! Mir ist, als habe ich, indes ich glaubte, den Friseur zu schildern, auch mich selbst, wie ich damals war, beschrieben. All das, wovon ich sagte, daß es in ihm gewesen sei, o Gott, auch in mir ist es gewesen. Auch ich war klein und schwach, bleich, kränklich und wie alles Kranke häßlich, man konnte denken, daß ich verwachsen sei, wenn ich auch keinen Höcker hatte. War nicht auch ich gewalttätig und grausam gegen alles Schwächere, das in meine Gewalt fiel? Ich werde erzählen, wie ich Tiere gequält habe. War ich nicht unterwürfig und demütig gegen den Starken und haßte ihn zugleich? Wie hätte ich sonst schweigen können, als der Fremde mir Schmach antat, ihn hassen, beneiden und schweigen? Dann aber, als er in meine Gewalt kam, wie ward ich da, erst jetzt begreife ich es, das Werkzeug der Rache an ihm, der Rache des häßlichen Wurmes an dem Riesen! Nein, nein, mir ist nun, als sei dies alles doch nicht bloß in der Verkettung der Zufälle gelegen. Als habe ich so getan, weil ich, so geboren, so tun mußte. Auch in mir doch ist die Unsicherheit und Ruhelosigkeit beständiger Furcht gewesen, als könne jede Stunde mir bringen, was mich so restlos demütigt, daß ich die Kraft nicht habe, diese Stunde zu überleben, was mich entlarvt, was mich enthüllt, ganz sichtbar macht, meine Lüge, mein Verbrechen entschleiert. Auch ich Verbrecher auf der Flucht. Und habe noch nicht gelogen und noch nicht verbrochen. Noch nicht! Doch das Verbrechen ist auf dem Weg. O Gott, nun, vierzehn Jahre lang Sträfling, wie weiß ich doch erst jetzt, wie alles, was geschah, nicht Zufall war. War der Verdacht, daß man mich verachte, nicht in mir? Und war nicht er es eigentlich, der mir mein Ziel gab? War ich nicht eitel? Schmückte der Friseur den Rock mit einer Blume, aus welchem Grunde denn, wenn nicht aus Eitelkeit, trug ich noch immer, lange nachdem ich die Kadettenschule verlassen hatte, den anliegenden, bunten Militärrock mit gelben Tressen und Knöpfen? Und empfand ich nicht Abneigung gegen den Friseur aus demselben Grunde, aus dem er mein Feind war, weil wir in einander uns selbst erkannten?

Ich weiß nicht, wer diese Niederschrift einmal lesen wird. Vielleicht wird er nicht verstehen, was ich sagen will, und vieles widerspruchsvoll finden. Mir aber ist, daß alle Widersprüche nur scheinbar sind. Man soll daran denken, daß nichts, was aus uns kommt, aus einer einzigen Wurzel wächst.

Da der Friseur das Vertrauen meines Vaters errungen hatte, benützte er es, mich aus seinem Herzen zu drängen. Ich glaube, ihm ist es zuzuschreiben, daß ich lange meine Mahlzeiten in der Küche des Gasthauses mit Gesinde und Bettlern einnehmen mußte, daß mein Vater jedes Vertrauen zu mir verlor und, je tiefer er sank und je öfter er sich betrank, desto mehr und schmerzhafter mich schlug. Vor Gericht gab Haschek an, der Grund von meines Vaters Freundschaft für ihn sei gewesen, daß der alte Mann ein kaum verständliches Interesse für des Friseurs Nichte Milada gehabt habe, die Haschek die Wirtschaft führte und in der Frisierstube aushalf. Auch das Kind der Milada sei des Generals Kind, der trotz seines Alters, wie der Friseur des öfteren zu beobachten Gelegenheit gehabt habe, noch gut bei Kräften gewesen sei. Der Friseur wollte sich über diese Beobachtungen weiter verbreiten, allein der Vorsitzende des Gerichtes hieß ihn schweigen. Milada selbst verweigerte über diesen

Punkt die Aussage. Sie schämte sich, die Wahrheit zu sagen, und ließ lieber die Lüge bestehen. Denn der Bucklige hatte gelogen. Ich weiß es. Denn ich hatte alles mit angesehen.

Ich war nach meiner Rückkehr aus der Kadettenschule trotz meines standhaften Widerspruches zu Haschek als Lehrling gekommen. Ich empfand dies als tiefste Schmach, die mir angetan werden konnte. Allein der Beruf war mir widerwärtig. Ich konnte niemals ohne innere Überwindung mich dem borstigen Gesicht eines Mannes nähern, die Haut mit weißem Seifenschaum geschmeidig zu machen. Später, als ich selbst das Messer führte, fühlte ich oft beim Schaben der Bartstoppeln die Versuchung, in die Haut zu schneiden, daß das rote Blut über die eingeseiften Wangen herabrinne. Dazu kam, daß ich diesen Beruf beim buckligen Friseur erlernen mußte. Ich will nicht die Leiden beschreiben, die ich in meiner Lehrzeit von Haschek, der mich schlug und zu Diensten niederster Art zwang, ertragen habe. Ich will bloß erwähnen, daß ich gezwungen wurde, täglich am Morgen, wenn ich von zu Hause in die Rasierstube kam, zuerst in das hinten gelegene Zimmer, in dem der Friseur schlief, zu gehen und Haschek's Nachtgeschirr unter dem Bett hervorziehen, um es in den Abtritt zu entleeren. Nie ließ sich der Bucklige den Genuß entgehen, mich bei dieser Tätigkeit genau zu beobachten. Noch heute, hier in meiner Zelle, fühle ich den ekelhaften Geruch von fetten Pomaden und Tinkturen, nach denen die Stube stank, in meiner Nase. Mein Trost war, daß diese Zeit vorübergehen und daß ich doch noch Soldat sein würde.

Ich wußte, daß der Bucklige log, aber ich sagte anfangs nichts davon vor Gericht. Denn mir war, als werde das Andenken meines Vaters durch solche Auseinandersetzungen nur noch mehr beschmutzt. Erst als mein Urteil verkündet war, und also die Verhandlung schon beendet, sagte ich leise, aber in der Stille, die ringsum war, konnten die Worte deutlich vernommen werden: „Mein Vater ist nicht der Vater des Kindes gewesen“, und als ich sah, daß mich alles verständnislos ansah, wohl weil alle schon diese unwichtige Episode des Prozesses, die zudem schon einen Tag zurücklag, vergessen hatten, wiederholte ich es deutlicher: „Der General war nicht der Vater von Miladas Kind.“ Dann führte man mich ab.

Der Vater von Miladas Kind war Miladas Onkel, der Bucklige. Milada war die Tochter von Haschecks Schwester und elternlos. Sie war schlank, groß, hatte blonde Haare und kleine, aber gut geformte Brüste. Als ich bei dem Friseur eintrat, war sie etwa fünfundzwanzig Jahre alt und ein Jahr im Hause. Trotzdem sie noch nicht alt war, war ihr Gesicht verblüht, wohl durch Armut und Entbehrungen, die sie früher ertragen hatte. Bald nach meinem Eintritt bei Haschek bemerkte ich, daß etwas zwischen den beiden vorging, wenn auch weder der Friseur noch Milada auch nur durch ein Wort sich verrieten. Ich bemerkte es an Miladas geröteten Augen, wie auch daran, daß ich sie bisweilen beim Weinen überraschte. Ich erkannte, daß auch sie unter dem Buckligen litt, in dessen Gewalt sie war, da doch er sie jederzeit wieder mittellos aus seinem Hause stoßen konnte. Ich sah, daß sie gegen ihn kämpfte und daß sie von Tag zu Tag stiller wurde, demütiger und ergebener. Sie unterlag. Doch bevor sie unterlag, sollte sie noch an mir enttäuscht werden.

Vielleicht wäre Milada nicht unterlegen, wenn diese Enttäuschung nicht gewesen wäre. Vielleicht hatte sie bis zu dieser Enttäuschung gehofft und erst sich ergeben, als sie sich ganz allein sah: vielleicht trage also auch ich Schuld daran.

Eines Tages, da der Bucklige weggegangen war, fand ich Milada im dunklen Flur sitzend, der zwischen den beiden Wohnkammern und der Rasierstube lag. Sie weinte. Ich weiß nicht mehr, was mich bewog, auf sie zuzutreten und sie zu fragen, was ihr geschehen sei. Milada hob das Gesicht und sah mich einen Augenblick lang an. Sie mochte in dieser Minute den Leidensgenossen in mir fühlen, den Bundesgenossen, der unter demselben Menschen zu leiden hatte wie sie. Ich beugte mich zu ihr hinab. Sie aber streckte, schluchzend, die Arme nach mir aus, umfing mich und drückte mich an sich. Da machte ich mich los, stieß Milada unsanft zurück, daß sie fast gefallen wäre, und lief davon.

Es mag sein, daß der verhaßte Pomadengeruch, der Milada anhaftete wie allem, selbst jedem Möbel, jedem Gerät bei Haschek, mir, da sie mich an sich zog, entgegenschlug und mich abstieß. Es mag sein – ich war mir dessen niemals bewußt –-, daß ich ihr, der Gesunden, Geradegewachsenen, Bundesgenosse nicht sein konnte gegen den Buckligen, wenn auch er mein Feind war. Daß ich den Ekel, den Widerwillen, den sie vor dem Buckligen empfand, als Ekel auch vor mir verstand, wenn auch sie mich in diesem Augenblick der Not als das kleinere und ungefährlichere Übel umarmte, mehr in schwesterlicher vielleicht als in weiblicher Umarmung. Es mag aber auch etwas anderes der Grund für dieses mein Verhalten zu Milada gewesen sein und das ist, daß ich niemals in einem anderen Verhältnis als dem kühler Ablehnung zu Frauen gestanden habe. Allerdings war ich damals noch jung und seither, seit meinem siebzehnten Lebensjahre, habe ich keine Gelegenheit mehr gehabt, dieses mein Verhältnis zu prüfen. Allein nie in den Jahren meiner Strafe ist mir auch nur der Gedanke gekommen, eine solche Prüfung für wünschenswert zu halten. Ich habe gehört, daß Knaben in dem Alter, in dem ich damals stand, ja, daß Männer von Frauen und geschlechtlichen Orgien träumen. Nie in meinen Träumen habe ich davon etwas gesehen.

Kurz nachdem ich Milada im Stiche gelassen hatte, gewahrte ich eine Veränderung, die mit ihr vorgegangen war und die ich, so unerfahren ich damals auch war, sogleich begriff. Sie schien mit dem Buckligen vollkommen versöhnt, es war, als habe sie den Ekel überwunden. Sie scherzte mit ihm, war fröhlich und niemand, der sie jetzt sah, hätte gedacht, daß sie noch vor wenigen Tagen wie eine demütige und furchtsame Dienerin durch diese Räume gegangen sei. Und noch etwas konnte ich bemerken und auch hiefür waren mir die Gründe sogleich klar. Nun begann auch Milada, die bisher mir freundlich entgegengekommen war, mich mit ihrer Feindschaft zu verfolgen, sie klagte dem Buckligen über meine Faulheit, meinen Ungehorsam, sie billigte es, wenn er mich schlug, stachelte ihn gar an, es zu tun und erdachte selbst manches, mich damit zu kränken und zu quälen. Auch ihr Nachtgeschirr, das sie gar, nicht wie sonst gesunde Menschen, zu allen ihren Bedürfnissen benützte, mußte ich säubern und entleeren. Ich verstand sie. Ich hatte sie zurückgestoßen und dadurch dem Buckligen ausgeliefert. Ich war schuld daran. Wohl hatte sie den Widerwillen gegen ihn überwunden, aber vielleicht nur dadurch, daß sie mich gefunden hatte, ihren Haß auf mich zu wälzen.

Zweimal schon habe ich versucht, mitzuteilen, was ich für den Grund der Entwicklung des sonderbaren Verhältnisses zwischen dem Friseur und meinem Vater halte, und beidemal war es meine Ungeübtheit im Erzählen, die mich von der geraden Linie des Berichtes abweichen ließ. Nun aber gehe ich daran, mein Versäumnis nachzuholen.

Als mein Vater als weggejagter Militärarzt in die Stadt kam, in der er seit seiner Jugend nicht mehr gewesen war, hatte er hier keinerlei Bekannte. Der erste Mensch, den er in der Stadt kennen lernte, war der bucklige Friseur. Mein Vater war gewöhnt, auf sein Äußeres, wie das in der großen Stadt und ganz besonders in militärischen Kreisen üblich ist, große Sorgfalt zu verwenden und täglich, vor allem anderen, eine Rasierstube aufzusuchen. Trotzdem nun mein Vater nicht mehr den Militärrock trug und auch nicht in einem Kreise mehr lebte, in dem besondere Sorgfalt nötig gewesen wäre, gab er die Pflege seines Äußeren bis in die letzte Zeit vor dem Ereignis nicht auf und erst damals hätte man an ihm Zeichen der Vernachlässigung bemerken können. Gewiß hat mein Vater schon am Tage seiner Ankunft den Friseurladen des Haschek aufgesucht und diesen Besuch dann täglich wiederholt. Damals schon begann man meinen Vater den General zu nennen, wenn auch noch nicht öffentlich. Doch mochte das Gerücht hievon schon bis zu ihm gedrungen sein. Josef Haschek war der erste, der ihm diesen Titel in direkter Anrede gab. Man wird nicht verstehen, wie eine solche Anrede, die der alte und geprüfte Mann damals gewiß noch als blutigen Hohn auffassen mußte, der Ausgangspunkt einer Freundschaft werden konnte. Wenn ich auch nicht dabei war, so ist mir doch, als sähe ich den Buckligen vor dem grauhaarigen Greis stehen und das Messer ansetzen, um mit dem Rasieren der Bartstoppeln auf dem von Backenbart umrahmten Kinn zu beginnen. Und plötzlich sagt er es, hängt es irgend einer Frage an, etwa der, ob mein Vater gut geschlafen habe. „Herr General.“ Mein Vater blickt auf und sieht die demütigen, hündisch ergebenen Augen dieses armseligen Menschen, die ihn anschauen, als wäre nichts geschehen, was nicht jeder erwartet hätte. In diesem Augenblick vollzieht sich die große Entscheidung. Soll mein Vater aufstehen und diesen Zwerg mit einem Schlag zu Boden werfen? Soll er es sich wenigstens strengstens verbieten, mit einem Titel angesprochen zu werden, der ihm nicht gebührt? Der Mann scheint zu glauben, was er sagt, und schon spricht er harmlos von etwas anderem. Und mein Vater zögert, ob er ihn aufklären soll, erinnert sich dann vielleicht, daß Kellner und Friseure es in der Gewohnheit haben, Standeserhöhungen und Rangerhöhungen eigenmächtig vorzunehmen, Bürgerliche als Barone, Studenten als Doktoren, vielleicht auch pensionierte Militärs als Generale anzusprechen. Noch einmal etwa vergewissert er sich, ob kein Hohn im Blick sei und kein Hohn in der Stimme. Dann schweigt mein Vater und mit diesem Schweigen hat er alles auf sich genommen.

In den ersten Jahren ihrer Beziehungen hat Josef Haschek niemals, wenn er abends zugleich mit meinem Vater im Gasthaus war, sich an den Tisch des Generals gesetzt. Mein Vater pflegte allein an einem Ecktisch zu sitzen, später bisweilen auch am Tisch der Beamten. Erst wenn alles die Wirtsstube verlassen hatte, kroch der Bucklige, das Bierglas in der Hand haltend, aus seinem Winkel hervor, stellte sich in Positur und bat ihn, in militärischem Ton, „gehorsamst“ um Erlaubnis, an seinem Tisch Platz nehmen zu dürfen, worauf mein Vater gnädig lächelte und herablassend eine einladende Handbewegung machte. Bis in die allerletzte Zeit, da also schon mein Vater vom Friseur geradezu beherrscht war, vergaß der Friseur nie, gleichsam die Haltung des untergeordneten Soldaten anzunehmen, wenn er mit meinem Vater sprach. Immer bat und meldete er gehorsamst, riß die Türen auf, durch die mein Vater treten sollte, und nahm nicht Platz, ohne hiezu aufgefordert worden zu sein. Dabei war sein Antlitz ernst und voll Würde, niemals hätte man darauf ein Lächeln des Hohnes sehen können. Ich glaube, daß dieses Verhalten des Buckligen meinem Vater Sicherheit gegeben hat und daß der Ernst, der in diesem Spiel lag, meinen Vater im Lauf der Jahre allmählich an die Wirklichkeit dessen, was er zuerst wohl nur widerwillig über sich hatte ergehen lassen, glauben ließ. Der Friseur war es auch, der ihn dazu brachte, vom schweigenden

Erdulden der Lüge zum Sprechen überzugehen. Er zwang ihn zu lügen. Wenn sie allein im Wirtshaus beieinander saßen, drang er unabweisbar, wenn auch in bescheidener Form, in meinen Vater, ihm doch aus dem Schatz seiner soldatischen Erfahrung, seiner Erlebnisse in den Feldzügen zu erzählen, zumal er, der Bucklige, schon soviel von anderen über meines Vaters Tüchtigkeit und Tapferkeit gehört habe und es ihn, der für nichts größeres Interesse, ja Liebe hege, als für den Soldatenstand, gelüste, hievon aus meines Vaters Munde zu hören. Es ist wahr, daß mein Vater Feldzüge, und zwar die gegen Dänemark und gegen Preußen, mitgemacht hat, allerdings als Arzt. Der Friseur aber wollte hören, wie er die Truppen zum Sturm geführt habe.

Es ist anzunehmen, daß mein Vater zuerst auf die Bitten des Friseurs nicht eingegangen ist. Daß seine unablässige Zudringlichkeit ihn erst zum Reden bewegte. Daß er hoffte, sich dadurch Ruhe verschaffen zu können. Vielleicht auch hat einmal der Alkohol seine Zunge gelöst. Doch, wenn er etwa gehofft hatte, der Bucklige werde zufrieden sein, wenn er einmal erzähle, täuschte er sich. Haschek verbreitete sofort, was mein Vater ihm erzählt hatte, so daß nun, sich an seinen Lügen zu belustigen, schon am nächsten Abend alle Besucher des Wirtshauses in meinen Vater drangen, auch ihnen von seinen Taten und Erlebnissen mitzuteilen. Was konnte meinem armen Vater da übrig bleiben, als den einmal beschrittenen Weg fortzuschreiten? Er war nicht stark genug, gegen sein Schicksal zu kämpfen, nicht weise genug, den Geist in gelassener Ironie über die Niedrigkeit seines Schicksals und die Niedrigkeit ringsum zu erheben, nicht groß genug auch, wie ein Dulder die Passionen des Kreuzwegs auf sich zu nehmen, in ihnen demütig Ruhe und Versöhnung des Herzens zu finden. Und es ist, daß in diesem Licht sein trauriger Hang zum Trinken, der ihn immer tiefer sinken, aber auch vergessen ließ, den Glanz etwa eines gütigen Ausgleichs durch die Vorsehung gewinnt. Ich habe damals nur seinen Rausch und seine Erniedrigung vor den Menschen gesehen. Sie erfüllten mein Herz mit Bitterkeit. Denn ich weiß erst jetzt, daß sie gerade es waren, die meinen Vater bewahrten, sein Leid in seiner ganzen Schwere zu erfassen.

Man könnte nun glauben, daß der bucklige Friseur all dies an meinem Vater nicht aus bösem Trieb getan habe. Man könnte glauben, daß er wirklich sich ihm in aufrichtiger Ehrerbietung genähert habe. Oh, man vergesse nicht, daß in solchen Menschen keine Ehrerbietung für Menschen vom Schlage meines Vaters sein kann. Mein Vater war stolz, groß, sah auf Sauberkeit seines Aussehens, hielt sich wie ein Soldat, dessen Brust gewölbt ist und dessen Schenkel gewöhnt sind, ein Pferd zu regieren. Er sprach kurz, laut und in befehlendem Tone. Mußte der Friseur nicht sein Feind sein? Mein Vater war gewiß nicht sehr klug, gewiß lange nicht so klug wie der Friseur. Und war doch groß, trotz der unglücklichen Geschichte seiner Pensionierung, stolz, sprach laut und in befehlendem Tone. Man sagt, der Bucklige habe nicht die Spur eines Lächelns gezeigt, wenn er mit ihm gesprochen habe. Man vergißt die Klugheit solcher Menschen. Er wußte, daß er sein Opfer verlieren müsse, wenn nur der Schatten eines Lächelns über sein Gesicht gehe. Solche Menschen haben eine asketische Klugheit. Sie lächeln nicht, aber ihre Seele badet im Bewußtsein des Hohnes, den sie antun.

Ich habe eine arme Jugend gehabt. Und doch war auch sie erhellt von einem Licht: dem Gedanken an mein Ziel. Ich wollte Soldat werden. Vielleicht, daß irgendwo in meinem armseligen Knabenkörper, mir nicht bewußt, die Hoffnung war, daß ich groß, gesund, stark sein würde, wie alle Soldaten, wenn ich erst mein Ziel erreicht hätte. Vielleicht war es diese Hoffnung, die es vermochte, daß ein an sich einfacher Gedanke von so außerordentlicher Bedeutung für mich geworden ist.

Vor allem aber sagte ich mir, daß ich Soldat werden müsse, weil es meine Pflicht sei, meinen Vater zu rechtfertigen. Nicht etwa durch den Nachweis, daß ihm Unrecht widerfahren sei. Ich zweifelte nie an seiner Schuld. Ich wollte ihn rechtfertigen durch ein Leben des Gehorsams, der Treue, der äußersten Pflichterfüllung, gerade in dem Beruf, in dem er gesündigt hatte. Durch mein Leben wollte ich mich wie ihn von seinen Verfehlungen nicht nur im Dienst, sondern auch von seiner Schande nachher, in der er unaufhaltsam immer tiefer versank, reinwaschen. Ich konnte in einem Winkel unseres dunklen Stiegenhauses weinen, wenn ich an meinen Vater dachte und an meinen Entschluß, ihn zu entsühnen. Nicht bloß, weil mein Vater diesem Stand als Arzt angehört hatte, wollte ich Soldat sein, zugleich trieb mich zu diesem Beruf seine Härte und Strenge. Denn es war mir, als könne nur der rücksichtsloseste Dienst, die schonungslosen Strapazen und Leiden von Verwundungen, der bis in den Tod unkündbare und unbedingte Gehorsam, mir Befreiung von der Schmach und dem Makel bringen, die mein Vater über sich und über mich gebracht hatte.

Ich war keineswegs über meine körperlichen Eignungen im Zweifel. Aber dieses Wissen hinderte meinen Willen nicht, sich auf dieses Ziel zu richten. Ich kannte die Geschichte vieler Heerführer und am meisten bewunderte ich drei, die ich für die größten Soldaten hielt. Das waren der Prinz von Savoyen, der König Friedrich der Zweite von Preußen und der Kaiser Napoleon Bonaparte: der bucklige kleine Prinz Eugen, dessen Dienste ein König von Frankreich ausgeschlagen hatte, Friedrich der Große, der hagere, häßliche Mann, dessen auf den Stock gestützter Körper ebenso den Eindruck der Verwachsenheit erwecken mochte wie mein eigener, Napoleon, der klein und dick war und auf dem Rücken seines Pferdes hing, daß die, die ihn sahen, lachten! Ich glaube auch heute noch, daß ein Höcker, sei er auch noch so groß, keineswegs ein Hindernis für eine Feldherrnlaufbahn ist. Zum wirklich großen Feldherrn gehört Grausamkeit, die Grausamkeit der Entscheidung über das Leben Vieler. Der große Feldherr ist ohne Gnade. Ohne Gnade auch gegen sich selbst. Ich glaube, daß man verwachsen sein muß, von einem bösen Muttermal entstellt, um die Macht ganz zu begreifen, die einem in die Hand gegeben ist.

Als ich die vierte Gymnasialklasse absolviert hatte, ging ich daran, meine Pläne auszuführen. Ich wandte mich brieflich an den Verwandten meiner verstorbenen Mutter, denselben, der meinem Vater schon einmal geholfen hatte, und bat ihn, mir mit seinem Einfluß bei der Aufnahme in eine Kadettenschule behilflich zu sein und mir so die Möglichkeit einer mit geringen Kosten verbundenen Laufbahn zu verschaffen. Mit Drängen und Bitten erreichte ich auch bei meinem Vater, daß dieser sich entschloß, an einige alte Kameraden zu schreiben und sie zu ersuchen, meiner Bitte um Gewährung eines Freiplatzes Nachdruck zu verleihen, besonders aber mir einen Brief an den Militärarzt, der mich auf meine Tauglichkeit prüfen sollte, mitzugeben. Ich glaube, daß ich nur auf diesen Brief meines Vaters hin tauglich befunden wurde.

Die Zeit, die ich in der Kadettenschule zubrachte, war die einzig glückliche meiner Jugend. Mit leidenschaftlicher Hingabe leistete ich den Dienst und keineswegs zog es mich mehr zu den theoretischen Fächern als zu den körperlichen Übungen. Im Gegenteil: ich setzte allen Ehrgeiz daran, im Exerzieren und Turnen mit den größten und stärksten Kameraden zu wetteifern und wäre lieber ohnmächtig zusammengefallen, ehe ich irgend jemandem meine Müdigkeit eingestanden hätte. Denn mich zu ermüden, brauchte es nicht viel. Allein ich biß die Zähne aufeinander und bezwang mich. Es freute mich, wenn der Offizier einen direkten Befehl an mich richtete. Zwar war ja alles durchdrungen von der Atmosphäre des Gehorsams. Allein so, wenn das Auge des Vorgesetzten auf mich fiel und ich, seinem Befehl mich zu fügen, unbeweglich dastand, ward mir, als durchdringe mich, qualvoll und beseeligend zugleich, die große Lust des Gehorchens. Vielleicht, daß, wer herrschen will, alle Bereitschaft zur tiefsten Demütigung des Gehorchens in sich hat, wenn er die Gewalt findet, die stärker ist als er, ja, vielleicht, daß sein Leben nichts ist als marterndes Suchen nach dieser Gewalt.

Meine militärische Laufbahn fand bald ein Ende. Ich war erst wenige Monate in der Kadettenanstalt, als ich nach einem langen Marsch ohnmächtig zusammenfiel und ins Lazarett geschafft werden mußte, wo ich einige Zeit lang in heftigem Fieber lag. Vom Lazarett aus kehrte ich nicht mehr in die Schule zurück, sondern wurde wieder nach Hause geschickt, um hier nach hartem, aber vergeblichem Widerstand als Lehrling beim Friseur Haschek einzutreten. Trotzdem gab ich den Gedanken an eine militärische Laufbahn nicht auf. Ich rechnete damit, nach Erreichung des vorgeschriebenen Alters als einfacher Mann in das Heer aufgenommen zu werden. Und ich hoffte, daß es mir gelingen werde, durch Tapferkeit und Pflichterfüllung selbst als einfacher Soldat auf der Stufenleiter des Standes höher zu kommen.

Trotzdem ich vorläufig nichts war als ein entlassener Militärzögling und Lehrling bei einem Friseur, trug ich meine enganliegende Soldatenbluse weiter, als wollte ich den Spott der Menschen herausfordern, vielleicht weil der Groll, den der Hohn der Leute in mir erweckte, mir doch eine Freude brachte, die Freude, an ihm meinen Willen immer von neuem anfachen zu können.

Als ich etwa ein Jahr lang als Lehrling in der Friseurstube des Haschek tätig war, erschien der Fremde in unserer Stadt. Ich nenne ihn den Fremden, weil er von niemandem in der Stadt anders genannt wurde und weil auch im Prozeß ihn alle Zeugen so nannten. Ich selbst erfuhr seinen Namen spät, lange nach dem Ereignis, im Laufe der Untersuchung. Das Eintreffen des Fremden, der sich scheinbar zu längerem Aufenthalt bei uns einrichtete, machte in der Stadt, in die nur selten einmal ein Reisender auf wenige Stunden sich verirrte, großes Aufsehen. Lange und viel wurde über ihn im Wirtshaus und von den Kunden, die in unseren Laden kamen, gesprochen und eifrig erwogen, was für ein Geschäft ihn veranlaßt haben mochte, die Stadt, die abseits von den großen Straßen des Verkehrs lag, zu besuchen.

Der Fremde war im Gasthof am Marktplatz, schräg gegenüber dem Hause, in dem ich mit meinem Vater wohnte, abgestiegen, im selben Gasthof, dessen Wirtsstube von meinem Vater besucht wurde. Über den Zweck seines Aufenthaltes vom neugierigen Wirt befragt, hatte er eine ausweichende Antwort gegeben und bloß erklärt, daß er längere Zeit sich in der Stadt aufzuhalten gedenke. Ich habe keinen Anlaß, auseinanderzusetzen, was ich für den Grund ansehe, der den Fremden bewog, zu uns zu kommen, zumal dieser Grund mit dem Ereignis nur in einem losen Zusammenhang steht und ich mich nicht für berechtigt halte, Geheimnisse anderer offenbar zu machen. So werde ich nur, soweit es zum Verständnis meiner eigenen Geschichte unbedingt notwendig ist, die Schleier vom Geheimnis des Fremden lüften und keineswegs unschuldige Menschen bei ihrem Namen nennen und so ihre Beziehungen der Öffentlichkeit preisgeben. Ich werde dieser Versuchung, mag sie auch noch so groß sein, in diesen Aufzeichnungen ebenso widerstehen, wie ich ihr in der Untersuchung und Verhandlung des Gerichtes widerstanden habe, obgleich mir damals die Mitteilung aller Umstände hätte von Nutzen sein können.

An demselben Morgen schon, an dem er in die Stadt gekommen war, suchte der Fremde den Raseurladen auf. Er war nicht so gekleidet wie die Männer in der Stadt, an dem Schnitt seines gutsitzenden Anzuges erkannte man den Großstädter, der viel Sorgfalt auf die Auswahl seiner Kleidung verwendet. Die Haare des Fremden waren schwarz und von metallischem Glanz, an den Seiten kurz geschoren und in der Mitte gescheitelt. Der Schnurrbart war kurz, Backen und Kinn bartlos. Von Gestalt war der Fremde groß und schlank, seine Bewegungen waren ruhig, von leichter Nachlässigkeit wie sein Gang, und es war vielleicht gerade diese nachlässige Ruhe in allem, die die Vorstellung eines gesunden, schönen, in allen Muskeln gleichmäßig entwickelten Körpers hervorrief. Ich hatte den Fremden schon früher, als ich gerade vom Hause über den Marktplatz in die Friseurstube ging, gesehen. Der Wagen, in dem er saß, hielt gerade vor dem Wirtshaus. Ich blieb stehen, aber der Fremde erhob sich nicht sogleich, wie ich und wohl manch anderer getan hätte, um, ans Ziel gelangt, den Wagen zu verlassen. Er sah sich erst einen Augenblick lang um. Dann begann er die Reisedecke, die sorgfältig um seine Füße gelegt war, langsam zu entfernen und übergab sie dem Kutscher, der indes seinen Bock verlassen hatte. Und jetzt erst erhob er sich und entstieg dem Wagen.

Mir ist all das noch ziemlich gegenwärtig. Besonders erinnere ich mich der Sorgfalt und wichtigen Ruhe, mit der der Fremde die Reisedecke von seinen Füßen entfernte. Ich erinnere mich auch, daß das Aussehen des Fremden, seine Ruhe wie seine selbstsichere Nachlässigkeit mich vom ersten Augenblick an mit dem Gefühl der Ablehnung gegen ihn erfüllten, ein Gefühl, das sich in mir verdichtete, als ich das spöttische Lächeln um den Mund des Fremden sah, da in der Rasierstube sein Blick auf mich fiel, der ich die Militärbluse trug.

Der Fremde wurde von Haschek bedient, der sich vergeblich und rastlos bemühte, mit dem schweigsamen Gast in ein Gespräch zu kommen. Der Fremde gab kurze, ausweichende Antworten. Ich weiß nicht, ob es bloß seiner Gewohnheit widersprach, mit einem Friseur mehr als das gerade Notwendige zu sprechen oder ob er aus anderen Gründen beschlossen hatte, durch Gespräche keinerlei Anhaltspunkte zu geben, aus denen Schlüsse auf den Zweck seines Hierseins gezogen werden könnten.

Ich stand unweit von Haschek und dem Fremden und zog auf dem Abziehleder Rasiermesser ab. Ich hörte, daß der Fremde, während der Bucklige mit dem Messer über seine Backe fuhr, plötzlich, wohl weil er das Gefühl hatte, daß Haschek ihn in die Wange geschnitten habe, die Hand wie zur Abwehr hebend „Halt" rief. In diesem Augenblick ging ein verstehendes Lächeln über des Friseurs Gesicht:

„Bitte gehorsamst", sagte er, „es ist nichts geschehen."

Und indem er das Rasiermesser wieder ansetzte, fuhr er fort: „Ich habe es mir gleich gedacht. Ich habe ja schon so viele von den Herren bedient. Wenn auch ich selbst nie dabei war. Wegen... Können ja selbst sehen. Nun aber brauchen mir nichts mehr zu sagen, bitte gehorsamst. Der Herr sind Offizier. Ich weiß, wie ich mich..."

Er wollte weiter sprechen, doch der Fremde unterbrach ihn:

„Ich möchte Sie bitten, mich in Ruhe zu lassen."

„Bitte gehorsamst."

Haschek verneigte sich und lächelte.

Ich weiß nicht, ob Haschek wirklich in dem Fremden den Offizier zu erkennen glaubte, oder ob er nur hoffte, auf diese Weise von dem unbekannten Gast die Wahrheit erfahren zu können. Jedenfalls, als, kurz nachdem der Fremde die Rasierstube verlassen hatte, mein Vater eintrat, tat er so, als habe der Fremde sich mit ihm in ein längeres Gespräch eingelassen und ihm, wenn auch unter dem Siegel strengster Verschwiegenheit, anvertraut, daß er Offizier sei. Welche Gründe den Fremden bewogen, seinen Stand zu verbergen, warum er sich hier eine Zeit aufzuhalten gedenke, habe der Friseur noch nicht erfahren, vor allem deswegen nicht, weil er nicht darnach gefragt habe. Es sei ihm unpassend erschienen, den Fremden gleich beim ersten Zusammentreffen mit Fragen zu belästigen, die den Eindruck zudringlicher Neugierde hätten erwecken können, und so habe er nur erfahren, was der Fremde ungefragt gesagt habe. Es werde sich aber gewiß Gelegenheit geben, alles Wissenswerte zu erfahren, zumal anzunehmen sei, daß das Verhältnis des Vertrauens zwischen ihm, dem Buckligen, und dem fremden Offizier, das schon beim ersten Zusammentreffen so erfreulich klar gewesen sei, sich Schritt für Schritt weiterentwickeln werde.

Es schien, als ob die Mitteilung des Friseurs auf meinen Vater tiefen Eindruck mache. Wenn auch mein Vater damals wohl schon tief genug gesunken war, um das Traurige und Lächerliche seines Spiels nicht mehr zu fühlen, mag immerhin ein unklares, doch drückendes Schuldbewußtsein in ihm geblieben sein, das sich vor allen Dingen in einem von Tag zu Tag größer werdenden Mißtrauen äußerte. Ich habe an meinem Vater beobachtet, daß er erschrak, wenn eine Türe geöffnet wurde, um wie befreit zu lächeln, wenn er einen Bekannten eintreten sah. Es war, als fürchte er eine Entdekkung, eine Überraschung, jede Veränderung, trotzdem er sich des Spiels, dessen Hauptperson er war, wohl nicht mehr bewußt wurde. Sicherlich hatte er eine geheimnisvolle Scheu vor Unbekannten. Er näherte sich ihnen nur, wenn es nicht anders ging und mit einer Art ängstlicher und schlauer Vorsicht, um dann, wenn er fühlen mochte, daß sie nicht gekommen seien, seine Seele aus dem Gleichgewicht zu bringen, gleichsam in Siegerlaune, um so toller und zügelloser seine Rolle zu spielen. Daß der Fremde, dessen Eintritt in den Kreis seines Lebens nun drohte, Offizier war, mochte ihn, den General, besonders unsicher machen und mit unbestimmten Befürchtungen erfüllen.

Mein Vater sah den Friseur, da dieser seinen Bericht über die Unterredung mit dem Fremden geendet hatte, furchtsam an und sagte tonlos:

„Ein Offizier? Ein Offizier?“

„Jawohl, Herr General!“

„Hat er von... Haben Sie von mir gesprochen?“

„Jawohl, Herr General. Selbstverständlich habe ich die Anwesenheit eines verdienten Generals in unserer Stadt erwähnt.“

Mein Vater machte einen Schritt auf den Friseur los. Sein Gesicht, seine Gestalt drückten Hilflosigkeit aus.

„Kennt er mich, Haschek?!... Kennt er mich?"

Ich glaube, daß dieser Augenblick es war, in dem jene Idee im Buckligen entstand, die so viel Verderben nach sich ziehen sollte.

„Ich melde gehorsamst, Herr General, er scheint von Herrn General gehört zu haben."

„Sagte er das, Haschek? Sagte er das so?"

„Als ich ihm vom Herrn General erzählte, meinte er: ‚So, so!' So wie man sagt: Du willst mir Neuigkeiten erzählen, wie, aber ich weiß das alles besser als du."

„‚So, so', sagte er, Haschek? Sonst nichts?"

„Sonst nichts. Ich bitte gehorsamst, Platz zu nehmen, Herr General."

Ich setzte mich an diesem Abend im Gasthaus an einen Tisch unweit der Küchentür. Mein Vater saß in einem Kreis von Bürgern und Beamten am entgegengesetzten Ende der Wirtshausstube. Der Friseur stand neben dem Tisch und beteiligte sich am Gespräch. Mein Vater war an diesem Abend besonders aufgeräumt. Er erzählte die Geschichte eines Gefechtes bei einem Dorf, dessen italienisch klingenden Namen ich vergessen habe. Ich glaube nicht, daß die Kriegsgeschichten, die mein Vater zu erzählen pflegte, frei erfunden waren, vielmehr, daß er sie im Laufe seines Dienstes von Offizieren, die sie wirklich erlebt hatten, gehört hatte. Denn ich glaube nicht, daß mein Vater Phantasie und Einbildungskraft genug besessen habe, solche Schilderungen zu erfinden. Von ihm selbst stammten nur die oft dummdreisten Ausschmückungen seiner Erzählung sowie die Einflechtung seiner eigenen Person als Helden des betreffenden kriegerischen Erlebnisses. Der Friseur hörte immer mit größter Aufmerksamkeit zu und es schien ihm Vergnügen zu bereiten, kleine Ungenauigkeiten in der Erzählung zu entdecken, Widersprüchen durch Zwischenfragen nachzugehen und sie, wenn mein Vater nicht ein noch aus wußte, womöglich selbst zu erklären.

Als ich eintrat, war mein Vater schon mitten in seiner Erzählung.

„Also wir liegen ruhig und denken schon: heute nachts geht's an uns vorbei. Tags zuvor der Sturm auf den Friedhof hatte fünfundzwanzig Tote und siebenunddreißig Verwundete gekostet. Immerhin, fünfundzwanzig Tote. Von den Verwundeten waren einige so schwer daran, ganze Füße weg, einfach weggerissen. Meine Herren! Verbluteten mir unter der Hand!"

„Wem?" fragte der Friseur.

„Verbluteten mir unter der Hand, sage ich."

„Herrn General? Wo war denn der Arzt?" fragte der Friseur. „Der Feigling war wohl...!"

Mein Vater geriet in Zorn.

„Feigling? Wer ist da Feigling? Immer dabei! Ich habe die Verwundeten nie verlassen!"

„Herr General!" sagte der Friseur mit Nachdruck.

Mein Vater schien zu fühlen, daß er sich irgendwie versprochen habe, wenn auch nicht zu wissen, worin. Er sah verständnislos, verlegen und ratlos zugleich den Friseur an. Dann sank er zusammen, als habe ihn eine große Müdigkeit befallen und sagte wie geistesabwesend:

„Ja, ja!"

„Herr General", sagte nun wieder der Friseur, „ich bitte gehorsamst um die Erlaubnis zu einer kleinen Zwischenbemerkung. Ich habe erzählen gehört, Herr General seien in allen Feldzügen ein solcher Freund der Soldaten gewesen, die die Ehre hatten, unter Herrn Generals Befehl gegen den Feind zu ziehen, daß Herr General beim Verbinden der Verwundeten, wenn Eile nötig war, oft selbst Hand anzulegen geruhten."

Mein Vater richtete sich wieder auf.

„Meine Herren, so war es. Selbst Hand anzulegen beim Verbinden der Verwundeten. Selbst. Also, wo war ich?"

„Sie lagen in einer Mulde. Tags zuvor der Sturm auf den Friedhof mit großen Verlusten. Sie dachten schon, daß es diese Nacht vorbeigehen würde."

„Falsch gedacht! Falsch gedacht, meine Herren! Wir liegen in der Mulde. Vor uns das Dorf und von links und rechts Plänklerfeuer. Zur Sicherung lasse ich eine starke Patrouille, Offizierspatrouille, meine Herren, gegen den Dorfrand vorgehen. Man muß immer vorsichtig sein, meine Herren. Ich warne sie vor Unachtsamkeit, auch bei größter Müdigkeit. Habe Fälle erlebt, wo ganze Armeen infolge mangelnder Sicherung durch ein Detachement von hundert Reitern unter Führung eines schneidigen Offiziers vernichtet wurden. Auf Ehre, meine Herren! Vorsicht ist die wichtigste Tugend des Führers. Nach der Kaltblütigkeit und Tapferkeit, versteht sich. Bekomme Meldung von Patrouille: Dorflisiere vom Feinde nicht besetzt. Befehle darauf der Patrouille, aufgelöst, aufgelöst, das ist wichtig, meine Herren, bis zur Dorfmitte vorzustoßen, dort bis Morgengrauen zu verharren, Vorfallenheiten melden, bei Tagesanbruch einrücken. Ich selbst denke: nun empfehle deine Seele Gott, hast siebzehn Nächte nicht geschlafen, gute Nacht! Oho! Kommt Meldung vom Oberst. Mein Freund Oberst Kopal, meine Herren! Mein Freund und Vorgesetzter. In Temesvar, als Leutnant täglich mit ihm Billard gespielt, zehn Points einen Kreuzer. Treffe ihn fünfundfünfzig als Hauptmann in Mantua. Alter Haudegen. Na, ja; Meldung: Oberst Kopal an Magenschmerzen erkrankt. Ich habe Bataillonskommando zu übernehmen. Bittet mich, falls Ruhe, um Besuch. Was antworte ich: Herr Oberst, ich habe das Kommando des Jägerbataillons übernommen. Ich verlasse mein Bataillon als Toter, aber nicht, um Krankenbesuch zu machen. Wie Oberst Kopal die Meldung liest, bricht er in Tränen aus. ‚Ein Soldat!‘ ruft er, meine Herren, ‚das Muster eines Soldaten! Gott erhalte ihn der Armee!‘“

„Herr General“, sagt der Friseur, „ich bitte gehorsamst um die Erlaubnis, Herrn General unterbrechen zu dürfen. Ich habe nämlich gehört, daß Herr General den italienischen Feldzug beim Regiment Alt-Starhemberg mitgemacht haben!“

„Jawohl“, erwiderte mein Vater, „bei dem altehrwürdigen Regiment Alt-Starhemberg, dessen Fahne ich in Schlachten, Gefechten und Stürmen als junger Offizier zu tragen und mit meinem Leib zu decken die Ehre hatte. Ich habe sie um den Leib gebunden und so den Po durchschwommen, der aus seinem Bett getreten war, daß man die Ufer nicht sehen konnte. Und gerettet, meine Herren!“

„Ich bitte gehorsamst um Entschuldigung", sagte wieder der Friseur, „ich verstehe nicht..."

Er unterbrach sich und machte eine ehrerbietige Verneigung. Der Fremde war eingetreten und erwiderte mit flüchtigem Nicken den Gruß des Buckligen. Er setzte sich an einen Ecktisch, der von dem Tisch, an dem die Gesellschaft um meinen Vater saß, wie von meinem Tisch am weitesten entfernt war und bestellte sein Abendessen, das ihm sogleich gebracht wurde. Das Gespräch an meines Vaters Tisch war verstummt, alle sahen neugierig den Fremden an. Mein Vater saß zusammengekauert da, als wollte er sich hinter den Rücken der anderen vor dem Fremden verbergen. Dieser aber schenkte den Gästen in der Stube keinerlei Aufmerksamkeit. Nur einmal hob er den Blick und richtete ihn musternd einen Augenblick gegen den Tisch meines Vaters. Das war, als der Friseur sagte: „Das also verstehe ich nicht, Herr General!" wobei der Bucklige dem Titel, den er meinem Vater beilegte, durch Steigerung der Stimme besonderen Nachdruck verlieh.

Mein Vater aber schien noch mehr in sich zusammengesunken und schwieg.

Der Fremde aß rasch, erhob sich und verließ die Stube. Wieder grüßte der Friseur ergeben. Auch ich stand auf und ging.

Es gibt gewiß viele Menschen und gewiß auch viele alte Soldaten und sicherlich sind sie schon oft genug und besser als ich es vermag, von Schriftstellern dargestellt worden, Menschen, die die Befriedigung einer rätselhaften Lust darin finden, die Mitmenschen in Erstaunen zu setzen durch Erfindung unwahrer Geschichten, an deren Wahrheit sie keinen Zweifel dulden und an die sie selbst unbedingt glauben wollen. Ich weiß nicht, worauf diese Lust zurückzuführen ist, ob auf den Alkohol oder eine krankhafte Veranlagung, und es fehlt mir an Wissen und Erfahrung, dieser Erscheinung auf den Grund zu gehen. Aber ich glaube, daß mein Vater nicht ganz diesen oft geschilderten Figuren der Romane und Theaterstücke zuzuzählen ist, deren eine oder mehrere wohl jeder auch im Leben kennen zu lernen reichlich Gelegenheit gefunden hat. Ich möchte diese Leute „freiwillige Lügner" nennen, da sie nichts zur Erdichtung ihrer Lügen treibt, als die eigene Lust, und meinen Vater einen unfreiwilligen Lügner, einen Lügner aus Schwäche, einen Lügner aus Scham, der nicht wie jene eine lustige Figur für eine Komödie, sondern eher eine tragische für ein Trauerspiel abzugeben geeignet wäre. Mein Vater fing sich in den Fallen, die der Bucklige ihm mit aller List vor die Füße legte. Er sah keinen Ausweg, um Ruhe zu gewinnen, als die Lüge und er ergab sich ihr, unfreiwillig und widerwillig und mit Scham im Herzen. Mir ist, als wenn diese Scham, so sehr auch er sie in Alkohol zu ersäufen suchte, noch immer in seinem Herzen gebrannt habe, auch als er sich schon ganz in seiner Lüge verloren hatte, als sei die Furcht, einem Fremden zu begegnen, nichts anderes gewesen als eben diese Scham, die, neben dem unbestimmten Schuldbewußtsein, ihn davor zurückscheuen ließ, wieder vor einem neuen Menschen seine Schande zu enthüllen.

Man wird mich fragen, wieso es kam, daß ich, der ich schon damals so viel von den Verhältnissen, in die mein Vater verstrickt war, durchschaute, nicht hinging und meinen Vater seinem Schicksal entriß. Warum ich den Buckligen, als er sein erlogenes Gespräch mit dem Fremden schilderte, nicht als Lügner entlarvte. Warum ich im Wirtshaus, als ich ihn hilflos in die Enge getrieben, gequält, beschämt und verlacht sah, meinem Vater nicht zu Hilfe gekommen sei und ihn seinem Quäler, dem Buckligen, nicht entrissen habe. Vielleicht wenn ich vor meinem Vater und allen Zeugen, laut und ohne mich dessen zu schämen, die Wahrheit gestanden, sie ihm in die Seele gerufen hätte, gesagt hätte, daß er kein ruhmbedeckter General sei, sondern ein wegen Unregelmäßigkeiten in den Kassen verabschiedeter Militärarzt, der sich nun zu Spott und Hohn hergebe, hätte ich ihn erinnern, ihn retten können. Ich schwieg. Ich fürchtete mich zu sprechen. Ich war stumm geworden unter dem Haß, der mich umgab, des Friseurs, Miladas, meines Vaters Haß. Vielleicht auch, o Gott, daß neben der Furcht ein anderes noch mich zum Schweigen zwang. Vielleicht war es mein Los, mein Schicksal, des buckligen Friseurs Genosse zu sein und so das Werkzeug der Vernichtung.

Mein Vater vermied es in der Folge, dem Fremden zu begegnen. Er schlich vormittags so lange um den Friseurladen herum, bis er den Fremden ihn verlassen sah, um ihn ja nicht anzutreffen. Seine Angst, mit dem Unbekannten zusammenzukommen, vergrößerte sich von Tag zu Tag. Der Friseur hatte die Erregung, in der mein Vater sich befand, nicht nur bemerkt, er wußte sie auch zu vergrößern. Gewöhnlich erzählte er meinem Vater, daß der „Offizier" – so nannte der Friseur den Fremden – nach ihm gefragt habe.

„Nach mir gefragt?" Mein Vater schien bestürzt. „Nach mir gefragt? Haschek, was will er denn von mir? So will er etwas von mir, Haschek?"

„Ich weiß nichts", erwiderte der Friseur, „ich weiß nichts darüber, Herr General. Er fragte nur so etwa: ‚Was macht denn der alte Herr General?' Aber mehr hat er nicht gesagt."

„Mehr nicht, lieber Haschek, mehr nicht?"

Einmal empfing Haschek den General freudestrahlend. Nun endlich habe ihn der Offizier seines vollen Vertrauens gewürdigt. Er habe ihm alles erzählt, allerdings ihn durch das feierliche Versprechen des Stillschweigens gebunden, das er nicht brechen werde. Nie würde er jemandem davon, was der Offizier ihm über den Zweck seines Aufenthaltes in der Stadt erzählt habe, Mitteilung machen.

„Auch mir nicht, Haschek?" fragte mein Vater.

„Herr General, ich bitte gehorsamst um Entschuldigung. Auch Herrn General nicht. Zumal es ja eine Sache ist, die Herrn General nicht angeht, wenn sie auch interessant ist, sehr interessant."

„Geht mich nicht an, lieber Haschek? Mich nicht? Na, dann gut, lieber Haschek!"

Mein Vater lächelte. Er wollte gewiß nicht weiter forschen. Er war zufrieden. Was ging ihn der Fremde an, wenn er ihn in Ruhe ließ? Nun konnte er wieder aufatmen. Der Bucklige aber schien erwartet zu haben, er werde die Neugierde meines Vaters durch so verschleierte Andeutungen unfehlbarer wecken. Da er sich nun enttäuscht sah, schwieg er eine Weile, um dann von neuem zu beginnen. Er hatte das Kinn meines Vaters eingeseift, als er sich nahe zu seinem Ohr beugte:

„Es handelt sich um einen abgesetzten Offizier oder dergleichen", sagte er.

Meines Vaters freudiger Gesichtsausdruck verschwand. Er schien vor Schreck wie gelähmt.

„Abgesetzt?"

„Ja, wegen Unregelmäßigkeiten abgesetzt. Er soll sich hier irgendwo aufhalten, Herr General. Aber ich darf nichts sagen, Herr General."

„Was ist es, Haschek?"

„Ich darf es nicht erzählen, Herr General. Ich habe es ihm in die Hand versprochen, Herr General."

„Erzählen Sie!"

„Ich melde gehorsamst, Herr General, ich darf nicht erzählen. Nicht einmal, wenn Herr General befehlen würden, ausdrücklich befehlen..."

„Ich befehle, Haschek", sagte leise mein Vater.

„O Gott, warum habe ich nur davon begonnen!" Der Bucklige machte ein hilfloses Gesicht. „Nun bleibt mir nichts übrig, als... Aber Herr General möchte ich gehorsamst bitten, die Sache bei sich zu behalten. Ein Amtsgeheimnis, Herr General. – Also ein abgesetzter Offizier soll da sein, abgesetzt wegen Kassaunregelmäßigkeiten und der fremde Offizier ist gekommen, um ihn hier zu beobachten und Material gegen ihn..."

„Material gegen ihn?"

„Material gegen ihn zu sammeln."

Mein Vater saß im Rasierstuhl unbeweglich mit herabhängenden Armen. Er sah den Buckligen an mit einem kindlichen, furchtsamen, hilfesuchenden Blick.

„Lieber Haschek", sagte er leise, „lieber Haschek."

Nie habe ich mehr Schmerz um meinen Vater und mehr Mitleid mit ihm empfunden, als in diesem Augenblick.

Damals wußte ich noch nicht, weshalb der Fremde sich in unserer Stadt aufhielt, doch ich wußte es wenige Tage darauf, als ein Ereignis mich veranlaßte, hinter dem Fremden her zu sein und ihn zu beobachten. Ich komme damit zu jenem Punkt in meiner Schilderung, wo der Entschluß fortzufahren mir schwer wird. Mir scheint das, was ich nun mitteilen werde, und nicht die Tat, um derentwillen ich verurteilt wurde, das Niedrigste zu enthüllen, das in meiner Seele war. Aber ich kann nicht anders, als ohne ein Wort der Beschönigung die Tatsachen berichten und hinzufügen, wie groß die Scham darüber in meinem Herzen ist.

Seit früher Jugend schon, besonders aber seit ich aus der Kadettenanstalt zurückgekehrt war, empfand ich Lust daran, Tiere zu quälen. Gewöhnlich waren meine Opfer Katzen. Seltener Hunde und da nur ganz junge, noch zahnlose. Bellende Hunde fürchtete ich, sonst waren sie mir gleichgültig. Die kleinen, noch weichen, zahnlosen Hundejungen aber, die rund und dick wie kleine Maulwürfe sind, besonders solange sie noch blind sind, waren mir fast so lieb wie Katzen. Bei Katzen machte ich keinerlei Unterschiede.

Ich glaube, in diesen Jahren hat es in unserer Stadt wenige Katzen gegeben, die eines natürlichen Todes gestorben sind. Die Mehrzahl gewiß wurde von mir zu Tode gequält. Ich hatte verschiedene Systeme. Am einfachsten war das Ertränken. Dazu hatte ich einen eigenen Platz an einem Tümpel unweit der Stadt. Ich verfuhr hiebei so: Ich zog aus dem Tümpel ein Brett, an das der Leichnam einer von mir schon früher getöteten, verwesten Katze gebunden war, und befestigte über dieser toten Katze meine noch lebende. Dann tauchte ich das Brett ein, und zwar so, daß die Katze mit dem Unterleib zuerst ins Wasser kam. Ganz allmählich – es dauerte oft eine Stunde oder noch länger, bis die Katze ertrunken war – ließ ich sie dann im Wasser versinken. Ein anderes System bestand darin, daß ich die Schwänze zweier lebender Katzen an einem Brett aufeinandernagelte, dieses Brett an einem weit aus einer Mauer hervorstehenden Nagel befestigte und die beiden Katzen dann frei herabhängen ließ. Da sie nichts hatten, an das sie sich hätten klammern können, griffen sie nach einander, begannen zu schwingen, sich immer fester ineinander zu verkrallen, bis sie sich endlich gegenseitig zerfleischten. Bei einer dritten Methode ging ich so vor, daß ich das Opfer in ein von mir angefertigtes schraubstockartiges Instrument spannte und darin dehnte, bis es seinen Qualen erlag.

Ich könnte seitenlang in solchen Schilderungen fortfahren, doch ich denke, es ist genug. Ich bete, daß man aus diesem erkenne, nicht wie mein Herz voll Grausamkeit war, sondern wie unglücklich ich war und wie einsam. Erst hier, im Kerker, hat mein Herz aus Unglück und Vereinsamtsein den Weg zu Ruhe, Milde und Versöhnung gefunden; doch zu diesem Weg war es schon damals bereit, als es sich unter den Stößen eines harten Erlebens in solche Bitterkeit verirrte.

Dieses mein Verhalten zu Tieren hat den Anlaß zu dem Zusammentreffen mit dem Fremden gegeben, von dem nachher so viel die Rede sein sollte. Das trug sich so zu:

Wenn ich einer Katze nachstellte, pflegte ich sie erst längere Zeit, wie ein Jäger sein Wild, zu beobachten. Um diese Zeit verfolgte ich einen Kater, ein schwarz- und braungefleckter dickes Tier, dessen Gesichtszüge sich mir wegen des Vorfalles, zu dem er die Veranlassung gab und, weil er mein letztes Opfer gewesen ist, besonders deutlich eingeprägt haben. Auch Katzengesichter gleichen einander nicht, ebensowenig wie die Gesichter der Menschen. Das Gesicht dieses Katers nun machte einen gütigen Eindruck wie manchmal die Gesichter dicker Menschen. Man soll nicht lächeln, wenn ich so von Tieren spreche, als wären sie Menschen. Denn nicht anders wie bei Menschen lassen ihre Gesichter Schmerz, Freude, Zorn und Angst erkennen, nur sind die wenigsten Menschen imstande, in den Gesichtern der Tiere zu lesen. Ich habe Haß gegen mich aus den Zügen meiner Opfer gelesen, Ergebung in das Schicksal, manchmal einen Strahl der Hoffnung in ihren Augen gesehen. Im Gesichte dieses Katers nun war Güte und als er mit verletzten Gliedern vor mir am Boden lag, war nicht Zorn in seinem Antlitz und Haß, sondern wie zu schmerzvollem Weinen war es verzogen.

Ich hatte beobachtet, daß dieser Kater jeden Abend über das Dach des Hauses ging, das an den Gasthof grenzte. Ich wußte genau seinen Weg, der etwa in der Mitte der Dachfläche, einen Meter vielleicht unter den Dachluken, vorbeiführte. Ich schlich mich auf den Boden des Hauses, legte eine Schlinge auf des Katers Weg, befestigte sie dort mit einem Stein und ließ das andere Ende des Seiles auf die Straße fallen. Dann verließ ich den Boden und stellte mich auf der Straße auf die Lauer. Das Ende der Schlinge hielt ich in der Hand. Mehrere Tage wartete ich vergebens. Immer hörte ich im stillen Abend die Schritte des Katers auf dem Dach, allein noch hatte er sich nicht gefangen. Endlich, etwa am vierten Tag, fühlte ich ein leises Zerren am Seil, ich zog an, überwand mit einen Ruck den Widerstand und schon im nächsten Augenblick flog im Bogen eine dunkle Masse vom Dach auf das Steinpflaster des Ringplatzes. Ich trat rasch hinzu. Der Kater winselte leise. Die Schlinge hatte sich um seine Schultern gelegt. Ich betrachtete mein Opfer einen Augenblick, indem ich mich zu ihm hinabbückte. Dann hob ich das Seil, schwang es mit der Last einigemal durch die Luft und ließ es wieder zur Erde fallen. Ich wußte nicht, daß jemand mich beobachte. Als ich gerade mit dem Fuß auf den Schwanz meines Opfers trat und zugleich am Seil zog, die Schlinge möglichst festzuziehen, trat der Fremde auf mich zu.

Der Fremde sah mich einen Augenblick fest an. Vielleicht erwartete er, ich würde, ertappt, sogleich innehalten oder davonlaufen. Ich aber wich seinem Blick nicht aus und unterbrach auch mein Vorhaben keineswegs. Da hob der Fremde die Hand und schlug sie mir zweimal ins Gesicht. Dann wandte er sich, stumm, wie er gekommen war, und ging. Zugleich hörte ich hinter mir lautes Lachen. Ich sah den Buckligen, der wohl gerade ins Wirtshaus ging und so Zeuge dieser Szene geworden war.

Ich wußte nichts anderes zu tun, als dem Kater mit dem Absatz meines Stiefels den Kopf zu zertreten.

Von vornherein empfand ich gegen den Fremden, diesen schlanken, gutgebauten, eleganten und selbstsicheren Menschen, Abneigung. Allein dieser Vorfall, der meine Abneigung vielleicht erhöhte, verwandelte dieses Gefühl doch keineswegs in Zorn, als hielte ich es im Grunde für selbstverständlich, daß es einem solchen Menschen wie dem Fremden zustände, einen Menschen wie mich zu züchtigen. In den nun folgenden Tagen aber beobachtete ich den Fremden aufmerksam und benützte jede freie Stunde, ihm unauffällig zu folgen. Vielleicht wollte ich bloß etwas Näheres über ihn erfahren, meine Neugierde zu befriedigen, vielleicht hoffte ich, es würde sich so mir eine Waffe gegen ihn bieten, vielleicht aber auch, daß gerade die Lust mich anzog, in der Nähe des Stärkeren zu sein, in Haß und Liebe seinem Schritt zu folgen, der Gefahr, ihm zu begegnen, mich auszusetzen.

Ich fand bald den Grund seines Aufenthaltes in der Stadt. Ich verfolgte ihn auf Spaziergängen in den Wald, bei denen er mit einer Frau, die ich kannte, zusammentraf. Ich beobachtete, daß manchmal abends diese Frau vom Fremden durch den hinteren, in einer unbelebten schmalen Seitengasse gelegenen Eingang in den Gasthof eingelassen wurde. Diese Frau hätte, wenn ich ihren Namen vor Gericht genannt hätte, aussagen müssen, daß ich nicht in der Absicht, einen Mord zu begehen, zu dem Fremden gekommen war an demselben Tage, in dessen weiteren Verlauf der Mord geschah, daß nicht mein Vater mir, wie der Bucklige aussagte, sondern ich meinem Vater nachgeeilt war. Denn diese Frau befand sich bei dem Fremden, als wir, mein Vater und ich, bei ihm waren. Nur ich wußte es. Aber ich nannte ihren Namen nicht.

Ich weiß nicht, ob der Fremde bemerkt hatte, daß ich ihn verfolge, und fürchtete, ich könnte ihn verraten, oder ob wirklich Reue über sein Verhalten gegen mich und Mitleid mit mir ihn bewogen, mir den Brief zu schreiben, der bewirkte, daß ich meine Beobachtungen einstellte und daß meine Abneigung gegen ihn sich in schüchterne Ergebenheit wandelte. Dieser Brief hatte auch zur Folge, daß ich niemals mehr mich an Tieren verging.

Dieser Brief war der einzige, den ich je in meinem Leben empfangen habe. Der Postbote brachte ihn, etwa eine Woche nach meinem Zusammentreffen mit dem Fremden, an einem Morgen, bevor noch der Bucklige den Laden betreten hatte. Als er nachträglich davon erfuhr, wollte er den Brief sehen. Die schwangere Milada und er drangen in mich, ihnen zu sagen, wer mir geschrieben habe und den Brief zu zeigen. Ich aber weigerte mich. Da schlugen sie mich, warfen mich auf die Erde und durchsuchten meine Taschen. Ich aber hatte den Brief in einer Ritze des Fußbodens versteckt.

Der Brief war gerichtet an den kleinen Soldaten im Laden des Friseurs Haschek und lautete:

„Lieber kleiner Soldat!

Man scheint Dich unter keinem anderen Namen hier zu kennen. Falls dieser Name Dich sonst kränkt, nimm ihn mir nicht übel, der ich ihn in bester Absicht niederschreibe, da ich Deinen wahren Namen noch nicht erfahren habe und auch nicht weiter nach ihm forschen will.

Wundere Dich nicht, daß ich Dir schreibe. Ich könnte ja auch zu Dir sprechen, da ich Dich doch täglich in dem Laden, in dem Du tätig bist, sehe. Allein, teils fällt es mir leichter, was ich Dir sagen will, zu schreiben, teils möchte ich nicht, daß der Meister, der weder Dich noch mich zu lieben scheint, von dem, was zwischen uns beiden vorgeht, irgend etwas erfährt. Zeige ihm, auch wenn er Dich darum angeht, diesen Brief nicht! Vielleicht denkst Du, kleiner Soldat, ich sei ein glücklicher Mensch, weil ich Dich geschlagen habe. Weil ich so, ohne Dich zu kennen, ohne etwas von Dir zu ahnen, einfach hinging und Dich schlug. So sorglos schlagen, denkst Du, können gewiß nur glückliche Menschen. Aber, kleiner Soldat, auch ich bin kein glücklicher Mensch, sowie gewiß – mir ist, als wisse ich es – auch Du unglücklich bist. Verzeih mir, daß ich Dich schlug, anstatt mit Dir zu sprechen. Ich weiß nicht, welche Trauer, welcher Schmerz, welche Einsamkeit, welche Verlassenheit in Dir ist, daß Du hingehst und unschuldige Tiere zu Tode quälst. Ich habe gestern in meinem Zimmer aus Schmerz und Kummer Bücher und Wäsche zerrissen. Da war mir mit einem Mal, als verstünde ich Dich. Und ich beschloß, Dir zu schreiben, damit Du mir verzeihst.

Mir graute vor Dir, als ich Dich mit der armen Katze sah. Ich will nicht fragen, was weiter aus ihr geworden ist. Aber doch glaube ich nicht, daß Du ein Mörder bist, sondern ein armes unglückliches heimatloses Kind. Vielleicht hast Du nie eine Mutter gehabt. Ich möchte fast zu Gott beten um Dich, daß er Dich lehre, Deinem Unglück und Dir selbst zu verzeihen.

Ich hörte, Du wolltest Soldat werden und habest noch immer den Gedanken daran nicht aufgegeben. Ich hoffe, Deine Wünsche, kleiner Soldat, gehen in Erfüllung." Hier war etwas gestrichen. Ich konnte es nicht entziffern. Dann ging der Text weiter: „Wo aber es Dir nicht gelingt, lerne verstehen, daß die Zeit der Hoffnung reicher ist, als die Zeit der Erfüllung.

Du wirst nicht begreifen, warum ich Dir schreibe, zumal vielleicht manches von dem, was ich geschrieben habe, unklar und unverständlich ist. Aber auch ich, der ich in meinem Zimmer sitze und an Dich denke, Dich mit mir vergleiche, kann nicht alles begründen, denn auch in mir ist nicht alles so sicher und klar, wie es Dir scheinen mag.

Ich grüße Dich, kleiner Soldat.

Quäle keine Tiere mehr!"

Ich zeigte Milada und dem Friseur den Brief nicht. Es stand darin: Zeige ihm, auch wenn er Dich darum angeht, diesen Brief nicht! Und nie, und wenn sie mir mit dem Tod gedroht hätten, hätte ich den Brief gezeigt. Der Fremde wußte nicht, was ich so, lange noch, um ihn litt. Ich aber war froh, um ihn zu leiden.

Ich habe nie ein Wort mit dem Fremden gewechselt, nie auf diesen Brief, weder mündlich noch schriftlich, erwidert. Ich fing eine junge kleine Katze, band ihr eine Masche um den Hals, legte sie in eine Schachtel, bettete sie auf Sägespäne und stellte dazu ein kleines Töpfchen mit Milch. Das alles legte ich dem Fremden vor die Tür.

Unterdessen hatte sich der Zustand meines Vaters wesentlich geändert, was auch äußerlich zu erkennen war. Eine große Unruhe schien sich seiner bemächtigt zu haben, die ihn nicht sitzen und nicht still stehen ließ. Seine Augen, deren Blick sonst fast starr war, blickten unruhig, sein Gang, sonst gemessen und würdig, war hastig, seine Rede unterbrach sich, die Stimme war gedämpft meist bis zum Flüstern, Bart und Anzug waren vernachlässigt. Nahezu den ganzen Tag über hielt sich mein Vater in der Nähe der Rasierstube, um, wenn der Laden leer war, hineinzuschleichen und mit dem Buckligen zu flüstern. Wenn der Fremde morgens den Laden verließ, trat, vorsichtig sich umsehend, mein Vater ein und blickte ängstlich nach dem Friseur. Haschek winkte ihn zu sich in eine Ekke und teilte ihm leise, so daß ich es nicht hören konnte, etwas mit, was allem Anschein nach meinen Vater von neuem mit Angst erfüllte.

Ich glaube, der Bucklige flüsterte meinem Vater nicht bloß deshalb das, was er ihm sagen wollte, so leise ins Ohr, um den Eindruck des Geheimnisvollen zu erhöhen, sondern auch, weil er nun, wo er den kaum erwarteten Erfolg bei meinem Vater sah, fürchten mochte, ich würde seine Pläne durchkreuzen. Ich will zugeben, daß der Bucklige wohl kaum alles, wie es kam, voraussah. Sein Plan war, meinen Vater durch Angst und Schreck vor Enthüllungen immer tiefer zu erniedrigen, werde daraus, was daraus werden wolle.

Wie groß die Erregung war, die sich in dieser Zeit meines Vaters bemächtigt hatte, bemerkte ich eines Abends im Gasthaus. Wieder saß ich an dem Tisch bei der Tür, mein Vater wie damals an dem Tisch mir quergegenüber. Der Friseur saß einige Stühle weit von ihm an demselben Tisch, mit dem Rücken gegen das Fenster. An der Unterhaltung beteiligte sich anfangs mein Vater nicht. Er saß da und lächelte nach allen Seiten wie entschuldigend. Dieses Lächeln ließ sein Gesicht hilflos erscheinen und dümmer als sonst.

Die Herren an meines Vaters Tisch tuschelten untereinander und kicherten. Der Friseur hatte sie wahrscheinlich auf das, was mit meinem Vater vorging, aufmerksam gemacht. Einer sagte:

„Sie sind so still, Herr General!"

Mein Vater antwortete nicht, sondern lächelte unverändert weiter.

„Wir wollen doch zusammen eins trinken, meine Herren", sagte wieder der Herr. „Der Herr General scheint mir nicht in Stimmung zu sein. Nicht in rechter Stimmung!"

Sie ließen einige Flaschen Wein kommen und schenkten meinem Vater ein, der rasch und gierig trank. Alle tranken ihm zu. Nach einer Weile erhob sich der Friseur und verließ das Zimmer. Nach etwa einer Viertelstunde kehrte er zurück. Sein Gesicht war ernst und er blickte meinen Vater an, aus dessen Antlitz nun das starre Lächeln gewichen war. Der hatte schon viel getrunken und seine Hände zitterten, wenn er das Glas an den Mund führte. Er hatte die Füße von sich gestreckt, und hielt die Hände, wenn er nicht trank, in den Hosentaschen. Der Weingenuß hatte ihn wieder selbstsicherer gemacht. Nun er den Friseur sah, der mit so ernster Miene eintrat, ward der Blick, der frei in die Runde gesehen hatte, von neuem ängstlich.

„Was gibt's, Haschek?“ fragte mein Vater.

„Ach, der Fremde...“, sagte wegwerfend und ärgerlich der Bucklige.

„Was gibt's?“

„Sprechen wir nicht davon! Trinken wir! Herr General, ich erlaube mir ganz gehorsamst!“

Mein Vater führte wie mechanisch das Glas an den Mund. Doch seine Hände zitterten so, daß er den ganzen Wein auf seine Weste vergoß. Er fuhr zusammen, machte eine ungeschickte Bewegung, als wollte er die Flüssigkeit, die schon über die Kleider rann, noch zurückhalten und ließ dabei das Glas fallen, das klirrend zerbrach. Die Herren lachten.

„Herr General!“

Mein Vater war aufgestanden und sah den Buckligen an, indes einer von der Tischgesellschaft meines Vaters Kleider mit einem Tuch reinigte.

„Was gibt's?“ fragte mein Vater wieder, „lieber Haschek, was gibt's?“

Jemand drückte meinen Vater zurück auf seinen Platz.

„Meine Herren“, sagte der Friseur, „ein alter, verdienstvoller Offizier weilt in unserer Mitte, ein Mann, der nun unter uns der verdienten Ruhe lebt. Aber sein Herz scheint heute von Kümmernissen bedrückt. Meine Herren, geben wir uns Mühe, die Mienen des verdienten Herrn General zu erheitern. Stoßen wir an mit ihm auf sein Wohl.“

„Was gibt's, lieber Haschek?“

Die Herren stießen mit meinem Vater an, der hastig einige Gläser leerte. Es waren Beamte von den Ämtern des Bezirkes, vom Gericht, der Notar unseres Ortes und zwei größere Kaufleute. Ich glaube, diese Herren hätten sich sonst nicht mit dem Buckligen an einen Tisch gesetzt, keinesfalls aber gestattet, daß er in ihrer Gesellschaft das große Wort führe. Da aber er meinen Vater am besten zu behandeln, ihn am besten in seiner Lächerlichkeit zu demonstrieren verstand, ließen sie es wohl zu und fügten sich sogar seinen Anleitungen, so etwa wie man sich den Anordnungen eines Dompteurs fügt, der ein gezähmtes Tier vorführt, weil man so am sichersten das erhoffte Vergnügen zu finden glaubt.

„Meine Herren“, fuhr der Bucklige fort, „glauben Sie mir, daß sich mein Herz zusammenkrampft, wenn ich daran denke, womit Tapferkeit, Verdienst, Aufopferung und Treue belohnt werden! Ich habe Gelegenheit gehabt, einen Fall kennen zu lernen, allerdings ohne die Namen der Beteiligten zu wissen. Einem bejahrten Offizier wird nachgestellt, Untersuchungen werden ihm an den Hals gehetzt. Warum, frage ich Sie, warum? Weil die, die dem alten Herren während seines Dienstes nachgestellt haben, in ihren Verfolgungen kein Halt machen vor dem bescheidenen anspruchslosen Glück seiner zurückgezogenen Ruhe. Warum? Weil sie den Aufrechten hassen, der lieber den in Ehren getragenen Rock auszog, als sich zu beugen! Herr General, ich bitte gehorsamst um Entschuldigung, wenn ich ohne Erlaubnis so viel spreche. Ich bin gleich zu Ende. Es drängt mich, zu sagen, was ich glaube. Meine Herren! Ich glaube, daß auch der Herr General die Angelegenheit kennt, die ich angedeutet habe und daß sein edles Herz Mitleid empfindet mit dem unschuldigen Opfer ehrgeiziger Intrigen. Darum ist der Herr General still. Vielleicht, meine Herren, denkt er auch: was heute dir geschieht, Kamerad – wie leicht ist es möglich, daß das Opfer der Genosse seiner Tapferkeiten gewesen ist, neben ihm stand in den Stunden des Todes auf den Schlachtfeldern Europas! – was heute dir geschieht, Kamerad, kann morgen mir geschehen! Und wer wird neben mir stehen, wenn man mich anfällt? Meine Herren, versichern Sie den Herrn General Ihrer Treue! Meiner Ergebenheit kann er gewiß sein. Aber was kann ich, ein Bartscherer, ihm nützen? Sie stehen in angesehenen Stellungen. Erheben Sie sich, treten Sie auf diesen verdienstvollen Mann zu, geloben Sie ihm in die Hand, daß Sie an ihn glauben und ihm zur Seite stehen wollen. Er hat es um uns alle verdient. Ohne ihn vielleicht hätte der Feind unsere Heimat verwüstet und uns als Jünglinge und Knaben gemordet.“

Der Bucklige hielt inne. Und die Herren standen auf und traten mit gravitätischem Schritt und ernsten Mienen, einer um den anderen, auf meinen Vater zu und drückten ihm die Hand. Mein Vater schien zuerst nicht zu wissen, was da geschehe, und erhob sich in großer Verlegenheit von seinem Platz. Mit einem Male begann er zu weinen.

Als alle ihm die Hand geschüttelt hatten, begann wieder der Bucklige:

„Und auch ich, Herr General, wenn auch ich eben nur ein Friseur bin und niemals, wegen der Gebrechen meines Körpers, würdig befunden wurde, auch nur als gemeiner Mann den Rock zu tragen, den durch Jahrzehnte Herr General getragen haben, bitte gehorsamst um die Erlaubnis, als letzter des Herrn General Hand ergreifen und schütteln zu dürfen."

Er trat auf meinen Vater zu, sah ihn fest und ernst an und schüttelte meines Vaters Hand:

„Die Hand eines verdienstvollen Mannes!"

Mein Vater wischte sich die Tränen von den Wangen:

„Ja, ja", sagte er. „Immerhin."

Man setzte sich wieder und begann zu trinken. Meines Vaters Stimmung hatte sich, vielleicht durch die Vertrauenskundgebung der Anwesenden, vielleicht durch den Genuß des Weines, gehoben. Die anderen, durch die Aussicht auf Unterhaltung, die dieser Abend, der so vielversprechend begonnen hatte, noch bringen konnte, waren in bester Laune. Der Friseur, der den Undank der Welt an einem berühmten Beispiel illustrieren wollte, sprach von Benedek.

„Wir alle haben von ihm gehört!" sagte er.

„Wir haben von ihm gehört", sagte mein Vater.

„Von Benedek?" fragte der Bucklige. „Herr General haben von Benedek...? Benedek hat Herrn General geschrieben?"

„Hat geschrieben, lieber Haschek."

„Ich bitte gehorsamst, einen Brief?"

„Einen Brief geschrieben! Vor acht Tagen einen Brief."

„Meine Herren, haben Sie gehört: Benedek hat – vor acht Tagen – an den Herrn General einen Brief geschrieben. Wird wohl gewiß ein alter Kriegskamerad sein, der sich Trost holen wollte, ein Freund vielleicht..."

„Vielleicht, ja, ja."

„Herr General, ich melde gehorsamst, Herr General haben uns nichts davon erzählt."

„Nichts erzählt, mein lieber Haschek. Aber immerhin. Alter Kamerad! Manche Nacht, lieber Haschek, in einem Bett geschlafen, aus einer Flasche getrunken, meine Herren, den letzten Schluck geteilt."

„Und nun, zwei solche Männer", rief der Bucklige und rang die Hände, „statt daß man ihre Dienste für uns alle weiter nützt, schickt man sie nach Hause, ja, man stellt ihnen noch nach!"

„Ja, meine Herren, verdiente Männer und man stellt ihnen nach!" sagte mein Vater mit schon schwerer Zunge. „Verdiente Männer! Schlachten, meine Herren, Gefechte, Tod ins Auge gesehen! Man macht nicht Halt davor! Wie hat Benedek geweint, als er mir von der Untersuchung erzählte wegen der Gelder. Dreihundert Gulden, meine Herren. Alles bezahlt, aber sie machen nicht Halt, möchten ihm noch im Grabe den Säbel zerbrechen."

„Untersuchung? Gegen Benedek?" fragte der Bucklige. „Ich bitte gehorsamst, Herr General, also wann hat er das erzählt?"

„Vor acht Tagen, meine Herren! Vor acht Tagen. Ich traue meinen Ohren nicht! Was wollt ihr? Was wollt ihr von einem verdienten Mann, der nicht gewöhnt war, Kassenbücher zu führen, dessen Brust von oben bis unten mit Orden bedeckt sein sollte", mein Vater hatte sich erhoben, „jawohl, von oben bis unten bedeckt mit dem höchsten Orden sollte sie sein, diese Brust!"

In diesem Augenblick trat der Fremde ein und ging geradewegs auf den Tisch zu, an dem er täglich sein Abendessen aß. Mein Vater aber wandte sich zu ihm und schritt ihm nach. Die Füße hoben sich schwer vom Boden und er schwankte. Doch er hielt sich hochaufgerichtet.

„Jawohl", rief er und sah den Fremden an, „was wollen Sie! Diese Brust sollte mit Orden geschmückt sein, mein Herr, jawohl, die Brust eines alten Offiziers, jawohl, immerhin... die Brust eines verdienten Offiziers. Was verfolgen Sie ihn, Herr, was verfolgen

Sie ihn! Wie viele Kriegszüge, bevor Sie noch auf der Welt waren... ja, und Sie, was schleichen Sie hinter ihm? Glauben Sie ihm, daß er unschuldig ist und nichts will, nichts, nur Ruhe, Herr, Ruhe, geben Sie ihm Ruhe, lassen Sie ihn, ich beschwöre Sie, lassen Sie ihn!"

Mein Vater stand dicht vor dem Tisch des Fremden. Seine Stimme schien nun von Tränen erstickt.

„Immerhin, doch ein verdienter Offizier!... Zeugen? Hier sitzen sie! Sie werden mich beschützen. Kommt, meine Freunde, nun ist es Zeit, tretet näher, beschützt ihn nun, euren Freund! Denn das ist er, euer Freund und ein verdienter Offizier, immerhin."

Der Fremde sah meinen Vater, den er für verrückt halten mochte, erstaunt an. Da mein Vater sich immer näher zu ihm beugte und nicht innehielt, erhob er sich, wohl um die peinliche Szene zu beenden, und ging, an meinem Tisch vorbei, rasch in die Küche. Mein Vater, der die Arme ausgestreckt hatte, als wollte er den Fremden umarmen, blieb unbeweglich stehen und sah ihm erschrocken und erstaunt nach. Für einen Augenblick verzog sich sein Gesicht wieder zu jenem hilflosen und um Verzeihung bittenden Lächeln, dann aber brach mein Vater auf dem Stuhl, auf dem eben noch der Fremde gesessen hatte, schluchzend zusammen.

Jetzt erhob sich der Bucklige und ging auf meinen Vater zu. –

Ich komme nun dazu, die Tat und die ihr unmittelbar vorhergehenden Ereignisse zu schildern. Alles vollzog sich schnell, in wenigen Stunden. Ich kann nicht mehr, als das Tatsächliche, wie es geschah, beschreiben. Denn alles geschah so schnell. Freude, Schmerz, Leidenschaft, Ekel, Ruhe und Haß wechselten in diesen Stunden so in meinem Herzen, daß es mir nicht möglich ist, ihre Folge zu entdecken und verständlich zu machen. Mir ist, als seien in dieser kleinen Spanne Zeit alle Kräfte meines Lebens, die guten wie die bösen, lebendig gewesen. Und ich hoffe, wer aus diesen Aufzeichnungen mich versteht, wird alles erkennen, das, was ich sage, wie das, was ich, weil es mir selbst wie von Dämmerung verhüllt ist, nicht zu sagen vermag. Und begreifen, warum ich mich bemühen will, so kühl wie möglich den Hergang zu erzählen.

Es war wenige Tage nach der zuletzt beschriebenen Szene im Wirtshaus, als ich abends die Rolläden unseres Ladens schloß, um nach Hause zu gehen. Milada und der Friseur hatten das Haus schon vor einigen Stunden verlassen.

Unser Laden lag am oberen Ende des Marktplatzes. Langsam ging ich den leicht abfallenden Platz hinunter. Es war zum letzten Male. Wenige Stunden darauf war ich verhaftet.

Als ich etwa in der Mitte des Weges angelangt war, erblickte ich meinen Vater, der eilends den Platz überquerte. Ich zweifelte nicht daran, daß er ins Gasthaus gehe. Trotzdem blieb ich stehen und sah ihm nach. Wirklich schritt er rasch auf den Gasthof zu. Vor der Tür blieb er stehen und sah sich nach allen Seiten um. Er schien zu zaudern, ehe er wie in plötzlichem Entschluß in das Haus hineinlief.

Ich hatte schon den Weg fortgesetzt, als ich erschrocken stehen blieb. Plötzlich, vielleicht weil mir das merkwürdige Benehmen meines Vaters aufgefallen war, kam mir ein Gedanke, der sich sogleich in mir festsetzte und mich nicht mehr losließ. Am Ende, dachte ich, ist er gar nicht in die Wirtsstube gegangen, sondern hinauf! Und schon wandte ich mich und lief auf das Haus zu, in dem mein Vater verschwunden war.

Ich wollte verhindern, daß mein Vater wieder sich vor dem Fremden erniedrige. Ich wollte nicht, daß der Fremde, dem ich mich damals restlos ergeben fühlte, nachdem er mich als grausamen Katzenmörder kennen gelernt hatte, nun meinen Vater in seiner tiefen Gesunkenheit erkenne. Ich wollte nicht neuerlich beschämt sein vor dem Fremden durch meinen Vater.

Meine Ahnung hatte mich nicht betrogen. Schon als ich in die weite Einfahrt des Gasthauses trat, hörte ich von oben die laute Stimme meines Vaters. Ich lief die Treppe hinauf und, ohne zu klopfen, trat ich durch die Tür.

Der Fremde, mit einem vornehmen Schlafanzug bekleidet, stand scheinbar ratlos meinem Vater gegenüber. Ich sah sofort, daß mein Vater getrunken hatte. Mein Blick fiel auf ein kleines Kätzchen, das in einer Ecke spielte, und ich freute mich. Doch schon sah ich auf einem Sessel Kleidungsstücke, die einer Frau gehören mußten, und erkannte, daß sich im Bette jemand verberge. Ich wußte, wer es war.

Der Fremde sah mich, als käme ich, ihm Rettung zu bringen, freudig an. Ich wich seinem Blick unwillig aus. Ich wußte, was ihn ängstigte: daß man die Frau in seinem Bett entdecken könne. In diesem Augenblick fühlte ich Widerwillen gegen ihn, der eben von dieser Frau aufgestanden war.

Auch mein Vater schien sich zu freuen, als ich eintrat.

„Sehen Sie!“ rief er unter Tränen. „Mein Sohn, mein armes Kind! Wenn Sie nicht Mitleid mit dem Vater haben, schonen Sie seinen unglücklichen, armen, unschuldigen Sohn!“

Ich trat auf meinen Vater zu.

„Schweigen Sie!“ sagte ich zornig.

„Aber was wollen Sie?“ fragte der Fremde. „Was wollen Sie von mir!“

„Nichts als Mitleid, Gnade! Halten Sie ein, ich beschwöre Sie und schonen Sie mich! Ja, ich bin ja schuldig! Aber Sie, Sie sind jung... Sie wissen es nicht! Wollen Sie nicht Richter sein! Über einen verdienten, in Schlachten erprobten... Glauben Sie einem in Schlachten erprobten Offizier! Ein graues Haupt, ein armes Kind, Herr, haben Sie Gnade, versprechen Sie mir...!“

„Aber, lieber Herr, ich habe nicht zu begnadigen...!“

Da warf sich mein Vater vor dem Fremden auf die Knie. Er streckte die Hände nach ihm. Der Fremde wich einen Schritt zurück.

„Gnade, verschonen Sie mich, ein graues Haupt, Herr, ein graues Haupt. Haben Sie Mitleid, Herr, mit dem Kind, Herr, mit dem Kind!“

Er rutschte schluchzend auf den Knien auf den Fremden zu und streckte seine Hand nach der Hand des Fremden. Der Fremde aber zog sie zurück. Da beugte mein Vater sein Haupt, so als wollte er die Schuhe des Fremden küssen.

Ich ergriff bebend meinen Vater am Arm.

„Stehen Sie auf und kommen Sie!“ sagte ich.

Mein Vater sah mich unwillig an und versuchte, sich von meiner Hand zu befreien. Ich schüttelte ihn so, als wollte ich ihn wekken.

„Stehen Sie auf, Vater!“ Ich war zornig und ich schämte mich.

„Nein, nein“, rief mein Vater, „erst begnadigen Sie mich. Ich bin schuldig, aber begnadigen Sie mich! Ich stehe nicht früher auf. Gnade... mein graues Haar!“

Wieder beugte sich mein Vater schluchzend zu den Füßen des Fremden, die in roten Pantoffeln steckten.

Ich riß meines Vaters Oberkörper hoch und sah in sein Gesicht. Ich sah Tränen aus den Augen in den Bart rinnen.

„Kommen Sie!“ schrie ich und da er weiter schluchzte, schlug ich meinen Vater ins Gesicht.

Da stand mein Vater auf. Sein Gesicht war plötzlich ernst. Er faßte mich an.

„Komm!“ sagte er und wir gingen.

Als wir vor das Haus traten, blieb mein Vater, der mich noch immer hielt, stehen.

„Du hast deinen Vater geschlagen“, sagte er. „Du bist des Todes. Komm!“

Wir gingen über den Platz auf unser Haus zu und ich fürchtete mich nicht. Ich zweifelte nicht, daß mein Vater mich nun töten würde und doch fürchtete ich mich nicht. In mir war Freude. Ich dachte, daß nun mein Vater seine alte Dienstpistole, die ich so oft geputzt hatte, aus dem Schrank nehmen, sie laden und dann gegen mich richten würde. Ich freute mich und ich dachte an römische Feldherren, die ihre Söhne getötet hatten.

Meine Stimmung änderte sich, als ich, noch immer von meinem Vater am Rockärmel geführt, die dunkle Treppe zu unserer Wohnung hinaufstieg. Ich hörte Stimmen und ich erkannte Milada und den Friseur. Sie saßen in unserem Wohnzimmer. Auf dem Tische standen Flaschen und Gläser. Milada schien nicht mehr nüchtern zu sein. Wahrscheinlich hatte mein Vater, bevor er zum Fremden ging, mit ihnen getrunken.

Gleich als wir eintraten, sagte mein Vater:

„Er hat seinen Vater geschlagen. Er muß sterben!“

„Den Vater geschlagen? Du!“ Der Bucklige stieß mich gegen die Brust. „Hast du gehört, du wirst sterben!“

Ich glaube nicht, daß der Friseur es hätte dazu kommen lassen.

Die betrunkene Milada drängte sich an mich. Ich stieß sie fort. Sie war schwanger und das erhöhte meinen Ekel vor ihr.

Mein Vater hatte seine Pistole aus dem Schrank genommen. Seine Hände zitterten so, daß er sie nicht laden konnte. Der Bucklige war in den Hintergrund des Zimmers getreten. Er hatte Angst vor Schußwaffen. So lud ich die Pistole und legte sie auf den Tisch. Jetzt kam Haschek aus seinem Winkel wieder hervor.

„Trinken wir!“ sagte er.

„Und er?“ Mein Vater wies auf mich.

„Er soll sterben. Aber zuerst trinken wir!“

„Er soll uns zusehen“, rief Milada, „wie wir trinken. Binden wir ihn an die Tür! Binden wir ihn!“

Sie drängte mich gegen die offene Tür der Schlafkammer. Der Bucklige fand einen Strick. Man legte mir den Strick um die Füße, zog ihn fest und band ihn um die Türangel. Erst schwankte ich und konnte so nicht stehen. Aber dann gewöhnte ich mich daran, wie auch die Füße mich schmerzten, und hielt mich aufrecht.

Sie schrien und tranken. Mein Vater war still geworden, allein auch er trank viel. Er saß auf dem alten Sofa, bis er umsank. Milada beschimpfte mich fortwährend. Einmal stand sie auf und spuckte mir ins Gesicht. Als ich ihren Speichel abwischen wollte, warf sie ein Weinglas nach mir, daß ich aus der Stirn blutete. Ich verhüllte mein Gesicht mit den Händen. Da schrie sie, ich dürfe mein Gesicht nicht verhüllen und suchte meine Hände von meinem Gesicht zu entfernen. Dabei berührte sie mit ihrem trächtigen Leib meinen Körper, daß mir graute. Sie rief den Buckligen, daß er ihr helfe. Dem Buckligen leistete ich keinen Widerstand. Doch sie stieß ich von mir.

Da schrie sie auf, befahl dem Friseur, mich zu halten und riß mir Rock und Hemd vom Körper. Sie stieß mir ihre Faust gegen die nackte Brust, daß mir der Atem verging. Dann öffnete sie meine Hosen, daß ich nackt war. Ich wand mich unter den Händen des Friseurs, die mich hielten. Milada betastete mich.

„Ein Mann", rief sie, „seht mal, schon ein Mann!"

Sie lachte.

„Er ist aufgeregt! Man muß ihn abkühlen."

Sie goß mir Wein über das Glied und lachte.

Sie lachte immer stärker, krampfartig und unheimlich. Der Bucklige ließ mich los. Ich zog meine Hosen hoch.

Milada aber begann sich zu drehen und zu schreien. Dann riß sie die Röcke von ihrem Leib und stürzte mit einem Aufschrei zu Boden.

Es geschah, daß sie in die Geburtswehen kam.

Der Bucklige durchschnitt rasch meine Fußfesseln.

„Gib acht!" sagte er. „Ich laufe um einen Arzt."

Ich konnte erst nicht gehen, sondern fiel zu Boden. Dann erhob ich mich. Milada lag, sich windend, mit gespreizten Beinen am Boden. Das Hemd hatte sie gehoben und hielt den unteren Rand in den Zähnen, daß ihr aufgetriebener Leib sichtbar war. Ich sah Blut zwischen ihren Füßen. Sie warf sich in großen Schmerzen. Ich nahm die Pistole vom Tisch. Mein Blick fiel auf meinen Vater.

Mein Vater lag mit geschlossenen Augen auf dem schwarzen Sofa. Sein Kopf hing zur Seite hinab. Ein schmaler grüner Streifen von Schleim und Speichel rann aus seinem offenen Mund. Mir war einen Augenblick lang, als müßte ich sogleich meinen Vater töten. Ich hätte das Leben dieses armen Mannes nur um drei Tage gekürzt.

Milada, deren Füße ich den Boden schlagen hörte, schrie auf. Dann war es still.

Ich trat auf Milada zu.

Ein schmutziger blutiger Klumpen lag zwischen ihren Füßen in einer Lache von Blut und schlechtriechender Flüssigkeit. Ich sah das Kind an. Es winselte ganz dünn, daß man es kaum hören konnte. Ich mußte an ganz junge Katzen denken. Noch immer hielt ich die Pistole in der Hand.

Ich hörte Schritte auf der Treppe und dachte, der Bucklige komme zurück. Es wurde geklopft. Ich antwortete nicht.

Da wurde die Tür geöffnet und der Fremde trat ein.

Ich erschrak und sah ihn an. Er trug Lackschuhe, gebügelte Hosen, einen enganliegenden Winterrock und einen grünen Filzhut. Ich stand da zwischen einem sinnlos betrunkenen Vater und einem neugeborenen Kind, das zwischen den gespreizten Beinen der bewußtlosen Mutter in Blut und Dreck lag und noch von ihr nicht gelöst war. Mein Oberkörper war blutig geschlagen und nackt. Der Fremde konnte meine flache Brust sehen und meinen schiefen Rücken. Ich dachte an seine roten Pantoffel. Ich hob die Pistole und schoß.

Der Fremde brach ohne Schrei zusammen. Ich nahm Watte, von der mein Vater täglich ein Stück in seine Ohren steckte, tauchte sie in Wasser und wusch damit vorsichtig Miladas Kind.

Der Bucklige trat mit dem Arzt ein. Sie stießen gleich auf den Fremden.

„Wer hat das getan?“ fragte der Arzt.

„Dort.“ Der Bucklige wies auf mich und lächelte.

„Holen Sie die Polizei!“

„Fürchten Sie sich nicht!“

Sie beugten sich über Milada.

„Man muß sie ins Bett legen“, sagte der Arzt. „Ich hole meine Sachen und verständige sogleich die Polizei.“ Sein Blick fiel auf meinen Vater. „Was ist denn das?“

„Stinkbesoffen“, sagte der Friseur.

„Ja und da... die Pistole?“

„Können Sie liegen lassen. Es geschieht nichts. Ich bleibe da.“

Als der Arzt gegangen war, zog der Bucklige einen Geldschein aus der Tasche.

„Lauf fort“, sagte er.

Ich aber lief nicht fort. Ich setzte mich an das Fenster und wartete.

Die Ermordung des Hauptmanns Hanika

Tragödie einer Ehe

Vorbemerkung

Die vorliegende Darstellung erhebt nicht den Anspruch, als Kunstwerk gewertet zu werden. Sie stellt nur das dar, was aus dem Material, das zur Verfügung stand, hervorging. Dem Berichtenden widerstrebte es, bei der Schilderung eines Kriminalfalles, der vor noch nicht zwei Jahren die Gerichte beschäftigte und dessen agierende Personen noch leben, aus eigener Erfindung Lücken auszufüllen, die Charaktere durch Hinzufügen von erdachten Einzelzügen und Details zu vertiefen, das heißt, mit dem Stoff als Künstler umzugehen, aus der Chronik eine Novelle zu machen. Der Zweck der Darstellung ließ nichts zu, als das Material zu ordnen und ohne Ambition aufzuzeichnen. –

Ich danke den Herren Rechtsanwälten Dr. Goller, Dr. Loria, Dr. Fein und Dr. Ečer, sämtlich in Brünn, für die freundliche Unterstützung bei dieser Arbeit.

H. U.

Unweit der Eisenbahnstation Skalice-Boskovice in Mähren wurde am 3. September 1923 in einem Kartoffelacker, einige Schritte von der Landstraße entfernt, die Leiche eines tschechoslovakischen Offiziers gefunden. Die Leiche wies zwei Schußverletzungen auf. Ein Schuß war hinter dem linken Ohr in den Kopf gedrungen, der zweite Schuß saß im Rücken unter der rechten Schulter. Der erste Schuß hatte den Tod des Getroffenen herbeigeführt.

In dem Toten wurde der Hauptmann der 11. Rotte des 43. tschechoslovakischen Infanterieregiments Karl Hanika erkannt. Das Regiment befand sich im Manöver im Boskovicer Bezirk. Hauptmann Hanika hatte an diesem Tage sein Quartier in Újezd bei Boskovice gehabt und hatte, wie die in Újezd angestellte Untersuchung ergab, das Dorf in Begleitung eines Zivilisten am Abend in der Richtung zum Bahnhof Skalice-Boskovice verlassen, um die Nacht bei seiner Familie in Brünn zu verbringen. Er wollte nach Aussage seines Offiziersdieners am Morgen wieder bei seiner Truppe sein.

Die Leiche des Hauptmanns Hanika war an den Füßen von der Straße in den Acker geschleppt worden. Sie wurde von einem auf der Nachtstreife befindlichen Gendarmen, der zwei Schüsse fallen gehört hatte, nach langem Suchen gegen 6 Uhr morgens gefunden. Der Verdacht der Gendarmerie lenkte sich auf den Begleiter des Hauptmanns auf dem Wege zum Bahnhof, einen jungen Mann, von dem der Offiziersdiener des Ermordeten eine genaue Beschreibung gab. Es war anzunehmen, daß der Täter nach der Tat mit dem Zug von Skalice-Boskovice nach Brünn gefahren war. Dort wurden die Nachforschungen fortgesetzt, zumal nach den Aussagen der Regimentskameraden und Untergebenen des ermordeten Hauptmanns, Hanika sich allgemeiner Beliebtheit im Regiment erfreut hatte und kein Anlaß zu der Annahme vorlag, daß die Tat einem gegen den Offizier aufgebrachten Soldaten zuzuschreiben sei.

In Brünn wurde noch am selben Tag ein Lehrer verhaftet, auf den die Beschreibung des mutmaßlichen Täters, wie sie der Offiziersdiener gegeben hatte, paßte. Dieser mußte ebenso wie einige andere Personen, die die Polizei vorführte, wieder entlassen werden, da die Vernehmung die Haltlosigkeit des Verdachtes ergab. Die Aussagen der sich meldenden und vorgeführten Personen hatten den Verdacht der Täterschaft bald in eine ganz bestimmte Richtung gelenkt. Es wurde erhoben, daß die Gattin des Ermordeten, Hilde Hanika, in den Tagen vor der Ermordung ihres Gatten den Besuch ihres Vetters gehabt habe, des neunzehnjährigen Bauassistenten Johann Vesely aus Nosakov in Böhmen. Die Beschreibung, die die Újezder Zeugen von dem letzten Besucher des Hauptmanns gaben, schienen auf den Vesely zu passen. Vesely war ein häufiger Gast bei seinen Brünner Verwandten gewesen und es schien, als habe er zu seiner Kusine in innigen Beziehungen gestanden. Die Polizei vermutete ihn in Prag oder bei seinen Eltern in Nosakov in Böhmen. Er wurde weder in Prag noch in Nosakov ermittelt. Die Nachforschungen nach dem Vesely wurden mit aller Energie fortgesetzt.

Die Frau des Hauptmanns Hanika Hilde sowie deren Mutter Franziska Charvat, die mit der Tochter und dem Ermordeten in gemeinsamem Haushalt gelebt hatte, wurden am Tage nach der Ermordung polizeilich vernommen. Der verdächtige Besuch des Vetters, das Verhalten der Frauen bei der Aussage, nicht zuletzt die Mitteilungen, die die Polizei von Nachbarn, Hausbewohnern, Kameraden und Klubkollegen des Mannes über die tiefen Zerwürfnisse der Eheleute Hanika erhielt, riefen den Eindruck hervor, als wüßten die beiden Frauen von der Tat mehr, als sie zugaben. Die Hilde Hanika, dem vernehmenden Beamten vorgeführt, barg ihr Gesicht in den Armen und sagte: „Herr Kommissär, wenn Sie wüßten, wie unglücklich unsere Ehe war!" Die Polizei sah sich veranlaßt, Mutter und Tochter dem Straflandesgericht in Brünn zu übergeben.

Es ist schwer, in wenigen Worten die Erregung begreiflich zu machen, die dieser Prozeß auslöste. Diese Erregung beschränkte sich nicht auf die Stadt, in der der Prozeß verhandelt wurde und nicht auf einzelne Gesellschaftsklassen. Sie war allgemein im ganzen Staat. Man muß vielleicht erst die handelnden Personen in diesem Drama, das seinen Schlußakt vor den Brünner Geschworenen fand, und die Umstände, denen Hauptmann Hanika zum Opfer fiel, kennen, um zu verstehen, daß Tausende vor dem Geschworenengericht standen, in dem das Schicksal der Hilde Hanika und ihrer Mitangeklagten sich entschied, daß Richter, Staatsanwalt, Geschworene und Verteidiger mit einer Unmasse von Briefen überschwemmt wurden, in denen für und wider die Angeklagten Stellung genommen wurde, daß fast alle großen Zeitungen ihre Berichterstatter zu diesem Prozeß entsandt hatten, trotzdem es sich um nichts handelte als um den gewaltsamen Tod eines Infanteriehauptmanns aus der Provinz, der neben seinem Offiziersberuf sich nur durch seine Begeisterung für den Fußballsport auszeichnete. Die Lust an der Sensation allein kann diese Wirkung nicht erklären. Der Instinkt sagte der Masse vor dem Gerichtsgebäude, sagte denen, die in den Sitzungssaal Eingang gefunden hatten, daß hier nicht ein Einzelfall, sondern der typische Fall einer zerrütteten Ehe der Nachkriegszeit verhandelt werde, und daß die Wurzeln dieser Zerrüttung nicht zuletzt im sozialen und im moralischen Zustand der bürgerlichen Gesellschaft zu finden seien. Man mag vorwegnehmen, daß die Sympathien des Publikums, auch und gerade des weiblichen Teiles dieses Publikums, auf der Seite der Männer standen, die passiv und aktiv, passiv wie der ermordete Hauptmann, aktiv wie Johann Vesely, in diesen Ereignissen ihre Rolle spielten. Man kann vorwegnehmen, daß diese Stimmung von einem großen Teil der Presse unterstützt wurde, die die Abneigung des Publikums gegen die angeklagten Frauen fühlte und der Tendenz dieses Publikums hemmungslos entgegenkam. Der Prozeß wurde in einer Atmosphäre der Leidenschaft geführt und entschieden, und man mag keineswegs die Absicht haben, den besten Willen zur Objektivität bei Geschworenen und Richtern auch nur im leisesten anzuzweifeln, wenn man dem Bedenken Raum gibt, daß niemand, auch Richter und Geschworene nicht, sich dem alles überflutenden Einfluß der Volksstimmung vollkommen entziehen konnte.

Hauptmann Karl Hanika hatte während des Krieges als Offizier der tschechoslovakischen Legionen in Frankreich gedient. Nach seiner Rückkehr in die Heimat lernte er die Hilde Charvat, die Tochter einer Hebamme, kennen. Ihr Vater, Schlosser von Beruf, war 1914 in der Irrenanstalt an den Folgen einer Lues gestorben.

Hilde Charvat war ein hübsches blondes Mädchen. Sie war im Jahre 1902 in Wien geboren. Sie bewohnte mit ihrer Mutter und ihrem Gatten eine Wohnung in der Fröhlichergasse in Brünn, einer Straße, die an das Bordell- und Kasernenviertel der Stadt angrenzte. Die Mutter scheint sich von unerlaubten Eingriffen ernährt zu haben. Verschiedene Anzeigen gegen sie hatten allerdings nie zu einer Anklage geführt. Nach Aussagen von Zeugen, die im Prozeß auftraten, wurde sie häufig von Frauen, besonders vom Lande, besucht und es ist kaum zweifelhaft, daß diese Besuche den Zweck verfolgten, bei Frau Charvat Rat und Hilfe zu finden. Außerdem wurde Franziska Charvat von Männern unterstützt, zu denen sie in intimen Beziehungen stand.

Die Tochter Hilde besuchte Volks- und Bürgerschule und einen einjährigen Handelskurs in Brünn, den sie nicht vollendete. Nach kurzer Tätigkeit als Gouvernante in Ungarn kehrte sie nach Brünn zurück und wurde Verkäuferin in einem Grammophongeschäft. Hilde machte mit Männern Bekanntschaften, die die Mutter förderte. Sie verlobte sich zu einer Zeit, da sie ihren späteren Gatten Hanika schon kannte, mit einem Herrn, den sie im Grammophongeschäft kennen gelernt hatte. Hilde fühlte sich zu Hanika mehr hingezogen als zu ihrem Verlobten, den die Mutter mit Rücksicht auf seine bessere materielle Situation unterstützte. Die Mutter war gegen eine Verbindung mit Hanika, der die Tochter als Offizier nicht würde ernähren können, aber Hilde setzte nach langem Kampfe mit der Mutter und dem Verlobten durch, daß ihre Verlobung rückgängig gemacht wurde, und verheiratete sich am 28. Juli 1921 mit Hanika.

Der Offizier, belastet mit allen Vorurteilen eines Offiziers der österreichischen Armee, trotzdem er der Offizier einer demokratischen Republik ist, heiratet die Tochter der Geburtshelferin, heiratet sie mit einem Gehalt von 1400 tschechischen Kronen (172 Mark), weiß nicht oder will nicht wissen, welchen Beruf die Schwiegermutter ausübt, daß sie Freunde hat, die ihr die Freundschaft bezahlen, heiratet die Tochter der Engelmacherin, die trotz ihrer Jugend die Liebe früh als etwas, was sich in Geld umsetzen läßt, kennen gelernt hat. Die Republik erlaubt dem Hauptmann, das

Ladenmädchen zu heiraten, sie hat dem Offizier die Freiheit gegeben, seine Gattin nach seinem Belieben zu wählen. Der Bruder des Hauptmanns gibt zu Protokoll, daß der Hauptmann nicht geahnt habe, welchen Beruf seine Schwiegermutter ausübe. Er muß es bald erfahren haben. Er wohnt zusammen mit Frau und Schwiegermutter. Der Hauptmann ist vorläufig noch in der Nähe von Brünn in Garnison, aber er kommt wöchentlich zweimal. Man kann der Hilde Hanika glauben, daß sie in dieser Zeit den Mann noch liebte, den sie gegen den Willen der Mutter und trotzdem ein anderer, der sie gut hätte versorgen können, ihr offizieller Verlobter war, geheiratet hat, den Offizier, der wohl kein Geld besitzt, aber sie, die Hebammentochter, zur Offiziersfrau gemacht hat. Sie verteidigt ihn gegen die Mutter. Die Mutter ist vom ersten Tag an auf den Schwiegersohn schlecht zu sprechen. Sie mußte die Hochzeit bezahlen, die Hochzeitsreise, sie muß den Haushalt aufrecht erhalten, zu dem der Schwiegersohn, der neben allem noch Schulden abzahlen muß, nicht beitragen kann. Sie hat die Möbel für die jungen Eheleute gekauft, zahlt den Preis, 22000 tschechische Kronen, in einem Jahr ab. Wovon? Denkt der Hauptmann darüber nach? Hat er mit Hilde wohl über die materiellen Grundlagen seiner Ehe gesprochen? Weiß er schon, daß sie alle von dem Freunde der Mutter, wahrscheinlicher aber von dem Geld der Frauen leben, denen die Charvat die Niederkunft erspart? Wenn er es weiß, er kann es nicht ändern! Die Frau verlassen, die er liebt, und das Gerede der Kameraden und Sportsfreunde auf sich laden, ist indiskutabel. Nichts ist dem Offizier entsetzlicher zu denken als dieses. Die Wahrung des Gesichtes ist dem Hauptmann Hanika wichtigstes Lebensziel, neben dem alles verblaßt. Not, Haß, Qual, selbst Verbrechen, alles ist erträglich, so lange niemand davon weiß. Erst das Gerede ist die wirkliche Schande. Wenn sie nicht auf die Unterstützung der Mutter angewiesen wären, nicht bei der Mutter wohnen müßten, wäre vielleicht alles gut. Wenn er Geld hätte umzuziehen, einen eigenen Haushalt zu gründen! Es bleibt nichts, als sich darein zu finden mit der lächerlichen Summe von 1400 Kronen, die der Staat ihm monatlich zahlt. Die Mutter haßt ihn. Sie hetzt, wenn auch zuerst vergeblich, die Tochter gegen den Gatten. Die Gründe dieser Abneigung sind vielfältiger Art. Es mag nicht das geopferte Geld allein sein, das die Feindschaft gegen den Hauptmann wach hält. Vielleicht ist er ihr auch ein Hindernis in der Ausübung ihres Berufes. Sie ist genötigt auf ihn Rücksicht zu nehmen. Vielleicht hat sie Pläne mit der Tochter, denen der Schwiegersohn im Wege steht. Die Tochter ist jung und hübsch, sie wirkt auf die Männer, das Leben wäre leichter, wenn man das ausnützen könnte. Zu allem behandelt sie der Hauptmann vielleicht nicht so, wie sie es um ihn verdient zu haben glaubt. Er lebt von ihrem Gewerbe, das er für schmutzig hält, er verachtet sie in seinem Dünkel. Die Tochter hat er zur Offiziersfrau gemacht. Sie, die von ihm ausgenützt wird, ist die Engelmacherin Charvat geblieben.

Die Tochter weiß den Vorwürfen der Mutter gegen den Mann bald nichts mehr entgegenzusetzen. Sie will die Stellung des Gatten erleichtern und wieder einen Posten im Geschäft annehmen. Sie macht dem Hauptmann diesen Vorschlag. Aber er bittet sie, ihm diese „öffentliche Schande“ nicht anzutun. Bei seinen Besuchen kommt es stets zwischen der Charvat und ihm zu Auftritten. Die Charvat sagt der Tochter, daß diese für den Mann nichts sei als ein „Strohsack“; er habe sie nur geheiratet, um sie geschlechtlich zu benützen und sich zu versorgen. Diese Worte bleiben, wie sie in ihrer Beichte nach der Verurteilung erzählt, haften und beschäftigen sie. Vielleicht hat die Mutter nicht unrecht. Er gibt doch nichts für den Haushalt. Er nützt die Rechte, die die Ehe dem Gatten einräumt, mehr aus, als ihr lieb ist. Sie behauptet von sich, eine kalte Natur zu sein, indes er ein sinnlicher Mensch ist. Sie hat gegen den geschlechtlichen Verkehr mit Männern einen Widerwillen. Daß sie auf die Männer wirkt, den Männern gefällt, trotz ihrer Jugend zwei Männer, den Hanika und den Vesely, sich vollständig unterworfen hat, spricht eher für ihre Behauptung als dagegen. Gerade Frauen, die geschlechtlich kalt und unbeteiligt sind, die immer, in jeder Situation beherrscht und ruhig bleiben, denen der Mann nie nahe kommt, auch nicht, wenn er sie besitzt, können über schwächliche Männer jene Art Herrschaft erlangen, wie sie die Hanika über den Gatten und den Vetter erreicht hat, eine Herrschaft, die von der männlichen Seite aus nicht frei von masochistischer Unterwürfigkeit gewesen zu sein scheint.

Ein äußeres Moment trägt dazu bei, die Kälte der Hilde Hanika begreiflich zu machen. Ihren Vater hat der Geschlechtsgenuß ins Irrenhaus gebracht. Zu der Mutter kommen Dienstmädchen, Frauen vom Land, Frauen der Gesellschaft, um sich die Folgen von Liebesverhältnissen beseitigen zu lassen. Sie hört von Jugend an die Klagen dieser Frauen, die zum Großteil der Verführung der Sinne erlegen sind und dann von den Männern im Stiche gelassen wurden. Sie selbst scheint auch von der Kunst der Mutter mehrmals Gebrauch gemacht zu haben, sie, deren eigene Mutter sie jung dazu anhält, ihre Wirkung auf Männer kaufmännisch auszunützen. Für die Mutter ist Sinnlichkeit und Liebe ein Geschäft in allen Stationen, von der ersten Begegnung mit einem Mann bis zur Abtreibung der Leibesfrucht. Die Mutter ist vielleicht erst durch die Erfahrungen des Lebens so geworden. Hilde Charvat aber hat vom ersten Tage an in der Mutter den erfahrenen Führer. Man sagt, daß Köche nicht genäschig sind, da sie ihr ganzes Leben lang täglich hundertfach Gelegenheit hatten, sich an Leckerbissen gütlich zu tun. Man kann glauben, daß die Tochter der Franziska Charvat aufhörte, sinnlich zu sein, daß ihre Sinnlichkeit sich bald in Kälte umwandelte, wenn sie von Natur aus sinnlich war, in dieser Wohnung, in der die Folgen der Liebe in den Abtritt flossen, in der Gesellschaft dieser Mutter, für die der Leib und die Schönheit der Frau ein Kapital war, das Zinsen tragen mußte.

Die Szenen, zu denen es zwischen dem Hauptmann und der Mutter kommt, gemeinsam mit den Einflüsterungen der Mutter, bewirken die erste Spannung des Verhältnisses zwischen den Gatten. Sie beginnt sich ihm zu verweigern. Sie will nicht sein „Strohsack" sein, wie die Mutter es ausdrückt. Er gibt jetzt Geld zum Haushalt, 300, 400, 500 Kronen im Monat, muß aber immer wenige Tage, nachdem er es gegeben hat, das Geld zurückverlangen. Die Zerwürfnisse hören in der Familie nicht auf. Nun wirft Hanika der Gattin den Beruf der Mutter vor. Sie erwidert ihm, daß sie ohne diesen Beruf nie hätten heiraten können und daß sie auch jetzt von diesem Beruf leben. Die Mutter rechnet dem Schwiegersohn vor, daß sie ihn kleiden und ernähren muß. Die Hanika behauptet, daß der Zustand zu Hause unerträglich war und daß die Zwistigkeiten und aufregenden Szenen in der Wohnung sie veranlaßt hätten, Gesellschaft aufzusuchen. Sie geht viel ins Kino, ins Café mit der Mutter und mit dem Gatten, wenn der Gatte nicht hier ist, mit der Mutter. Meist schließen sich Freunde und Freundinnen an. Es sind zumeist Mitglieder des Sportklubs, Klubbrüder des Mannes, unter ihnen ein junger Arzt, der Mutter und Tochter behandelt hat, ein Freund des Hauptmanns. Seine Beziehungen zu Hilde werden bald innig. Er wird der tägliche Gast im Hause Hanika.

Der Hauptmann ist auf der einen Seite gegen die Ausgänge seiner Frau, ist dagegen, daß sie so viel in Gesellschaft geht. Auf der anderen Seite macht er sie selbst mit seinen Freunden bekannt, bringt sie auf den Offiziersball, zu den Unterhaltungen und Tanzstunden seines Klubs. Er verfolgt die Frau mit seiner Eifersucht, es kommt, wenn sie die Gesellschaft verlassen, oft zu häßlichen Szenen, in die die Mutter eingreift. Das Verhältnis mag noch gespannter sein als früher, der Mann ist gereizt, da Hilde sich ihm verweigert. Sie begründet das damit, daß der Gatte einen unnatürlichen Geschlechtsverkehr von ihr verlangte. Es scheint wahrscheinlich, daß sie den richtigen Instinkt hat, diesen sinnlichen Mann, der sie liebt und dabei mit seiner Eifersucht quält, der mit der Mutter – das Verhältnis Hildes zur Mutter ist ein inniges – in offener Feindschaft lebt, daß sie diesen Mann nicht besser strafen kann, als indem sie sich ihm versagt. Sie hat die ruhige Überlegung, daß dieser Mann ihr eher gefügig wird, nicht wenn sie sich ihm hingibt, sondern wenn sie sich ihm verweigert. Hinzu kommen die Sticheleien der Mutter, das Bild vom Strohsack haftet in Hildes Gehirn und man kann nach allem verstehen, daß es für Hilde Hanika etwas Beschämendes bedeutet, von einem Mann ohne die geringste Gegenleistung geschlechtlich ausgenützt zu werden. Es ist vielleicht so, daß in Frauen von der Art der Charvat und ihrer Tochter die männliche Moral, die wohl aus egoistischem Antrieb die entgeltliche Hingabe der Frau als unmoralisch proklamiert hat, nicht Wurzel schlagen konnte, und daß man deswegen diese Frauen auch nicht aus dem Gesichtswinkel einer Moral, die sie nicht kennen, verurteilen sollte.

Es ist so, als wenn man einen afrikanischen Fetischanbeter für die Nichtheiligung des Sonntags strafen würde.

Nach kurzer Ehe schon mag das Wort Scheidung gefallen sein. Die Ehe war für beide Teile unerträglich. Hilde beriet sich mit einem Anwalt. Es ist nicht unwahrscheinlich, daß der Antrieb von der Mutter ausging, die sowohl das Unglück ihrer Tochter sah, als auch hoffte, sie werde bei einem Auseinandergehen der beiden den eigenen Beruf ungehinderter ausüben und zudem Hilde – nicht einmal im eigenen wie im Interesse der Tochter – ohne Rücksicht mit Männern zusammenführen können, die für die junge hübsche Frau materielle Opfer zu bringen bereit sein würden. Sie hatte schon einmal, als der Hauptmann zu einer Übung in Milovice in Böhmen weilte, die Tochter veranlaßt, dem Drängen eines Mannes, der sie auf der Straße angesprochen hatte, nachzugeben und mit ihm nach Wien zu reisen. Sie hatte der Tochter eingeschärft, von dem Mann 5000 Kronen zu verlangen. Hilde Hanika erzählt in ihrer „Beichte", sie sei ohne das Geld zurückgekehrt. Sie habe von dem Mann nichts erhalten, als einen neuen Reisekoffer, da sie sich im entscheidenden Augenblick geschämt habe, das Geld zu fordern. Der Mutter gegenüber habe sie ihren Mißerfolg nicht eingestanden. Die Mutter soll sie weiter auch in Brünn in die Wohnung dieses Mannes geschickt und von ihm Stoff auf ein Kleid erhalten haben. Die Charvat versteht, Hilde zu benützen. Wenn sie von einem Mann, bei dem sie Interesse für Hilde vermutet, etwas will, schickt sie die Tochter vor, die auf einer Reise mit der Mutter in Prag in dieser Weise erfolgreich sich betätigt.

Für den Hauptmann Hanika war der Gedanke einer Scheidung unerträglich. Er ist Offizier, er darf nicht seine Person in den Mittelpunkt des Klatsches stellen, der in dieser kleinen Provinzhauptstadt blüht wie in anderen Provinzstädten. Vielleicht auch fürchtet er, daß die Scheidung die Gesellschaft, in der er verkehrt, veranlassen würde, seine Ehe zu beschnüffeln, daß die Geheimnisse seiner Ehe, der Beruf der Mutter, die Stellung der Gattin vor der Ehe und manches, was er nur ahnt, in die Öffentlichkeit dringen würden. Die Scheidung an sich würde die Stellung des Offiziers beeinträchtigen. Die näheren Umstände seiner Ehe waren das sichere Ende seiner Laufbahn.

Die Hilde Hanika und die Mutter lernen wir kennen, wenn sie vor den Geschworenen stehen. Aus ihren Aussagen, den echten wie den unechten, entsteht vor uns das Bild dieser beiden Frauen: die alternde Hebamme mit den ersten grauen Haaren, die ein Leben als Engelmacherin und ausgehaltene Frau hinter sich hat. Die kalte Hilde Hanika, putzsüchtig, vergnügungssüchtig, die ihre Bildung aus schlechten Romanen und dem Kino bezieht, hübsch, wohl wissend, daß sie es ist, daß sie auf Männer wirkt und diese Wirkung in ihre Kombination einstellend. Der Hauptmann Karl Hanika wird uns nur durch farblose Zeugenaussagen und durch die verzerrte Darstellung, die die Frauen von ihm geben, bekannt. Aber es ist ein Haufen von Liebesbriefen da, an die Gattin gerichtet, die ihn lebendiger machen als das gesprochene Wort. Es liegt das Tagebuch des Hauptmanns Hanika vor den Richtern, dem der Ermordete die Überschrift: „Meine Ehe, ihr Entstehen und Unglück, geschrieben zur Aufklärung und Warnung für andere" gegeben hat. Es liegt der letzte Brief des Hauptmanns Hanika an seine Frau vor den Geschworenen, der den Schreiber menschlich sichtbar macht. Diese Dokumente seien vorweg bekannt gegeben, damit die Hauptperson dieses Dramas, der ermordete Karl Hanika, der tote Gegenspieler der Frau und der Schwiegermutter, nicht bloß ein Begriff bleibt. Der letzte Brief des Karl Hanika an seine Gattin lautet:

„Hilde, ich bitte Dich innigst, tu mir die Liebe und nimm wenigstens diesen Brief ohne Gefühl des Hasses und des Widerwillens gegen mich an. Es wird Dir vielleicht möglich sein, mit Hilfe der anderen Umgebung und da Du mich nicht vor Augen hast. Ich will Dich nicht ändern, aber ich will Dir eine Aufklärung geben, die bis jetzt nicht möglich war. Ich liege zu Hause, denn ich bin noch immer in einer so entsetzlichen seelischen Erregung, daß ich zu keiner Arbeit fähig bin. Ich verspreche mir, daß ich wenigstens etwas meine Nerven beruhige, wenn ich Dir diesen Brief schreibe und wenn Du ihn in Ruhe und ohne Haß gegen mich entgegennimmst. Erlaube mir, daß ich vom Anfang beginne. Unsere Bekanntschaft war vor der Ehe so rein und klar wie ein Gebirgsbächlein. Das war die schönste Zeit meines Lebens. Dann kam die Trauung. Sie war schön. Ich trat in das neue Leben voll glücklicher Hoffnung und glücklich im Gefühl einer ungetrübten Zukunft. Daß ich Dich liebte, war unzweifelhaft. Meine Liebe war so groß, daß ich jedes Hindernis für unwesentlich hielt. Die Person, die uns vor der Ehe ihre Freundschaft und ihr Interesse für unser Schicksal vorspiegelte, hat sich zwischen uns gedrängt und den ersten Zwiespalt veranlaßt. Wenn sie nicht gewesen wäre, hätte es zwischen uns zu nichts kommen müssen, und unser Leben hätte einen anderen Lauf genommen. Sie verursachte das größte Übel. Meine Schuld war, daß ich mich vom Ärger und vom Bedauern über die geringe Aufmerksamkeit, die Du mir schenktest, hinreißen ließ. Es tat mir leid, aber es war zu spät... Dann kam die S.... (der Sportklub). Ihre verderbten Mitglieder und der unglückliche Ball. Du warst allerdings jung und sehntest Dich nach Unterhaltung und ich konnte es Dir nicht verwehren. Wenn ich Einwände erhob, geschah es aus finanziellen Gründen. Für mich aber war ein Vergnügen ohne Dich undenkbar, ich lebte für Dich und deshalb wollte ich Dich nur für mich haben. Als ich sah, daß Du in Deinem Sehnen nach Vergnügen so weit gehst und mich fortwährend nicht begreifst, war mein Schmerz unaussprechlich. Als ich Dich in der Gesellschaft von Wüstlingen und Lebemännern sah, war mein Herz so schmerzerfüllt, daß ich nicht wußte, was tun. So kam es zum zweiten Zerwürfnis zwischen uns. Bei dem lichten Andenken meines Vaters schwöre ich Dir, daß ich die Sache ganz einfach schildere. Der Grund des Zerwürfnisses war wieder eine fremde Person. Von Deiner Seite war es das große Vertrauen zu fremden Menschen und die Vermutung, daß ich Dir kein Vergnügen gönne.

Dann kam es zum dritten Mißverständnis, das vom Pu. verschuldet wurde. Hierbei war ich allerdings nicht ohne Schuld. Schuldig war ich deswegen, weil ich in einer Sache, die ich sah, meine Ehre verteidigen wollte und dies in einer sehr unschicklichen Weise tat. Wieder war eine fremde Person der Grund unseres Zerwürfnisses. Als Dir von den sogenannten Freunden eingeredet wurde, daß ich eifersüchtig bin, und Du Dich meiner Gegenwart entzogest in der fixen Idee, daß ich Dir kein Vergnügen gönne, begannst

Du Dich zu ärgern und mich zu verachten. Du hast wohl nicht geglaubt, daß ich auf Deinen reinen unbefleckten Schild eifersüchtig bin und auf Dein allzu großes Vertrauen, die Dein unschuldiges und fast kindisches Vergnügen für etwas durchaus anderes hielt. (Er will wohl sagen, daß ihr unschuldiges Vergnügen von anderen anders aufgefaßt werden konnte.) Ich habe manchmal bei meiner melancholischen Unterhaltung den Eindruck bei Dir und bei anderen hervorgerufen, daß ich eifersüchtig bin. Was die Treue betrifft, muß ich nichts befürchten. Ich glaube, daß auch Du nicht daran zweifelst und daß selbst Du an meiner Treue nicht zweifelst. Es genügt mein Ehrenwort, daß ich mich als Gatte keiner Unehrenhaftigkeit schuldig gemacht habe."

Er schreibt weiter, daß die Ehe nach außen den Eindruck einer idealen Ehe gemacht habe. Dies hätten die Menschen ihnen nicht gegönnt und hätten gesucht, sie auseinanderzubringen.

„Bei Dir ist es gelungen," fährt der Hauptmann fort, „Du glaubtest den schlechten Reden einiger charakterloser Menschen, die mich zu bereden begannen, daß ich Gerüchte von unseren intimen Beziehungen verbreite. Gott weiß, daß das eine Lüge ist. Gerade die B. war es, die mich mit geilen Reden über unser geschlechtliches Verhältnis auszufragen begann, aber ich habe sie in einer solchen Weise abgewiesen, daß ihr die Lust zum Weiterreden vergangen ist. Ich fürchte, daß sie irgendeine Falle gelegt hat und daß Du ihr glaubtest. Mich bestärkt darin, daß Du von dieser Zeit an in auffälliger Weise Dich dem Geschlechtsverkehr mit mir zu entziehen begonnen hast. Die B. begann mich über unsere ‚Verhältnisse' in Frankreich auszufragen. Ich schilderte sie so, wie ich es gehört habe, aber nicht so, als hätte ich sie vielleicht selbst erlebt. Wenn Dein Widerstand in dieser Sache nur diesen Grund hat, so erkläre ich Dir unter Ehrenwort, daß ich nie in meinem Leben mit einer fremden Person etwas Widerwärtiges getrieben habe. Wenn ich in meinem Tagebuch von meiner Leidenschaftlichkeit geschrieben habe, so war das nicht so gemeint, denn Du weißt selbst, daß ich mich immer beherrschen kann, was bei einer leidenschaftlichen Natur nicht möglich wäre. Das also zur Aufklärung in dieser Sache. Du hast Dich selbst überzeugt, wie die Leute lügen konnten, und Du hast die Niederträchtigkeit und Charakterlosigkeit der Leute kennen gelernt, die sich meine Freunde nannten und aus der durch unser Zerwürfnis entstandenen Situation Gewinn ziehen wollten. Ich glaube, daß Dir dies ein genügender Beweis dafür sein wird, daß Du mir Unrecht getan hast und eine Lehre für Dein weiteres Verhalten gegen fremde Leute, die sich nach außen als die besten Freunde aufspielen. Du anerkennst, daß Du in Deiner Unerfahrenheit und Vertrauensseligkeit zu ihnen zu weit gegangen bist.

Als ich Dich ins Bad schickte (Franzensbad), war mir schmerzlich, daß ich Dich auf so lange verlieren soll, aber Deine Gesundheit ging mir über alles. Mit Freude habe ich die Nachrichten von Deiner Gesundung empfangen. Als die Nachricht von Deiner Ankunft kam, habe ich ungeduldig Stunden und Minuten gezählt. Leider Gottes, Dein unglücklicher Entschluß, in Prag Dich aufzuhalten, war für mich eine entsetzliche Enttäuschung, so daß ich die ganze Nacht kein Auge geschlossen habe. Ich begrüßte Dich schweigend, denn das Bedauern und der Ärger überwältigten mich, daß ich keines Wortes fähig war. Die Pflicht des Dienstes zwang mich, gleich wegzugehen und so verließ ich Dich ohne Wort. Als ich, spät bedauernd, zurückkehrte, warst Du um so schroffer. Du verdächtigtest mich, daß ich die Mutter auf Dich gehetzt habe. Es war nicht wahr. Die Mutter kann bezeugen, daß ich das Gegenteil getan habe.

Als ich Dich auf den Knien um Verzeihung bat, habe ich mich zu allem bekannt und gehofft, daß Du vergeben und vergessen wirst. Es traf leider Gottes nicht zu. Du begannst mich um so mehr zu hassen, je mehr ich Deine Verzeihung zu erlangen suchte. Als ich Deine lodernden Blicke sah und als ich Dich bat, daß Du mich freundlicher behandelst, da eine Verzeihung unmöglich war und meine Hoffnung auf die Rückkehr der Liebe geschwunden war, da glaubtest Du, ich wollte Dich vernichten, ich wünsche Dein Verderben. Und ich konnte meine große Liebe zu Dir nicht verleugnen und auf den Knien suchte ich sie von Dir zu erreichen.

Meine Natur, nicht verbergen zu können, was ich im Herzen fühle, hat den großen Streit hervorgerufen und hat mich an den Rand der Verzweiflung gebracht. Meine Pein war nicht zu beschreiben. Daß ich mir in diesem Zustand einige Unvorsichtigkeiten zuschulden kommen ließ, ist nicht unentschuldbar. Das Herz dreht sich mir im Leibe um, wie Du mir verbietest zu Dir zu sprechen und mich übersiehst. Ich hoffte, daß Du wenigstens vor der Abreise mir eine kleine Beruhigung bereiten wirst, aber als mir nicht vergönnt war, Dich auf den Bahnhof zu begleiten, da brach ich in meinem Schmerz in ein großes krampfartiges Weinen aus. Es ist Dir unangenehm und Du hältst es für Schwäche, daß ich mich nicht beherrschen kann. Glaube mir, daß das eine Erbschaft nach meinem Vater ist, der von überempfindlichem Charakter war. Das läßt sich nicht überwinden. Du schlägst mir die Scheidung vor. Ein anderer Mann würde vielleicht darauf eingehen, besonders wenn mit ihm so umgegangen wurde, ich aber kann trotz allem darauf nicht eingehen, denn meine Liebe ist nicht oberflächlich, und ich weiß, daß ich keine andere Frau finden würde, die mir in ihrer Makellosigkeit und Reinheit so imponieren würde wie Du.

Ich glaube auch, daß es jetzt noch etwas vorzeitig wäre, da ich immer meine, daß Du meinen Charakter verstehen und in mir wirklich das sehen wirst, was in mir ist. Gott weiß, daß ich nicht im Sinne habe, mich irgendwie herauszustreichen oder zu überschätzen. In der Beilage stelle ich Dir einen Zettel mit Adressen zurück, den ich aus Deinem Notizbuch herausgerissen habe. Ich tat es in der Erregung und darum verzeihe. Ich war der Meinung, daß diese Herren die Ursache für Deinen Aufenthalt in Prag waren. Tu was Du willst, aber einen Rat werde ich Dir geben: Laß Dich nicht in allzu lange Korrespondenz und Beziehungen ein, denn man wird Dich nicht begreifen, wie Dich andere nicht begriffen haben und Du wirst in Verdacht fallen, nicht bei mir, aber bei den übrigen. Vielleicht beschuldigst Du mich, daß ich Dich überreden will und steigerst dadurch noch Deinen Haß, vielleicht hältst Du es aber weiterer Überlegung und Erwägung für wert. Sei es wie es sei. Ich halte es für meine Pflicht, Dir zu meiner Rechtfertigung alles mitzuteilen, denn mir liegt daran, daß ich nicht der schlechte Mensch in Deinen Augen bin, für den Du mich hältst. Zum Schluß, ich glaube, es wäre anders gewesen, wenn Du etwas Vertrauen und Aufrichtigkeit gehabt hättest und wenn Du mir alles gesagt hättest.

Ich werde Dir aber nicht schreiben, wenn Du mir nicht Deine besondere Einwilligung erteilst."

Dieser Brief ist wie das Tagebuch des Hauptmanns, von dem die Rede sein wird, ein Dokument, nach dessen Lektüre uns die Person des Ermordeten klar und deutlich geworden ist. Aber nicht nur sie, sondern auch die ganze Atmosphäre dieser von Anbeginn unglückseligen Ehe, da wir hier eine Schilderung erhalten, entstanden unter dem unmittelbaren Eindruck dieser Ehe auf den, der am meisten unter ihr litt, und nicht eine Schilderung aus einer bereits verblaßten Vergangenheit durch Zeugen und Angeklagte. Uns interessiert in diesem Augenblick vor allem die Person des ermordeten Hauptmanns, wie sie sich aus diesem Brief an seine Gattin erkennen läßt. Wir sehen einen ziemlich stilungewandten Menschen, dem es schwer wird, auszudrücken, was er meint, der manchmal in längeren Sätzen den Faden verliert und sich verwirrt und dort, wo er seine Not und Qual besonders eindringlich schildern will, nicht ein treffendes, vielleicht einfaches Wort findet, sondern zu schlechten Buchphrasen und Phrasen aus dem Reglement des Soldaten seine Zuflucht nimmt. Er spricht mehrmals von dem reinen und makellosen Schild, er nennt in einer mittelbaren Ausdrucksweise seine Bekanntschaft mit Hilde so rein und klar wie ein Gebirgsbächlein. Er sagt nicht, ich schildere die Sache ganz einfach, sondern: bei dem lichten Andenken meines Vaters schwöre ich Dir, usw. Er verteidigt nicht seine Ehe, sondern seine Ehre. Es ist fast überflüssig, noch Kommentare an diesen Brief zu knüpfen, aus dem ein sentimentaler Offizier spricht, sentimental in der Art, wie körperkräftige Menschen sentimental zu sein pflegen. Sentimentalität, kindliche Gefühlsweichheit, die in gewissen Dingen und unter gewissen Umständen die Brutalität nicht ausschließt. Dieser weinende, vor seiner Hilde auf den Knien liegende Hauptmann Hanika ist derselbe Mensch, der den Verkehr mit seiner Mutter abgebrochen hat, weil sie, wie er in seinem Tagebuch sagt, in seiner Abwesenheit seine Kleider und seine Wäsche verschleudert hat. Es ist vielleicht so, daß dieser Schlag von Menschen in großen Dingen nicht anders kann als schwach sein, weinend, um Vergebung bittend, um sich in Kleinigkeiten durch seine Schroffheit und Brutalität vor sich selbst zu rehabilitieren. Er schreibt in seinem Brief: Die Pflicht des Dienstes zwang mich, gleich wegzugehen, und so verließ ich Dich ohne Wort. Hauptmann Hanika verläßt seine Hilde, auf deren makellosen Schild er schwört, ohne Wort, weil sie auf der Rückreise aus dem Bad sich in Prag aufgehalten hat. Ist das derselbe Hauptmann Hanika, der sie auf den Knien um Verzeihung bittet, sich zu allem bekennt und hofft, daß ihm vergeben und vergessen wird? Er sucht ihre Liebe auf den Knien von ihr zu erreichen. Man versteht fast, daß er sie nicht erreicht. Man versteht fast, daß er gerade deshalb sich von dieser Frau nicht trennen kann und trennen will, weil er selbst auf den Knien nichts bei ihr erreicht, trotz aller Demütigungen und Selbstanklagen. Er bittet Hilde in einem anderen Brief um Verzeihung, daß er beim Weggehen vergessen habe, ihr die Hände zu küssen. Man hat das Gefühl, daß diese Bitten nicht nur an das Herz gerichtet sind, sondern auch an die Sinne, besser, nicht vom Herzen allein ausgehen, und man ist geneigt, Hilde Hanika in diesem Punkte zu verstehen, wenn sie von diesen Bitten nicht gerührt war. Gewiß ist das Bild dieses armen hilflosen, gequälten und sich selbst quälenden Menschen ein erbarmungswürdiges Bild für den, der außerhalb steht und diese vielfach miteinander verbundenen und vielfach voneinander strebenden Menschen objektiv beurteilt. Aber für Hilde Hanika stellte sich die Sache anders dar. Sie wollte die Scheidung aus vielen Gründen, sowohl, weil sie den Hauptmann nicht mehr liebte, als auch vielleicht, weil die Mutter ihr diesen Gedanken eingegeben hatte und auf dem Auseinandergehen des Ehepaares bestand. Sie selbst sagt, sie habe vor dem Hauptmann Ekel empfunden, weil er eine widerwärtige Ausübung des Geschlechtsverkehrs von ihr verlangte. Sie hat diese Angabe widerrufen und dann, in der „Beichte“, von neuem aufgestellt. Sie kann beide Male Recht gehabt haben. Es ist schwer, die Grenze zu ziehen zwischen normalem und abnormalem Geschlechtsverkehr, eine kleine Nuance mag den an sich normalen Verkehr zwischen Mann und Frau der Frau abnormal und widerwärtig erscheinen lassen. Der Prozeß hat in diesem Punkt keine Klarheit gebracht, da die Öffentlichkeit den ganzen Prozeß über, wohl mit Rücksicht auf die Menschenmassen, die das Gerichtsgebäude umlagerten, nicht ausgeschlossen wurde, und es nicht angängig erschien, dieses Thema öffentlich zu erörtern. Aber der Inhalt des letzten Briefes des Hauptmanns wie die zitierte Stelle aus dem anderen Brief legen die Vermutung nahe, daß diese Nuance, von der gesprochen wurde, im Verkehr, jedenfalls in der Beziehung zwischen Hilde und dem Hauptmann sich geltend gemacht habe. Für Hilde Hanika waren die Briefe des Hauptmanns, im speziellen Falle der letzte Brief, keineswegs objektiv gesehene menschliche Dokumente, sondern Glieder aus der Kette der Beziehungen zwischen Mann und Frau und man müßte die Geheimnisse des Hanikaschen Schlafzimmers genau kennen, um zu beurteilen, ob die Wirkung dieses Briefes auf Hilde Hanika notwendig eine versöhnende sein mußte, wenn Hilde Hanika nicht ein zu allem entschlossenes und zu allem fähiges, kaltherziges, durch nichts zu rührendes Weib sein wollte.

Das Gericht ließ diesen Brief nicht in diesem Zusammenhang auf sich wirken. Aus einer Bemerkung des Vorsitzenden geht hervor, daß dieser Brief und sein Eindruck, besser seine Wirkungslosigkeit auf Hilde, das Gericht in seiner Stimmung zu ungunsten der Hanika bestärkt habe.

Man kann über diesen Brief nicht hinweggehen, ohne die Rolle zu besprechen, die die in dem Briefe erwähnten „dritten Personen" in der Angelegenheit gespielt haben. Die dritten Personen, das ist die Gesellschaft des Hauptmanns Hanika, das sind die sogenannten guten Freunde, die Regimentskameraden und Klubbrüder, die B. und der Arzt, der der Freund des Hauptmanns und zugleich der Geliebte seiner Frau ist, und all die anderen. Es ist eine leichtsinnige Gesellschaft, die kein Interesse hat, als das Vergnügen und den Geschlechtsgenuß, im besten Falle noch den Fußballsport. Die haltlose Frau, die in diese Gesellschaft kommt, aus der niederen Sphäre der Ladenmädchen und Proletariertöchter in die Gesellschaft von Akademikern und Offizieren und deren Gattinnen, will es der „feinen Gesellschaft" in allem, was diese treibt – und was sie treibt, ist hauptsächlich das Vergnügen – gleichtun. Der Gatte hat sie in diese Gesellschaft gebracht und beklagt sich, daß das viele Ausgehen kostspielig ist. Er hat sie in diese Gesellschaft gebracht und beklagt sich, daß sie auf den Ton der Männer dieser Gesellschaft eingeht, in der Art, wie es gewiß die anderen Frauen auch tun, mit den Männern Scherze treibt, trinkt, sich auf einem Ball mit ihnen duzt und vielleicht auch irgendwo in einem Winkel des Ballsaales sich küssen läßt. Es sind keine Weltbürger, diese Menschen, die mit den Hanikas verkehren. Es sind Leute mit beschränktem Einkommen, aber mit denselben Sehnsüchten, wie sie die bürgerliche Gesellschaft der ganzen Erde hat. Der Unterschied zwischen der Gesellschaft des Hauptmanns Hanika und der großen Gesellschaft in Berlin und Paris ist kein Gattungsunterschied, sondern bloß ein Unterschied in der Qualität des Lebens und im geistigen Niveau. Was dem Pariser oder Berliner Tennis und Automobilsport ist, die Rolle, die das Derby für die Gesellschaft in London, Berlin, Paris spielt, diese Rolle spielt der Fußballsport für den Kreis Hanikas. Die Frauen dieser Brünner Gesellschaft lesen dieselben Romane wie die reichen Frauen in den Großstädten Europas, nur um ein Jahr später! Der junge Arzt in Brünn ist derselbe, der in den Pariser Salons die Herzen bricht, in Brünn in der Ausgabe vom Jahr zuvor. Alle diese Menschen scheinen nach Romanvorbildern zu leben. Sie streben den verführerischen Helden und den koketten Frauen nach, die eine bestimmte Romanliteratur jährlich auf den Markt wirft, wo sie von der groß- und von der kleinbürgerlichen Gesellschaft in Massen verschlungen wird. Es sind jene Romane, in denen das Leben eine pikante Angelegenheit ist. Die Frau und der Mann sind nicht Geschlecht gegen Geschlecht, sind nicht Mensch und Mensch in gemeinsamen oder entgegengesetzten Freuden und Nöten, auch den geschlechtlichen, sie sind Tierchen, die einander umschleichen und beschnüffeln wie die kleinen Hunde auf der Straße. Gewiß ist die B. in solcher Lektüre groß geworden. Die Andeutungen der Romane genügen ihr nicht, sie will Authentisches wissen über die Art, wie in Frankreich der Geschlechtsverkehr ausgeübt wird. Man vergißt über diese Naivität zu lächeln über dem Grauen vor solcher Gesinnung. Der Hauptmann Hanika, meint die B., muß es authentisch wissen, denn er ist in Frankreich als tschechischer Offizier gewesen. Sie, die sich an ihn wendet und dann der Hanika die Auskunft des Hauptmanns, wohl entstellt, überbringt, ist die Freundin des Hauses. Der Hauptmann Hanika hat vielleicht nicht so unrecht, wenn er diesen Personen einen Teil der Schuld an den Zerwürfnissen seiner Ehe zuschiebt und ahnungsvoll damit auch einen Teil der Schuld an seinem eigenen Tod, eine nicht greifbare, juristisch nicht faßbare Schuld, die aber immerhin sich in den Verhandlungen vor den Geschworenen so materialisiert, daß man das Gefühl hat, als säßen neben der Hanika all diese dritten Personen, das heißt die Gesellschaft, mit auf der Anklagebank.

Die Beichte des Hauptmanns Hanika, das Tagebuch: „Meine Ehe, ihre Entstehung und Unglück, geschrieben zur Aufklärung und Warnung für andere" ist das zweite große Dokument, aus dem der Hauptmann zu den Männern spricht, die über seine Frau zu Gericht sitzen. Es wurde im Gerichtssaal unter atemloser Spannung des Publikums verlesen. Hier schildert der Hauptmann ausführlich die Vorgeschichte und die Geschichte seiner Ehe und verbreitet sich über seine materielle Situation. Er beklagt sich über den Leichtsinn der Frau, und wie im Brief die Anklage gegen die Gesellschaft, wird hier die Anklage gegen den Staat laut, der den Offizier schlecht bezahlt, und dann seine Gerichte ruft, über die Tragödie Gericht zu halten, die er mitverschuldet hat. Bezeichnend die Strafprozesse, die in den letzten Jahren überall die Gerichte beschäftigt haben und in denen die Angeklagten Offiziere und Beamte waren, die Bestechungen genommen hatten. Der Mordprozeß Hanika gehört, in diesem Gesichtswinkel gesehen, mit in die Reihe dieser Prozesse. Die Ehe Hanika hätte sich vielleicht doch anders entwickelt, wenn der tschechoslovakische Offizier bezahlt wäre, wie der Offizier der Vorkriegszeit es war. Ebenso wie vielleicht die Verhängung all der schweren Strafen über korrupte Beamte unnötig gewesen wäre, wenn diese Beamten ein menschenwürdiges Einkommen gehabt und so der Lockung des Geldes hätten leichter widerstehen können.

Das Verhältnis zwischen Hanika und Hilde stellt sich nach dem Tagebuch nicht anders dar als nach dem letzten Brief. Es mögen bloß zwei Stellen aus dem Tagebuch angeführt werden.

Nach dem Sportball, bei welchem sich die Frau, wie Hanika erzählt, mit einem unbekannten Herrn in eine Unterhaltung eingelassen und Küsse getauscht hat, kommt es auf dem Nachhausewege zu erregten Szenen, an denen die Mutter teilnimmt. Die Szene entwikkelt sich zu Hause, wie Hanika schreibt, zum „Skandal"... „Wenn ich nicht Ruhe bewahrt hätte, hätte das schrecklich und fürchterlich geendet. In großer Erregung habe ich dann alles das, was ich von verschiedenen Seiten über meine Frau hören mußte, über ihre Familie und über ihre Mutter, den beiden ins Gesicht geschleudert. Ich habe mich dann zusammengepackt und bin weggegangen. Es war um 5 Uhr früh. Nach einer Stunde kehrte ich, da ich meine Absicht, nicht zurückzukehren, geändert hatte, zurück, um einen öffentlichen Skandal zu verhüten. Aus diesem Grunde habe ich dann die Frau und ihre Mutter um Verzeihung gebeten und dadurch auf Kosten meiner Ehre und Tapferkeit meine große Liebe zur Frau bewiesen."

„Ich bin durch ihr Tun so vergiftet, daß ich es nicht mehr lange aushalten werde, und daß ich entschlossen bin, auch das Schlimmste zuzulassen – die Scheidung. Ich glaube, daß dies das Ziel meiner Frau ist, denn ihr Tun beweist das. Bevor so ein Leben, so doch lieber Schande und Auseinandergehen."

Es ist derselbe Hauptmann Hanika, der aus dem Brief spricht, diesmal gefaßter, ruhiger. Das Tagebuch schreibt er in einer Stunde der Betrachtung, den Brief hat er in der Erregung des Augenblicks geschrieben. Wieder die Ehre und die Tapferkeit! Der Offizier beschränkt in den Vorurteilen seines Standes, die er nicht überwinden kann, Vorurteile, die sich seit der Zeit des römischen Offiziertums nicht geändert haben und nicht ändern werden, so lange es Offiziere geben wird! Aber Ehre und Tapferkeit stehen nicht an erster Stelle im Herzen des Offiziers Hanika! Vor Ehre und Tapferkeit kommt die Angst vor dem Skandal, der um jeden Preis zu verhüten ist. Hätte der Hauptmann Hanika diese Angst nicht gehabt, hätte er wie ein vorurteilsloser Mensch die üble Nachrede von einigen Tagen, das Geschwätz im Klubcafé auf sich genommen und wäre er nicht zurückgekehrt, er hätte nicht sterben müssen. Die Ehe wäre geschieden worden wie tausend andere Ehen auch. Aber ein Offizier kann nicht nach den Gesetzen gemessen werden, die für andere gelten. Was bei einer bürgerlichen Ehe alltäglich sein mag, das ist für den Hauptmann Hanika „das Schlimmste". „Bevor so ein Leben, so doch lieber Schande und Auseinandergehen.“ Man greift sich an den Kopf, wenn man diese verbohrten Anschauungen liest. Aber man würde sich mit ihnen abfinden, wenn der Hauptmann trotz dieser Überlegung in die Scheidung einwilligen würde. Der letzte Brief, der späteren Datums ist als das Tagebuch, spricht dagegen. Hilde Hanika sagt vor Gericht, um glaubhaft zu machen, daß sie kein Interesse an seinem Tod gehabt habe, Hauptmann Hanika habe zuletzt die Einwilligung doch gegeben. Nach allem scheint glaubhafter, was auch das Gericht als wahr unterstellte, daß der Ermordete sich bis zum Schluß dem Auseinandergehen widersetzt habe. Dafür sprechen auch Zeugenaussagen von Kameraden des Hanika und die Aussagen des Oberkellners im Café, in dem Hanika verkehrte. Die Aussage eines Kameraden sei als besonders typisch hierher gesetzt. Er antwortete auf eine Frage des Vorsitzenden:

„Er (der Ermordete) war intelligent, war Offizier, er konnte sich nicht nur so scheiden lassen. Er hätte die Offizierscharge niederlegen müssen.“

Das Bild wäre nicht vollständig, wenn nicht noch eine Aussage erwähnt werden würde, die für die Beziehungen des Hanika zu seiner Frau bezeichnend ist. Der Offizier F. führte vor Gericht aus:

„Er (der Hauptmann) war erregbarer Natur. Es war mir immer auffallend, daß Hanika, wenn eine Gesellschaft zu ihnen kam, sich an seine Frau schmiegte. Er liebte es, seine Frau in Gesellschaft zu liebkosen. Heute ist mir dies klar. Er hat dies in Gesellschaft getan, weil es ihm nicht erlaubt war, wenn die Gesellschaft wegging. Frau Charvat hat sich darüber beschwert, daß Hanika ihre Tochter quäle, allerdings nicht physisch. Sie hat gesagt, daß sie ihre Tochter nicht zum Quälen da habe. Hanika hat sich seiner Frau aufgedrängt, wodurch er in ihr einen elementaren Widerwillen erregt hat.“

Die erregbare Natur, von der der Zeuge spricht, bedeutet wohl, daß er ihn für einen stark sinnlichen Menschen gehalten habe. Darauf weist der Zusammenhang der Zeugenaussage hin. Die Erklärung, die der Zeuge dafür gibt, daß der Hauptmann seine Frau in Anwesenheit Dritter liebkoste, um sich so den Genuß zu schaffen, der ihm sonst verwehrt war, scheint nicht einleuchtend. Es ist leicht möglich, daß der Grund für diese Liebkosungen in der Gesellschaft tiefer in der Natur des Hauptmanns begründet war. Nach allem, was man von Hanika weiß, möchte man vermuten, daß diese Art der Liebkosung mit dem Wesen seiner Beziehung zur Frau überhaupt zusammenhängt, und man versteht die instinktive Abneigung der Hilde Hanika, wenn sie sich solchen Liebkosungen widersetzt.

Der Rechtsanwalt hatte der Hanika geraten, den Gatten zu verlassen und erst auf gerichtliche Aufforderung zurückzukehren, dann ihn neuerlich zu verlassen und so ihn zur Scheidung zu zwingen. Hilde Hanika folgte diesem Rat und verließ ihren Mann, wurde aber von der Mutter telegraphisch zurückberufen. Es kommt scheinbar zu einer vorübergehenden Aussöhnung, dann fährt die Hanika nach großen Zerwürfnissen nach Franzensbad und von dort, mit einem Aufenthalt in Prag, nach Hause. Neue Zerwürfnisse, die Hilde fährt nach Marienbad auf einige Tage und kehrt dann nach Brünn zurück. Einige Tage darauf findet man den Hauptmann Hanika erschossen im Manövergelände.

Johann Vesely, der mutmaßliche Mörder, wurde erst am 11. September in Selze bei Banska Bistrica in der Slovakei im Hause seines Vetters Brazda verhaftet. Der Diener des Ermordeten hatte von ihm, dem letzten Besucher seines Herrn, folgende Beschreibung gegeben: Etwa 20 Jahre alt, von starker, großer Gestalt, längliches, mageres Gesicht, braune, aufwärts gekämmte Haare, blaue Augen. Kleidung: dunkelgrün gewürfelter Anzug, lichter weicher Hut, weicher Kragen mit Knopfspange, weißes gestreiftes Hemd, schwarze Schnürschuhe. Zeugenvernehmungen hatten ergeben, daß Vesely und Hilde Hanika sich am 28. August gemeinsam in einem Brünner Geschäft eine Repetierpistole des Kalibers 6,36 mm gekauft hatten. Aus einer solchen Waffe waren die Schüsse auf Hauptmann Hanika abgegeben worden.

Vesely gestand bei seiner Verhaftung sogleich, den Mord begangen zu haben. Er gab an, die Absicht gehabt zu haben, Selbstmord zu begehen, und habe bloß das Erscheinen der Polizei erwartet. Er habe angenommen, er werde die sich dem Hause seines Vetters nähernden Beamten sehen, und Zeit genug haben, in die Scheuer zu gehen und dort sich zu erschießen. In der Scheuer fand man Veselys Revolver und zwei Abschiedsbriefe, der eine an Veselys Eltern, der andere an Hilde Hanika gerichtet. Es schien glaubhaft, daß er diese Vorbereitungen getroffen hatte, um seinem Leben ein Ende zu machen.

Die Mitwisserschaft der Hilde Hanika und der Charvat an der Ermordung des Hauptmanns wurde von Vesely geleugnet. Er begründete die Tat damit, daß er, unzufrieden mit seiner Stellung und ohne Hoffnung, eine bessere zu finden, den Entschluß gefaßt hätte, aus dem Leben zu scheiden und daß er seinen eigenen Tod mit dem Tod des Hauptmanns Hanika habe verbinden wollen. Er habe seine Kusine Hilde von Jugend an geliebt und habe das Unglück ihrer Ehe, an dem der Hauptmann schuldig gewesen sei, schmerzlichst empfunden.

Bei der Vernehmung durch die Polizei in Brünn hielt ihm der Kommissär vor, daß Hilde gemeinsam mit ihm den Revolver gekauft habe, ebenso, daß die Polizei von seiner Anwesenheit in Brünn kurz vor der Tat wisse. Besonderen Eindruck machte auf den Vesely die Mitteilung, daß Hilde geschlechtliche Beziehungen zu anderen Männern gehabt habe. Der Polizeikommissär oder einer der anderen anwesenden Beamten sagte ihm, Hilde sei von Bewohnern des gegenüberliegenden Hauses beobachtet worden. Man habe einen Mann gesehen, der bei der Hanika auf dem Sofa gelegen habe. Der Gast habe den Kopf in Hildes Schoß geborgen und die Hand unter ihren Schlafrock gesteckt. Man brachte dem Vesely bei der polizeilichen Untersuchung auf den Gedanken, daß die Hilde Hanika sich bloß habe von dem Gatten befreien wollen, um sich ungestörter den Beziehungen zu anderen Männern hingeben zu können und sich in den Genuß der 30000 Kronen zu setzen, auf die der Hauptmann versichert war. Er sei nur das Werkzeug dieser Frau gewesen, die alles eher sei als so rein, wie er annehme.

Diese Mitteilungen verfehlten nicht den Eindruck auf den Vesely; er änderte nun seine Aussage. Er gab jetzt an, die Hilde Hanika und ihre Mutter hätten ihn ausdrücklich zur Ermordung des Hauptmanns aufgefordert. Bei ihrem letzten Besuch in Nosakov in Böhmen am 25. August habe die Hilde Hanika ihm das Leid ihrer Ehe geklagt, ihm erzählt, wie eifersüchtig ihr Gatte sei, daß er sie

Luder und Bestie schimpfe, und habe hinzugefügt, daß sie mit diesem Mann nicht leben könne. Schließlich habe sie an Vesely die Frage gerichtet, ob er ihren Mann nicht aus dem Leben schaffen wolle. Vesely habe geantwortet: „Das ist sehr schwer für mich, ich weiß nicht wie."

„Vielleicht durch Erschießen", habe darauf die Hilde Hanika gesagt. Sie habe dem Vesely keine Zeit zum Überlegen gelassen und ihm einen Bankbeamtenposten in Brünn versprochen. Er habe sie gefragt, wie er die Tat ausführen solle, worauf sie entgegnet habe, er solle dem Hauptmann in die Manöver nachfahren und ihn dort erschießen. Man werde glauben, daß irgendein Soldat es getan habe.

Am 27. August seien beide, Hilde Hanika und ihr Vetter, nach Prag und dann nach Brünn gefahren. Vom Bahnhof seien sie sofort in die Wohnung gegangen. Der Hauptmann sei bereits zu den Manövern abgereist gewesen. Die Charvat sei in den Plan eingeweiht worden. Sie habe sich gar nicht überrascht gezeigt und nicht versucht, ihre Tochter von diesem Gedanken abzubringen. Sie habe den Vesely höhnisch gefragt, ob er solch einer Tat fähig sei. Die Hanika habe erwidert, Vesely habe sich mit seinem Wort verbürgt. Vesely habe daraufhin nochmals die Tat versprochen. Innerlich habe er gehofft, es werde zu der Tat nicht kommen, da die Frauen keine Waffe beschaffen könnten. Am Abend sei er weggeschickt worden, da die Frauen Besuch erwarteten und nicht wollten, daß der Besucher, der befreundete Arzt, den Vesely sehe.

Am nächsten Morgen wurde sogleich der Kauf des Revolvers eingeleitet. Der erste Versuch verlief ergebnislos, da ohne Waffenpaß ein Revolver nicht zu haben war. Die Hanika aber habe einen Bekannten aufgesucht, diesem vorgetäuscht, daß sich Vesely einen Revolver zum Namenstag wünsche, und den Bekannten veranlaßt, auf seinen Paß die Waffe zu kaufen. Sie seien in die Wohnung der Hanika zurückgekehrt, wo der Bekannte dem Vesely in Anwesenheit der Charvat den Gebrauch der Waffe erklärte. Diese habe den Vesely auch gefragt, ob er mit der Waffe schon gut umgehen könne. Dann sei Vesely von beiden Frauen bestürmt worden, den

Hauptmann schon am nächsten Tage im Manöverfeld zu erschießen.

Vesely schilderte verschiedene Reisen in die Umgebung, von denen er unverrichteter Dinge zurückgekehrt sei. Er habe die Nichtausführung des Planes einmal damit entschuldigt, daß er den Hauptmann nicht habe finden können, das andere Mal damit, daß der Hauptmann in Begleitung eines Soldaten gewesen sei, und daß er deswegen nicht habe schießen können. Die Charvat habe, als sie hörte, daß der Hauptmann einen Begleiter bei sich gehabt habe, zu ihrer Tochter gesagt:

„Siehst du, was er für ein durchtriebenes Luder ist!"

Die Hanika habe nun von ihm den Revolver verlangt. Sie habe sich erschießen wollen. Er aber habe die Waffe nicht gegeben. Auf Befehl der Frauen habe er dann die Waffe mit sechs Projektilen geladen. Die Charvat habe den Revolver besichtigt und ihm aufgetragen, eine siebente Patrone in den Lauf zu stecken. Vesely habe gehorcht.

Am 30. August kehrte Kapitän Hanika nach Brünn zurück. Um mit ihm nicht zusammen zu kommen, übernachtete Hilde Hanika bei einer bekannten Familie. Vesely verbrachte die Nacht am Bahnhof, da er dem Hauptmann nicht begegnen sollte. Am nächsten Tage habe ihm die Charvat aufgetragen, den Hauptmann am Samstag, den 1. September, zeitlich früh, wenn er in die Kaserne auf dem Spielberg gehe, zu erschießen. Dann habe Vesely eine verabredete Zusammenkunft mit der Hanika in Obrovice, einem Vorort Brünns, gehabt. Sie habe geweint, und ihn den ganzen Weg über gebeten und ermahnt, sein Versprechen zu halten. Sie habe neuerlich die Einzelheiten des Planes besprochen. Er habe auf ihr Drängen zum zweitenmal sein Ehrenwort gegeben, den Hanika zu erschießen. Nachmittags traf er, auch auf Grund einer Verabredung, mit der Charvat am Dominikanerplatz zusammen. Dabei habe ihm die Charvat mitgeteilt, daß Hanika um 4 Uhr morgens in die Spielbergkaserne gehen werde, um von da aus in die Manöver abzumarschieren.

Vesely habe den Hauptmann wirklich erwartet und ihn bis zur Spielbergkaserne begleitet. Der Hauptmann habe mit ihm von den

Manövern gesprochen. Vesely habe dem Hauptmann gesagt, er sei nachts angekommen und nicht mehr zu den Verwandten gegangen, um sie nicht zu stören. Er wollte den Hauptmann um die Vermittlung einer Stelle bitten. Trotzdem sich dem Vesely auf dem Weg auf den Spielberg mehrere Gelegenheiten geboten hätten, habe er den Hauptmann nicht erschossen, da er sich zu dieser Tat nicht habe entschließen können.

In der Wohnung der Frauen sei er mit Vorwürfen überhäuft worden, als er von der Ergebnislosigkeit seines Unternehmens berichtete. Er habe behauptet, daß hinter ihnen Offiziere gegangen seien, und daß er infolgedessen nicht die Gelegenheit gefunden habe, den Plan auszuführen. Dann habe er 70 Kronen von der Tante erhalten und sei dem Hauptmann nachgefahren, dem er angegeben habe, er sei gekommen, das Manöver zu sehen. Er sei mit dem Hauptmann ungefähr zwei Stunden allein gewesen. Trotzdem habe er sich nicht zur Tat entschließen können.

Bald nachdem Vesely sich verabschiedet hatte, fuhr Hauptmann Hanika auf dem Fahrrad nach Brünn. Er traf zu Hause Gesellschaft und forderte seine Frau auf, ihm in ein Nebenzimmer zu folgen, da er mit ihr sprechen wolle. Hilde Hanika aber schloß sich ins Badezimmer ein. Sie öffnete nicht trotz des Hauptmanns Bitten. Hauptmann Hanika bat seine Frau, wenigstens die Tür zu öffnen und den Kopf zu zeigen. Die Hanika gibt an, befürchtet zu haben, daß ihr Mann sie erschieße, wenn sie den Kopf zeige, und will auch das Spannen eines Hahnes durch die Badezimmertür gehört haben. Hauptmann Hanika kehrte ins Manöver zurück, ohne mit seiner Frau gesprochen zu haben. Nach seiner Abreise erst verließ die Frau das Badezimmer und ging, in Begleitung des Arztes, mit ihrer Mutter ins Kino.

Vesely kam erst abends in die Wohnung der Frauen. Das Dienstmädchen empfing ihn. Sie berichtete ihm, im Auftrag der Frauen, der Hauptmann habe seine Gattin erschießen wollen. Vesely zog das Grammophon auf und spielte einige Musikstücke. Dann ging er schlafen.

Am nächsten Tag, den 3. September, zeitig morgens habe die Hanika und die Charvat den Vesely aufgefordert, sich endlich zur

Tat zu entschließen. Vesely habe keinen anderen Ausweg mehr gesehen und sei um 10 Uhr vormittags nach Boskovice gefahren. Von hier aus sei er nach Újezd gegangen. In einem Gasthaus habe er erfahren, daß Hanika mit seiner Truppe um 5 Uhr nachmittags einrücken werde. Er habe hinter dem Dorfe gewartet, bis die Abteilung des Hauptmanns Hanika von der Übung zurückkehrte. Um 6 Uhr habe er sich in die Wohnung des Hauptmanns begeben, doch habe ihn der Diener nicht vorlassen wollen, da der Hauptmann bereits geschlafen habe. Vesely habe sich nicht abweisen lassen, habe den Hauptmann geweckt und ihm mitgeteilt, daß seine Frau erkrankt sei, und daß er sofort nach Brünn kommen solle. Die beiden Männer machten sich sofort auf den Weg. Zuerst benützten sie die Straße, bogen dann aber auf einen Fußweg ab, der zum Bahnhof Skalice-Boskovice führte. Da der Fußweg eng war, gingen sie hintereinander, der Hauptmann voran und hinter ihm Vesely. Vesely habe einen geeigneten Augenblick benützt, die Pistole gezogen und aus einer Entfernung von eineinhalb Schritten auf den Hauptmann einen Schuß abgegeben. Dieser Schuß habe Hanika in den Kopf getroffen. Der Hauptmann sei gleich zu Boden gesunken. Da sei dem Vesely ein zweiter Schuß losgegangen, der den Hanika unter der Schulter traf. Hanika habe sich noch eine Weile bewegt, aber nicht mehr gesprochen. Nun habe Vesely den Ermordeten bei den Füßen gepackt und über vier bis fünf Reihen Kartoffeln in ein Feld gezogen. Dann habe er die Waffe gesichert und sei zu dem nicht weit entfernten Bahnhof Skalice-Boskovice gelaufen.

Um 11 Uhr kam Vesely in Brünn an. Er ging sofort in die Fröhlichergasse. Das Haustor war verschlossen, doch die Charvat warf ihm auf das Signal des Sportklubs, das er pfiff, den Hausschlüssel herunter. Oben öffnete sie ihm selbst die Tür. Er habe den Frauen gesagt:

„Ich habe den Karl erschossen und habe kein Geld. Ich bitte dich, Tante, um Geld zur Fahrt in die Slovakei."

Die Frauen hätten ihm nicht geglaubt. Es war nämlich ausgemacht, daß er nur zurückkehren sollte, wenn er die Tat nicht vollführt hätte. Sonst sollte Vesely sich gleich nach der Tat erschießen oder direkt in die Slovakei reisen. Für den Fall seines Selbstmordes waren die zwei Briefe vorbereitet, von denen oben gesprochen ist. Sie sollten nach Veselys Tod bei ihm gefunden werden. Seine Kusine habe ihm diese Briefe ins Unreine diktiert, Vesely habe sie dann ins Reine abgeschrieben, die Charvat habe das Konzept vernichtet. Die Hanika habe während des Diktierens der Briefe geplättet.

Die Charvat habe dem Vesely 100 Kronen gegeben, ihn gefragt, wo er die Tat vollbracht habe, aber die Nachricht ruhig aufgenommen. Erst als er sich verabschiedete, um zur Bahn zu eilen, begannen die Frauen zu weinen. Sie forderten ihn auf, zu schreiben, versprachen ihm einen Posten zu verschaffen und ihm 500 Kronen in die Slovakei zu schicken. Vesely reiste nach Selze zu seinem Vetter.

Auf diesem Material, das sich im ganzen ziemlich genau an die Aussagen Veselys hält, ist die Anklage aufgebaut. Die beiden Frauen leugneten, Vesely zum Mord gedungen zu haben. Der Kampf in dem Prozeß ist also der Kampf um den Nachweis, daß der eine oder der andere Teil, Vesely oder die Frauen die Unwahrheit sprechen. Man muß sagen, daß für Vesely vieles günstig stimmt. Er ist jung, unerfahren, wird als wahrheitsliebend geschildert. Seine Aussagen sind klar, deutlich, er antwortet mit großer Sicherheit auf die Fragen, die ihm vorgelegt werden. Nach den Vorhaltungen auf der Polizei in Brünn widerruft er seine erste Aussage und legt ein umfassendes Geständnis ab, das den Eindruck der Wahrhaftigkeit macht. Bei den Konfrontationen mit den beiden Frauen wiederholt er seine Aussagen mit großer Ruhe. Seine Liebe zu der Kusine läßt die Möglichkeit zu, daß er ihr willenloses Werkzeug wird. Wenn man sich die Wirkung der Hanika auf ihren Gatten klar macht, versteht man die Abhängigkeit, in die der noch in der Pubertät stehende Vesely von der Kusine gerät, an die sich zudem seine ersten infantilen Geschlechtseindrücke knüpfen. Es wird berichtet, daß Vesely als Kind nicht habe einschlafen wollen, wenn die zu Besuch bei Veselys Eltern weilende Hilde sich nicht zu ihm ins Bett gelegt habe. Derartige vollkommene Abhängigkeiten auf sexualer Grundlage sind in der Kriminalistik nichts Neues. Der Einwand, daß Vesely jederzeit habe aus Brünn wegreisen und die Frauen und ihren Einfluß fliehen können, schlägt nicht durch. Vesely konnte nicht wegreisen, nicht, weil er, wie er sagt, kein Geld besaß, sondern weil er keinen freien Willen hatte, weil er in einem Verhältnis der Hörigkeit Hilde gegenüber sich wirklich befunden haben kann. Er sagt, er hätte sich auf ihren Befehl auch getötet, er wäre ins Wasser gegangen, wenn Hilde es verlangt hätte, und man ist geneigt, ihm zu glauben. Jedenfalls sind die Richter aus dem Volk, die über ihn das Urteil fällen sollen, geneigt, die Angaben Veselys für wahr zu halten und die der Charvat und der Hanika zu verwerfen.

Gegen die Charvat und gegen die Hanika spricht alles. Warum kauft Hilde dem Vetter den Revolver? Ist es glaubhaft, daß sie ihm, dem sie nie etwas zum Namenstag geschenkt hat, bei der materiellen Misère dieser Ehe, bloß, weil er es wünscht, einen Revolver kauft? Sie hatte ein Interesse, sich von dem Gatten zu befreien, mit dem die Ehe unerträglich war. Sie sagt selbst, daß sie die Scheidung, aber nicht seinen Tod gewollt habe. Wenn er aber in die Scheidung nicht einwilligen wollte? Die Hanika behauptet, er habe diese Einwilligung zuletzt gegeben, aber es spricht vieles dagegen. Wenn der Gatte starb, fielen ihr 30000 Kronen aus einer Lebensversicherungspolize zu. Alles das, was als mildernd wirken könnte, und was die Verteidigung zu ihrem Gunsten anführt, scheint auf die Geschworenen den entgegengesetzten Eindruck hervorzurufen. Das Milieu, aus dem sie kommt, die Mutter mit ihrem Geschäft, die Atmosphäre ihrer Kinderstube und die Gesellschaft, in der sie sich bewegt, die Syphilis, an der ihr Vater gestorben ist, all das wirkt ebensowenig auf die Stimmung der Geschworenen zugunsten der Hanika ein, wie der Umstand, daß sie mit den deutlich sichtbaren Zeichen der weit vorgeschrittenen Schwangerschaft vor den Schranken des Gerichtes erscheint.

Hilde Hanika ist schwanger. Sie gibt an, sie habe sich ihrem Mann vor ihrer letzten Abreise, bei der sie mit Vesely in Prag und in Nosakow zusammen war, hingeben müssen. Er sei in der Nacht zu ihr gekommen und habe gesagt, daß er ihre Mutter wegen Fruchtabtreibung anzeigen werde, wenn ihm Hilde nicht zu Willen sei. Da sie gewußt habe, daß ihr Mann imstande sei, diese Drohung wahr zu machen, habe sie sich ihm, wenn auch mit großem Widerwillen, hingegeben. Es scheint, daß die objektive Unklarheit der

Vaterschaft an dem von der Hanika erwarteten Kinde die Richter – die Geschworenenbank war durchwegs von Männern besetzt, aber es ist fraglich, ob eine Frau als Geschworene dem Gefühl der Milde näher gewesen wäre – mit einem verständlichen Widerwillen erfüllt hat, verständlich bei Männern durchschnittlicher Bildung, erzogen in den überkommenen Grundsätzen der männlichen Moral, einem Widerwillen, das das Mitleid mit der Hilde Hanika erschlug.

Für die Charvat spricht nur, daß ihr Verschulden ebenso wie das der Hilde bloß auf der Aussage des Vesely steht, und daß sie nicht einmal von dem Kauf des Revolvers gewußt haben muß. Dann könnte für sie noch sprechen, daß sie ihre Tochter vielleicht wirklich hingebungsvoll liebt, und daß sie, wenn sie mitschuldig ist, tatsächlich aus übergroßer Liebe zu der Tochter gehandelt haben mag. Dieses Moment mag ebenso mitgesprochen haben, wie all das andere, was gegen die Charvat spricht, ihr Geschäftsinteresse an der Beseitigung des Hauptmanns, ihr Interesse, die Hilde zu benützen, ihr Interesse, die Tochter reichen Männern zuzuführen. Es ist vielleicht so, daß in Menschen dieser Moral oder Unmoral auch die Liebe zum Kind eine Form erreicht, wie sie bei Menschen, die überall nach den Gesetzen der Moral nicht nur handeln, sondern auch fühlen, nicht mehr möglich ist. Auch diese hemmungslose und grenzenlose Kindesliebe, die das Kind um den Preis eines Mordes von den Schrecken der Ehe befreien will, ist ein unmoralischer Trieb, aber ein unaufhaltsamer vielleicht, nicht vom Gehirn kontrollierter Trieb, der Trieb eines Tierweibchens. Und ist Moral nicht ein relativer Begriff? Daß sie die Tochter verkuppeln will, hat für die Charvat nichts Unmoralisches an sich, im Gegenteil, für die Charvat ist vielleicht eher die entgeltlose Hingabe einer Frau etwas Beschämendes als die entgeltliche, wie es für einen Kaufmann beschämend ist, aus irgendwelchen Gründen seine Ware unter dem Preis verschleudern zu müssen, selbst wenn er damit Leuten, die sonst nicht in der Lage wären, seine Ware zu kaufen, die Möglichkeit gibt, sich beispielsweise Schuhe für ihre nackten Füße zu besorgen. Der Kaufmann hat nicht die sittliche Befriedigung, die Nackten bekleidet zu haben, sondern bloß das unangenehme Gefühl der Beschämung über seinen Schaden und seine kaufmännischen

Irrtümer. Hat nicht jeder Stand seine eigene Moral? Man muß sich in der moralischen Welt der Charvat zurechtfinden, um sie zu verstehen, und zu begreifen, daß sie auch die Liebe zu ihrer Tochter getrieben haben mag, unaufhaltsam, daß nichts da war, diese Liebe zu hemmen, wenn man eine Seite in dieser Frau sehen will, wo sie Mitleid verdient.

Gegen den Vesely spricht vor allem die Rohheit, mit der er die Tat ausgeführt hat. Er war dem Einfluß der Frauen schon stundenlang entzogen, als er mit seinem Opfer durch die Felder ging. Er tötete den Hanika mit zwei Schüssen, von denen der zweite nach seiner Behauptung nicht mehr beabsichtigt war. Nach der Tat schleppt er sein Opfer, die Leiche des Hauptmanns, an den Füßen durch den Kartoffelacker. Er eilt zum Bahnhof und kauft sich dort Schokolade. Man ist versucht, fast zu zweifeln, daß er ein willenloses schwaches Werkzeug sei, das nach der Tat vor bitterer Reue zusammenbricht, wenn man das liest. In der Slovakei macht er mit demselben Revolver, mit dem er gemordet hat, Schießübungen, an denen sich sein ahnungsloser Vetter beteiligt. Er legt der Polizei ein umfassendes Geständnis erst dann ab, als er hört, daß seine Kusine zu anderen Männern in intimen Beziehungen steht. Jetzt erst belastet er die Hanika. Vielleicht spricht hier doch der Haß gegen die, von der er sich betrogen fühlt, mit, der Haß aus betrogener Liebe, dem sonst ähnliche Wirkung allgemein zugesprochen wird. Verschiedentliche Unwahrheiten, die allerdings nicht den Kern der Sache treffen, sind ihm nachweisbar. Er behauptet im Prozeß, nie einen Revolver vorher besessen zu haben, die Manipulation mit einer Waffe erst, kurz nach dem gemeinsamen Einkauf des Revolvers, durch den Bekannten der Hilde erfahren zu haben. Der Verteidiger der Hanika bekommt während des Prozesses einen Brief, in dem behauptet wird, Vesely habe bereits als Schüler eine Waffe besessen. Der Briefschreiber ist bereit, das vor dem Gericht zu bezeugen. Nun erinnert sich Vesely daran, es sei eine unbrauchbare alte Waffe gewesen, die er nach wenigen Tagen weitergegeben habe. Eine zweite Ungenauigkeit, die nie aufgeklärt wurde, betrifft die Zeit des Waffenkaufes, die von der Hanika und ihrem Bekannten anders angegeben wird als von Vesely. Ein drittes Moment, das in diesem

Zusammenhang mitspricht, betrifft die Erklärung der Manipulation mit dem Revolver in der Wohnung der Charvat. Vesely behauptet, die Charvat hätte sich erkundigt, ob er die Manipulation schon verstehe, die Charvat leugnet es und der Zeuge hat es jedenfalls nicht gehört. Auf weitere Unstimmigkeiten wird beim Prozeßbericht hingewiesen werden. All das wird nicht angeführt, um die Unglaubwürdigkeit Veselys zu beweisen. Das, was hier als gegen ihn sprechend angeführt wird, in erster Linie seine Rohheit und seine Kälte, ist erklärlich, wenn man die Harmlosigkeit, Gedankenlosigkeit, Jugendlichkeit dieses Menschen in Betracht zieht, der ja wirklich nichts anderes gewesen sein mag als ein automatisches Werkzeug. Die Unstimmigkeiten in seinen Aussagen können Gedächtnisfehler sein. Es soll nicht gesagt sein, daß Vesely Unrecht hat, weil man ihm diese Unstimmigkeiten nachweisen kann, daß deswegen seine ganze Aussage hinfällig und erlogen ist. Die Hanika und die Charvat lügen auch. Es soll nur angedeutet werden, daß sich alles auch anders zugetragen haben kann, als Vesely angibt. Das Urteil in diesem Prozeß wurde mit der allerschärfsten Strenge gefällt gegen die Hanika und unter Anwendung der äußersten Milde gegen den Vesely. Was Vesely sagte, wurde als wahr, was die Charvat und die Hilde aussagten, als erlogen hingestellt. Der Vorsitzende selbst ließ sich zu der Bemerkung hinreißen, daß er den Frauen nicht glaube. Es soll nicht behauptet werden, daß das Gericht Unrecht hatte, dem Vesely zu glauben, es soll nur gesagt werden, daß das Gericht Unrecht gehabt haben könnte, daß das Gericht nicht hätte, nach dem Empfinden dessen, der sich in die Materie vertieft, auf Grund der Aussagen des Täters allein die Frauen so behandeln dürfen, als sei ihre Schuld unwiderleglich erwiesen und als stehe sie nicht allein auf der Aussage des neunzehnjährigen Mörders und den Indizien des Gefühls, das gegen die Frauen spricht.

Es ist kaum anzunehmen, daß ein aus Berufsrichtern zusammengesetztes Gericht zu demselben Urteil gelangt wäre wie das Geschworenengericht. Die Geschworenenbank bestand aus Mitgliedern des kleinen Mittelstandes. Es saßen auf dieser Bank ein Maurer aus Nultsch, ein Installateur aus Holasek, ein Maurer aus Sebrovice, ein Kaufmann aus Austerlitz, ein Kaufmann aus Bohonice, ein Gastwirt aus Groß-Pavlovice, ein Hotelier aus Ivanovice, ein Drogist aus Brünn, ein Landwirt aus Leskov, ein Landwirt aus Auspitz, ein Selcher und ein Hausmeister aus Brünn. Man sieht: Leute vom Land, kleine Menschen mit einem beschränkten Gesichtskreis, sicherlich nicht imstande, die Zusammenhänge tiefer auf sich wirken zu lassen, da sie die tieferen Zusammenhänge nicht sehen. Diese Menschen lassen sich ungewollt und unbewußt von der Antipathie gegen diese kinobesuchende, tanzende, kokettierende Frau beeinflussen, da sie nicht wissen, daß das Kinobesuchen, Tanzen, Kokettieren in der Gesellschaft, in der diese Offiziersfrau verkehrt, das Alltägliche ist. Sie suchen die Ehebrüche der Frau nicht zu erklären, denn ihr Gefühl hat die Ehebrecherin schon verurteilt. Hierzu kommt, daß sie geneigt sind, an sich innerlich das Unglück jeder Ehe der Frau in die Schuhe zu schieben, denn sie zweifeln nicht, daß auch in der eigenen Ehe an den Zerwürfnissen, die gewiß auch da nicht fehlen, nur die Frau schuld ist. Die Frau hat den Mann aus dem Paradies vertrieben, die Frau ist im Gefühl dieser Männer am Unglück der Ehe auch heute noch immer allein schuld. Hinzu mag kommen, daß eine Voreingenommenheit gegen Hilde Hanika sich geltend macht, weil sie imstande war, aus den Tiefen der Gesellschaft die Offiziersfrau zu werden. Es ist die kleinbürgerliche Abneigung gegen die, die ihren Kreis verlassen, in höhere Schichten aufsteigen, eine Abneigung, die härter ist und unzugänglicher als selbst die Abneigung der höheren Gesellschaftsschichten gegen die, die in ihren Kreis einzudringen verstanden haben. Napoleon wurde nicht von den europäischen Monarchen sondern von seinen Mitleutnants vernichtet. Niemand hat den verstorbenen Ebert deswegen, weil er ein Sattler war, mehr verachtet als der deutsche Kleinbürger.

Auf der Straße vor dem Gerichtsgebäude standen die Menschen und brüllten: „Hängt sie auf!“ Eine Reihe von Zeitungen unterstützte diese Stimmung der breiten Massen. Die Zeitungen wurden von den Geschworenen gelesen, die Geschworenen hörten die Rufe der Straße. Die Masse, die Gerichtssaal und Straße füllt, hat eine suggestive Kraft, eine Kraft, der sich diese Geschworenen bei allem

Willen, objektiv und unbeeinflußt zu urteilen, wie das Gesetz es verlangt, gewiß nicht entziehen konnten.

Der Prozeß begann damit, daß die Verteidigung den Antrag auf Delegierung eines anderen Gerichtshofes stellte. Durch die Stimmung, die in Brünn herrschte, durch die Veröffentlichungen der Presse, seien die Geschworenen gegen die angeklagten Frauen beeinflußt. Das Gericht lehnte diesen Antrag ab, da ein anderer Ort nicht mehr Gewähr für die Objektivität der Geschworenen biete als Brünn.

Nach der Eidesleistung der Geschworenen wurde die Anklageschrift verlesen, sodann wurde Johann Vesely vernommen. Aus der Vernehmung seien die beiden Briefe erwähnt, die Hilde Hanika ihrem Vetter nach dessen Aussage diktiert haben soll. Der Abschiedsbrief an die Eltern schließt mit folgenden Sätzen:

„Meine letzte Bitte an Euch ist, mich mit dem Leichenwagen aus Votice überführen zu lassen und unsere Karla und die Schwarze vom Nachbarn einzuspannen. Nehmt mir auch Musik. Ihr wißt, daß ich die Musik geliebt habe und daß ich auch Pferde liebe. Ich danke Euch herzlich, grüße alle Freunde, die Toni, die Christa, die Maňa. Mit Gott! Jenik."

Der Brief an die Hilde Hanika lautet:

„Liebe Hilduschka! Infolgedessen, daß ich Dich in Prag gehört habe und selbst in Brünn mich bei meinem letzten Besuch überzeugt habe, was für einer der Karl ist und wie Du bei ihm unglücklich bist, ist mir eingefallen, daß ich mit Deinem Unglück auch meines verbinden kann und Dich so befreien. Du weißt doch gut, daß meine Eltern glauben, daß ich in einer Kanzlei bin, und ich mache indessen den Treiber der Leute; denn bessere Hoffnung in dieser Stellungskrise auf einen besseren Posten habe ich nicht und nach Hause zurückkehren kann ich nicht. Ich will dem allen ein Ende machen. Bevor ich es aber tue, will ich Dich befreien, damit meine Tat überhaupt wenigstens Dir helfe. Ich will, daß Du eine bessere Zukunft hast, als mir vergönnt war. Ich tue es, denn Du weißt, daß ich Dich als Vetter von klein auf geliebt habe und als kleiner sechsjähriger Junge an Dir gehangen bin und darum habe ich Dein Glück im Sinn. Hilduschka, ich bitte Dich darum, daß Du am Tag meines Begräbnisses persönlich auf mein Grab Blumen legst. Jenik."

Es ist wirklich schwer, aus den Briefen selbst zu sagen, von wem sie geschrieben sind. Die Phrase mit den Blumen auf das Grab am Tage des Begräbnisses scheint auf die Hanika hinzuweisen, auf die Leserin von schlechten Romanen und die Kinobesucherin.

In seiner Einvernahme bleibt Vesely fest bei der Behauptung, von den Frauen systematisch zu dem Mord angetrieben worden zu sein. Er habe sich dem Einfluß der Hilde nicht entziehen können. Auf die Frage seines Verteidigers versichert der Angeklagte, daß er geschlechtlich noch rein sei. Dann schildert er den Eindruck, den die Nachricht von der Ermordung auf die Frauen gemacht habe; als sie gehört hätten, es sei ihm gelungen, den Hauptmann zu töten, hätten ihre Augen geleuchtet.

Der Verteidiger der Charvat weist darauf hin, daß Vesely nicht die Wahrheit spreche und fragt ihn, ob er keine Präservative bei sich gehabt habe. Vesely gibt zu, Präservative besessen zu haben.

Dann folgt das Verhör der Hilde, die ihre Schuld ableugnet. Dieses Verhör entspricht dem, was sie in der Voruntersuchung angegeben hat. Sie schildert zuerst ihre Bekanntschaft mit Hanika und die Geschichte ihrer Ehe. Vesely habe ihr gesagt, er wolle ihren Gatten zur Einwilligung in die Scheidung veranlassen. Vesely habe Mitleid mit ihr gehabt. Während des Verhörs wird die Hanika plötzlich ohnmächtig. Einer der beiden Verteidiger der Hanika beantragt, daß gerichtlich festgestellt werde, daß sich die Angeklagte im sechsten Monat der Schwangerschaft befinde. Der Gerichtshof gibt diesem Antrag statt, die Verhandlung wird unterbrochen und der Gerichtsarzt stellt fest, daß die Hanika etwa vom Monat August an in anderen Umständen sei. Die Verteidigung verlangt, daß die Verhandlung mit Rücksicht darauf schonend geführt werde und fordert zur Ermahnung des Publikums auf, das die Verhandlung durch Zurufe und Unruhe stört.

Die Hanika schildert dann den Eindruck, den die Todesnachricht auf sie und ihre Mutter gemacht habe. Die Anzeige habe sie nicht erstattet, weil der Vesely den Hauptmann ja mit dem von ihr gekauften Revolver erschossen hatte, und sie fürchtete, in die Sache verwickelt zu werden. Den Vormittag des Tages nach dem Mord sei sie im Bett geblieben. Nachmittags habe sie mit der Mutter in den Zeitungen die Nachricht von der Ermordung Hanikas gelesen. Sie habe um den befreundeten Arzt geschickt und sei mit diesem in die Kaserne gegangen, um Näheres zu erfahren. In der Kaserne habe man nichts gewußt. Sie sei nach Hause zurückgekehrt und bald sei ein Detektiv gekommen und habe sie und die Mutter aufs Rathaus gebracht.

Jetzt wird Hilde Hanika mit dem Vesely konfrontiert. Diese Konfrontation ist stellenweise sehr dramatisch. Die Hanika sagt über ihr Gespräch mit Vesely in Nosakov aus:

„Ich sagte ihm, daß ich mit meinem Mann unmöglich leben könne. Weiter haben wir nichts gesprochen. Wir setzten uns auf einer Wiese nieder. Vesely schlief ein, ich schaute ihn an. Dann gingen wir nach Hause. Ich beschwerte mich, daß ich solche Qual erdulden mußte."

Vorsitzender: „Haben Sie nicht verlangt, daß er Sie davon befreie?"

„Nein."

„Von dem Erschießen Ihres Mannes war keine Rede?"

„Nein."

„Was hat Vesely gesagt?"

„Ich bleibe nicht im Posten. Hanika hat mir eine Stelle in der Slovakei versprochen, ich fahre mit Dir nach Brünn."

„Vesely, was sagen Sie dazu?"

Vesely: „Das ist alles nicht wahr. Ich konnte mich auf keiner Wiese niederlegen, da es dort nur Felder gibt."

Hilde Hanika, erregt: „Setz Dich nieder und lüg nicht! Du bist überzeugt, wenn Du lügst, wirst Du Dich heraushauen." (Zum Vorsitzenden): „Bei der Gegenüberstellung hat der Untersuchungsrichter gesagt: Fürchten Sie nichts, Vesely, Sie haben einen guten Advokaten, Sie werden nach Hause gehen."

Vorsitzender: „Darüber werden wir den Untersuchungsrichter hören. Vesely, sagen Sie es ihr ins Gesicht, wie es damals in Nosakov gewesen ist."

Vesely: „Du hast Dich damals beschwert, daß er Dich Luder und Bestie schimpft."

Hilde Hanika: „Das ist eine Lüge!"

Vesely: „Du hast noch kein wahres Wort gesprochen."

Vorsitzender zur Hanika: „Haben Sie ihn dazu veranlaßt, nach Brünn zu fahren?"

Hilde Hanika: „Ich konnte ihn nicht dazu veranlassen, weil ich wußte, daß ihn meine Mutter nicht erwarte und daß sie sich deshalb ärgern würde, wenn er mitkommt."

An interessanten Details mag aus diesem Teil der Verhandlung erwähnt werden, daß Vesely sich vor einer der Reisen ins Manöverfeld auf dem Weg zum Bahnhof photographieren ließ. Die Hilde Hanika bemüht sich, die Mutter zu entlasten. Zu einem besonderen Zwischenfalle kommt es, als Vesely zur Hanika gewendet sagt: „Du hast mich aus Prag nach Brünn geschleppt, damit ich einen Menschen erschieße, das würde ich doch nicht aus eigenem Willen tun. Heute weinst Du, weil Du nicht weißt, was Du aussagen sollst. Gestern aber bist Du vor Freude auf dem Gang von einem Fuß auf den anderen gesprungen und hast gesagt: Mutter, mach' Dir nichts draus, den Kopf können sie uns nicht nehmen."

Ein Beisitzer fragt die Hanika: „Wußten Sie, als Sie heirateten, wieviel Gehalt Ihr Mann haben werde?"

Die Hanika hat mit 1000 Kronen monatlich gerechnet. (125 Mark.)

Beisitzer: „Haben Sie eine Mitgift erhalten?"

„Nur die Ausstattung. Ich habe mir doch eine Geldunterstützung von meiner Mutter erhofft. Sie hatte eine Bekanntschaft mit einem Herrn."

Beisitzer: „Sie haben gedacht, Sie können sich den Hausstand mit Hilfe eines solchen Herrn einrichten? Das ist merkwürdig."

Dann wird die Charvat vernommen, die ihre Unschuld beteuert. Sie schildert das Verhältnis der Hanikaschen Ehe entsprechend der Aussage ihrer Tochter. Von Vesely sagt sie, er habe sich zu Hilde immer so zärtlich benommen, daß der Hauptmann eifersüchtig gewesen sei. Ob sie ein intimes Verhältnis gehabt hätten, wisse sie nicht. Sie hat den Vesely vor dem Hauptmann verborgen, damit der

Hauptmann nicht wisse, daß Vesely mit der Tochter zusammen angekommen sei. Sie habe den Vesely aufgefordert, nach Hause zu fahren. Als Vesely erfahren habe, daß der Hauptmann Sonntag Nachmittag die Hilde habe erschießen wollen, habe er gesagt, daß er es nicht mehr ruhig zusehen könne und daß er den Hanika erschießen werde, worauf die Charvat erwidert habe:

„Was liegt Dir an dem Hauptmann? Laß ihn und Du erschießt Dich auch nicht. Du bist jung, fahr' nach Hause, Dich geht die Hilde nichts an."

Vorsitzender: „Sagten Sie nicht, daß der Hauptmann seine Einwilligung zur Scheidung schon gegeben habe?" (Auf einem Zettel, den der Hauptmann bei seiner letzten Anwesenheit geschrieben haben soll.)

Charvat: „Ja, wir haben es ihm erzählt, er las es auch in der Früh."

„Trotzdem war er so aufgebracht, daß er den Hauptmann erschießen wollte?"

„Er sagte, daß er nicht mehr leben könne, er wollte aber vorher noch jemandem nützen."

Vorsitzender: „Sagte er das nicht schon einmal?"

„Ja, ich redete ihm zu, daß er so etwas nicht tun soll."

„Sie haben ihm den Zettel Hanikas gezeigt? Was hatte er noch für einen Grund, Hanika zu erschießen?"

„Er hatte die Hilde sehr gern. Er sagte, er könne sich nicht mehr erhalten, von zu Hause bekomme er nichts, für ihn habe das Leben keinen Wert mehr."

„Sie haben ihm den Revolver nicht genommen, wenn Sie wußten, daß er sich erschießen wolle?"

„Das war seine Sache."

„Na, hören Sie, wenn mir mein Neffe sagt, daß er sich erschießen werde, gebe ich ihm ein paar Kopfstücke und werfe ihn hinaus."

„Ich bin kein Grobian."

„Wann und wohin fuhr Vesely am Montag?"

„Er fuhr vormittags weg, ich glaubte, nach Böhmen."

„Er kehrte nicht mehr zurück?"

„Wieder, in der Nacht.“

Dann geht der Vorsitzende auf die Ereignisse nach der Tat ein. Mit Rücksicht auf die Bemerkung des Vorsitzenden zur Charvat: „Das ist alles schön, wenn es nur wahr ist. Sie haben viel erzählt, aber ich glaube Ihnen das nicht“ – lehnt die Verteidigung den Vorsitzenden ab, da er seiner Überzeugung von der Mitschuld der angeklagten Frauen durch einige Aussprüche Ausdruck gegeben habe. Dieser Antrag wird als verspätet abgelehnt, da Anträge auf Ablehnung eines Mitgliedes des Gerichts nach der Strafprozeßordnung 24 Stunden vor der Verhandlung gestellt werden müssen.

Bei der Konfrontation Veselys mit der Charvat kommt es zu ähnlichen Szenen wie bei der Konfrontation Veselys mit der Hilde Hanika.

Dem Gericht liegt ein Kassiber vor, den die Charvat ihrer Tochter geschickt hat: „Liebe Hilduschka, Du schaust sehr schlecht aus. Überwinde Dich und iß die Gefängniskost. Wie ich zum Rapport ging, sah ich den Jenik, er mich auch, wir sprachen uns aber nicht. Ich habe Angst, daß er gegen uns aussagen könnte, und daß er andere Tage für den Aufenthalt bei uns angeben könnte als Dienstag und Freitag. Ich werde schon nichts anderes zugestehen. Ein Herr hat mir gesagt, daß Vesely alles auf sich nehmen werde. Liebe Hilduschka, iß nur. Viele Küsse.“

Besonders der Passus: „ich habe Furcht, daß der Jenik gegen uns aussagen wird“ macht auf das Gericht Eindruck.

Dann wird Vesely über einen angeblichen früheren Vergiftungsversuch der Charvat und ihrer Tochter vernommen. Vesely behauptet, die Charvat habe ihm erzählt, sie hätte schon früher versucht, den Hauptmann mit vergifteten Wuchteln aus der Welt zu schaffen; die Charvat leugnet, das gesagt zu haben. Der Verteidiger stellt fest, daß die Anklage wegen dieses angeblichen Anschlags nicht erhoben wurde. Der Staatsanwalt erwidert, daß die Angelegenheit nur aus dem Grunde hier besprochen wurde, um zu sehen, ob Vesely die Wahrheit spricht.

In der Nachmittagssitzung desselben Tages legt der Rechtsanwalt Dr. Goller, der Verteidiger der Hanika, das Tagebuch des Hauptmanns vor, das er selbst in der Wohnung der Hanikas gefunden hat. Der Polizei war das Tagebuch entgangen. Das Gericht stellt die Authentizität des Tagebuches fest. Der Vorsitzende verliest es über Beschluß des Gerichtshofes.

Über die Zeugenaussagen wurde zum Teil schon vorher gesprochen. Es sei weiter aus diesen Aussagen angeführt:

Das Dienstmädchen der Franziska Charvat wird vernommen und schildert den Besuch des Vesely, besonders schildert sie, wie sie am Abend vor der Tat dem Vesely im Auftrag der Frau Charvat mitgeteilt habe, daß der Hauptmann seine Frau habe erschießen wollen. Vesely habe nichts erwidert, habe eine Weile Grammophon gespielt und sich dann niedergelegt. Den Vesely hat sie in der Mordnacht nicht kommen gehört. Die junge Frau (soll wohl heißen: die alte Frau) habe sie in der Nacht geweckt und ihr aufgetragen, wenn etwas geschehen solle, nicht zu sagen, daß Vesely da war, damit es nicht „auf ihn komme". Die beiden Frauen waren den ganzen Vormittag zu Hause, waren gar nicht unruhig, wie gewöhnlich. Nachmittags brachte die Austrägerin die Zeitung und sagte, daß der Hauptmann erschlagen sei. „Ich ging ins Zimmer, machte Frau Charvat aufmerksam, sie solle ihre Tochter hinaus schicken, und sagte ihr dann, was die Zeitungsausträgerin gesagt hat. Inzwischen kam Frau Hanika herein, die Charvat teilte ihr mit, daß man den Karl erschlagen habe, die Hanika nahm die Zeitung und schaute hinein, ob es wahr sei. Sie weinte nicht, nur die Charvat weinte sehr."

Vorsitzender: „Glaubten Sie, daß dieses Weinen echt war?"

Zeugin: „Damals glaubte ich es."

„Wann hörten Sie auf, daran zu glauben?"

„Als alles herauskam."

„Was dachten Sie sich, daß die Frauen mit dem Detektiv weggegangen und nicht mehr zurückgekehrt waren?"

„Ich glaubte, daß man sie eine Zeitlang in Haft behalten, dann aber gleich wieder freilassen werde."

„Bemerkten Sie nicht, als die Nachricht von der Ermordung des Hauptmanns kam, daß die Frauen schon darauf vorbereitet waren?"

„Damals nicht, aber heute glaube ich es."

„Warum glauben Sie es?"

„Weil Sie es schon wußten.“

„Wieso wissen Sie das?“

„Aus der Zeitung.“

Der Verteidiger der Charvat fragt die Zeugin:

„Als Frau Charvat das Telegramm bekam, daß Vesely mit ihrer Tochter kommen werde, was sagte sie?“

Zeugin: „Sie können dort bleiben.“

Die Zeugin B., gefragt, was für einen Eindruck das Weinen der Charvat auf sie gemacht habe, erwiderte:

„Überhaupt keinen. Obermagistratsrat C. hat mich (bei der Vernehmung) darauf gebracht, daß das Weinen eine Komödie war. C. sagte mir: Wenn sie gesagt hätten, Gott sei Dank, daß wir uns seiner entledigt haben, wäre es natürlicher gewesen.“

Eine Kollegin der Frau Hanika, die mit dieser zusammen in einem Geschäft angestellt war, sagt aus:

„Ich bin ihr einmal darauf gekommen, daß sie gelogen hat.“

Verteidiger: „Haben Sie sie als ein lügenhaftes Weib betrachtet?“

„Ich hatte den Eindruck gewonnen, daß man ihr überhaupt nichts mehr glauben könne.“

Verteidiger: „Bis zum Tode konnten Sie ihr nicht mehr glauben?“

„Ich konnte ihr nichts mehr glauben.“

Der vernommene Gefängnisaufseher wird gefragt, ob es stimme, daß Hilde Hanika, wie Vesely behauptet, vor Beginn des Prozesses gut aufgelegt gewesen sei, von einem Bein auf das andere gesprungen sei und gesagt habe: „Mütterchen, mach' Dir nichts draus, den Kopf können sie uns nicht nehmen.“

Der Zeuge hat die auffallende Lustigkeit der Hanika nicht bemerkt. Die Hanika habe ihre Mutter, die geweint habe, getröstet und ihr Mut zugesprochen.

Die Zeugin Z. wird befragt, ob sie die Hilde Hanika für ein lügnerisches Weib halte. Die Zeugin verneint. Auf die Frage, ob die Hanika die Zeugin einmal im Leben angelogen habe, erwidert die Zeugin: „In Kleinigkeiten.“

Der als Zeuge vernommene befreundete Arzt antwortet auf die Frage des Vorsitzenden, in welchem Verhältnis er zu Hilde Hanika gestanden habe: „In sehr freundschaftlichem."

Vorsitzender: „Auch in intimem?"

Zeuge: „Ich bitte, auf diese Frage nicht antworten zu müssen."

Die Aussagen der Nachbarn, die aus dem gegenüberliegenden Fenster in die Wohnung der Hanika hineingesehen haben, bekräftigen den Eindruck, daß die Hanika in intimen Beziehungen zu dem Arzt gestanden habe. Wenn Hilde Hanika trotz allem dieses Verhältnis mit dem Arzt leugnet, so scheint sie das nicht nur deswegen zu tun, weil sie befürchtet, ihr Verhältnis zu dem Arzt könne ihr Interesse an der Wegräumung ihres Gatten wahrscheinlich machen. Ein zweites Moment spricht hier mit: wenn sie das Verhältnis mit dem Arzt zugibt, ist die Vaterschaft an dem Kinde, das sie unter dem Herzen trägt, zweifelhaft und sie weiß oder fühlt, daß dieser Zweifel ihr die Gunst der Geschworenen endgültig verscherzen würde. Die Aussage des Arztes, vielmehr die Verweigerung der Aussage an der entscheidenden Stelle hat für die Hanika aus diesen Gründen katastrophale Bedeutung.

Ein Möbelhändler hat zu Protokoll gegeben, daß Frau Charvat Möbel im Wert von ungefähr 22000 Kronen bestellt habe, die sie ratenweise bezahlt habe.

Vorsitzender zur Charvat: „Vom 8. Juli 1922 bis 23. Februar 1924 konnten Sie 22000 Kronen bezahlen?"

Frau Charvat: „Ich habe das Geld von dem Herrn gehabt."

Vorsitzender: „Das ist aber ein Kavalier!"

Zum Schluß des Beweisverfahrens werden die Briefe des Hauptmanns Hanika verlesen, darunter der bereits besprochene letzte Brief des Hauptmanns an seine Frau. Sodann wird der Brief verlesen, in dem Zeugenschaft darüber angetragen wird, Vesely habe bereits in der Handelsschule einen Revolver besessen und oft damit geprahlt, daß er gut schießen könne. Vesely erinnert sich an diesen Revolver nunmehr, er habe ihn nach drei oder vier Tagen weiterverkauft. Er habe die Frage, ob er schon einmal mit einem Revolver umgegangen sei, dahin verstanden, ob er ständig einen Revolver gehabt habe.

Der Antrag auf Untersuchung des Geisteszustandes des Angeklagten Vesely mit Rücksicht auf die Wirkungen der Pubertät wird vom Universitätsprofessor Dr. Berka als überflüssig abgelehnt, da die Pubertät keinen größeren Einfluß auf den Zustand eines Menschen ausübe als zum Beispiel Erregung, Nichtausgeschlafensein, Verstimmung und so weiter.

Verteidiger Dr. Stepan zu Frau Hanika: „Frau Hanika, ich frage Sie vor Gott und Ihrem Gewissen, wer der Vater Ihres Kindes ist?"

Frau Hanika bricht in Schluchzen aus und weint.

Dr. Stepan: „Ist es Hauptmann Hanika?"

Frau Hanika weinend: „Ja."

Dr. Stepan: „Wann hat der letzte Beischlaf stattgefunden?"

Frau Hanika (fortwährend weinend): „Von Samstag auf Sonntag, bevor ich weggefahren bin."

Vorsitzender: „Sie haben gehört, daß ich Dr. S. gefragt habe, ob er mit Ihnen in intimen Beziehungen gestanden habe. Sie haben gehört, daß er die Antwort verweigert hat. Sie haben auch gehört, wie er aussagte, daß er bei Ihnen zweimal über Nacht war. Ich frage Sie jetzt: hatten Sie mit Dr. S. irgendwelche körperliche Beziehungen?"

Hilde Hanika: „Er hat sich mir gegenüber immer freundschaftlich benommen. Er hat mich bedauert. Körperliche Beziehungen hatte ich zu ihm nie."

Damit ist das Beweisverfahren geschlossen. Der Gerichtshof stellt folgende Fragen an die Geschworenen:

1. Hauptfrage: Ist der Angeklagte Johann Vesely usw. schuldig, daß er am 3. September 1923 ... auf Bestellung und in der Absicht, den Hauptmann Karl Hanika zu ermorden, auf meuchlerische Art auf dessen Kopf geschossen hat, und zwar so, daß dadurch der Tod des Kapitäns Hanika verursacht wurde?

2. Hauptfrage: Betrifft das unberechtigte Tragen einer Waffe.

1. Zusatzfrage: Hat der Angeklagte Johann Vesely aus niedrigen und unehrenhaften Beweggründen gehandelt?

3. Hauptfrage: Ist die Angeklagte Hilde Hanika usw. schuldig, in der zweiten Hälfte August und Anfang September 1923 in Nosakov und in Brünn Johann Vesely zu der in der ersten Hauptfrage

angeführten und an ihrem Mann begangenen Tat gedungen zu haben?

1. Eventualfrage betrifft die entferntere Mitwirkung an der Tat des Johann Vesely durch Bitten, Rat, Befehl, Aufforderung und Überredung und durch die absichtliche Anschaffung einer Waffe und Patronen.

2. Zusatzfrage entsprechend 1. Zusatzfrage mit Beziehung auf Hilde Hanika.

4. Hauptfrage: Ist die Angeklagte Franziska Charvat usw. schuldig, in der zweiten Hälfte August 1923 oder Anfang September 1923 in Brünn Johann Vesely zu der in der 1. Hauptfrage angeführten und an ihrem Schwiegersohn begangenen Tat gedungen zu haben?

2. Eventualfrage auf entferntere Mitwirkung.

3. Zusatzfrage entsprechend der 1. Zusatzfrage, mit Beziehung auf Franziska Charvat.

Der Staatsanwalt schildert in seinem Plädoyer den Vesely als einen wahrheitsliebenden Menschen, die Hilde und ihre Mutter als die Anstifter der Tat. Die Tat sei ein bestellter Mord und die Besteller seien die beiden Frauen. Aber auch Vesely sei für seine Tat vollständig verantwortlich. Die Tat sei umso verwerfenswerter und strafbarer, da sie Schwiegermutter und Frau vollbracht haben. Der Staatsanwalt ermahnt die Geschworenen, auf die Angeklagten keine Rücksicht zu nehmen.

Von den Verteidigern ergriff als erster der Verteidiger des Vesely, Dr. Bäuml, das Wort. Vesely habe nicht mehr Schuld als der Revolver, den er auf den Hauptmann abgedrückt habe. Er sei ein Mensch reinen Herzens und von schlichtem Wesen. In der Person, die ihn auf so dämonische Art verführt habe, habe er einen reinen Engel gesehen. Er sei verführt worden, habe nicht aus eigenem Willen gehandelt. Die Frauen hätten alle Mittel angewandt, den jungen Menschen, der sich als der Ritter seiner Kusine betrachtete, systematisch in die Tat zu treiben.

„Sie haben zu entscheiden, ob die Schuld in der reinen Seele dieses Knaben vom Lande liegt oder in der verderbten dieser städtischen Frauen. Ihr Beweggrund war der Mammon. Wir haben gehört, daß die Alte von dem lebte, was ihr ein Herr gab. Warum konnte dies nicht auch die Junge tun?... Wenn die Charvat selbst zugab, daß sie davon lebte, was ihr ein Herr schenkte, dann ist dies Prostitution... Es gibt Fälle, wo das Urteil des Schwurgerichts das Urteil der Öffentlichkeit, der ganzen menschlichen Gesellschaft ist. Dies ist ein solcher Fall... Sie haben kein Recht, Ihr Urteil anders ausklingen zu lassen als auf den vollkommenen Freispruch meines Klienten. Das Interesse, das diesem Prozeß entgegengebracht wird, ist ungeheuer groß. Ich bin überzeugt, daß sich vor diesem Haus eine große Menschenmenge ansammeln wird, um das Urteil der Volksrichter zu hören, ich bin aber auch überzeugt, daß diese Menge, wenn sie erfährt, daß das Schwurgericht Vesely freigesprochen hat, in Jauchzen ausbrechen wird."

Dr. Stepan, der Verteidiger der Frau Hanika, führt aus, daß die Masse gegen die angeklagten Frauen aufgepeitscht worden sei. Der Verteidiger Veselys habe sich von der Stimmung tragen lassen, die die Straße beherrsche. Für den Verteidiger des Vesely sei Vesely ein verführter junger Bursche mit idealen Beweggründen. Es wäre so, wenn Vesely den Mord mit seiner Liebe zu Hilde begründet hätte und nicht damit, daß er angestiftet worden sei. Er habe die, die er vergötterte, auf die Anklagebank gebracht. Wenn er nicht bei der Polizei erfahren hätte, daß sein Idol geschlechtliche Beziehungen mit dem befreundeten Arzt gehabt habe, würde Hilde Hanika nicht auf der Anklagebank sitzen. Das war der Beweggrund, warum Vesely die Hilde Hanika in diesen Sumpf hineingezogen habe. Der Verteidiger glaubt nicht, daß ein Mensch, bei dem man Präservative gefunden hat und der in Prag lebte, geschlechtlich rein sei. Der Ankauf des Revolvers durch Hilde Hanika sei mit Wissen der ganzen Familie Z. geschehen. Die Hanika hätte darauf gefaßt sein müssen, daß dieser Kauf nicht geheim bleiben würde. Vesely habe sich oft gebrüstet, wie gut er schießen könne, und hat sich auch nach der Tat in der Slovakei mit Schießübungen unterhalten. Es ist daher wahrscheinlich, daß er sich den Besitz einer Waffe gewünscht habe. „Mußte sie ihm einen Revolver kaufen, um die Tat an ihrem Mann ausführen zu lassen? Konnte sie ihm denn nicht einen Revolver von ihrem Mann geben? Gerade dieser Umstand spricht dafür, daß sich Vesely den Besitz einer Waffe gewünscht hat... Der Beweggrund, warum Vesely Hilde auf die Anklagebank gebracht hat, ist Eifersucht, als er sah, daß er für seine Tat die Folgen tragen müßte, sie aber frei war, und er mit ihr nie mehr zusammenkommen könnte... Ich bin überzeugt, daß, wenn der verstorbene Hauptmann Hanika hierher kommen könnte, wenn er hören würde, daß unter ihrem Herzen noch ein kleineres Herz schlägt, daß unter ihrem Herzen die Frucht ihrer Liebe schlägt, daß er zu ihr springen würde, sie in seine Arme nehmen würde, auf die Knie vor Ihnen fallen würde und Sie bitten würde, barmherzig zu sein."

Der zweite Verteidiger der Hilde Hanika, Dr. Goller, schildert das Milieu, in dem Hilde Hanika verkehrte. Er wendet sich gegen die Frauen aus dem Publikum, er wendet sich gegen die Gesellschaft, er spricht von den freiwilligen Zeugen, die sich gemeldet hätten, um den letzten Faden zum Strick der Hanika zu drehen. Dr. Goller erklärt den Einfluß der Abstammung und den Einfluß ihres Elternhauses auf die Entwicklung der Hanika. Er betont das ungenügende materielle Fundament dieser Offiziersehe, das der Grund zu all den Zwistigkeiten und Mißverständnissen geworden sei. „Vesely hat das, was er aussagt, erlebt. Er hat herausgefühlt, daß es der Wunsch der Hilde Hanika war, sich von Hanika zu befreien... Ich glaube Hilde, daß sie um jeden Preis Hauptmann Hanika dazu bringen wollte, daß er es endlich begreife, daß ein Mann nicht um Liebe betteln darf, bei einer Frau, die diese Liebe nicht mehr fühlt... Lassen Sie Vesely frei, meine Herren Geschworenen, doch prüfen Sie auch alles, ehe Sie die Angeklagte Hilde Hanika verurteilen..."

Der Verteidiger der Charvat, Dr. Lochmann, analysiert die Aussage des Vesely und kommt zu dem Schluß, daß seine Aussage widerspruchsvoll sei. Wenn sich die Ereignisse so abgespielt haben, wie Vesely sie schildert, so könne er nicht zum Morde angestiftet worden sein, am allerwenigsten von der Charvat, die ihn fragt: wo hast du es getan, nicht fragt: hat dich jemand gesehen, kannst du nicht festgenommen werden? Er hätte nicht gesagt: ich habe den Karl erschlagen, ich habe kein Geld usw., sondern: Tante, die Sache ist erledigt, ich habe ihn schon erschossen. Und hätte die Charvat die Dienstmagd geweckt, um ihr zu sagen, daß sie den Besuch des Vesely verschweigen möge, wenn sie die Tat angestiftet hätte? Ein Mensch, der die Nachricht von einem Mord erwartet, poltert nicht fremde Menschen aus dem Schlaf. Die „Prostituierte" habe wenig Vorteil von der Tat gehabt. Sie habe die Tochter und deren Mann ausgehalten, die beide das Geld nahmen, das von der Prostitution stammen soll. Die Charvat habe sich der Hochzeit widersetzt, weil die Tochter einer Geburtshelferin nicht einen Offizier heiraten sollte. Vesely habe für die Frau gemordet, die er liebte.

Dr. Lochmann ruft die Geschworenen an, Erbarmen mit der Charvat zu haben.

Nach Replik und Gegenreplik des Staatsanwalts und der Verteidigung resumiert der Vorsitzende das Ergebnis der Verhandlung und erklärt den Geschworenen den Sinn der vorgelegten Fragen.

Die Geschworenen beantworten die erste Hauptfrage mit neun Ja und drei Nein, die zweite Hauptfrage mit zwölf Ja, die erste Zusatzfrage mit neun Ja, drei Nein, die dritte Hauptfrage mit zehn Ja, zwei Nein, die Antwort auf die erste Eventualfrage entfällt, die zweite Zusatzfrage mit zehn Ja, zwei Nein, die vierte Hauptfrage mit einem Ja, elf Nein, die zweite Eventualfrage mit neun Ja, drei Nein, die dritte Zusatzfrage mit neun Ja, drei Nein. Damit hatten die Geschworenen die Hilde Hanika des Verbrechens des bestellten Meuchelmordes, die Franziska Charvat der Mitschuld am bestellten Meuchelmord und den Johann Vesely des Verbrechens des bestellten Meuchelmordes schuldig erkannt. Das Gericht verhängte über die Angeklagten folgende Strafen:

Es verurteilte die Hilde Hanika zum Tode durch den Strang, die Franziska Charvat zu 20 Jahren schweren verschärften Kerkers, den Johann Vesely zu 3 Jahren schweren verschärften Kerkers. Es setzte bei Vesely die Strafe, die sonst auf 10 bis 20 Jahre lauten müßte, unter Anwendung des außerordentlichen Milderungsrechtes auf 3 Jahre herab und maß diesem Angeklagten so die geringste gesetzlich zulässige Strafe zu.

Die Straße nahm das Urteil mit Beifall und Händeklatschen auf. Der Kopf der Hilde Hanika war gefallen, dem Willen der Masse war Genüge geschehen. Aber schon meldeten sich Stimmen, die darauf hinwiesen, wie viele Fragen in diesem Prozeß offen geblieben waren, wie leicht sich die Dinge anders hätten abgespielt haben können, als sie der Mitangeklagte Vesely schilderte. Es ist versucht worden, in diesem Bericht aufzuzeigen, wie die Überführung der Hanika sich nahezu ausschließlich auf die Aussage des Vesely stützte. Es mag nur noch auf die zitierten Zeugenaussagen hingewiesen werden, die so zusammengestellt wurden, daß ersichtlich wird, wie alle diese Menschen, die vor dem Gericht auftraten, der Suggestion der Presse, der Suggestion der Polizei und der Atmosphäre des Prozesses erlagen.

Die Frage, ob die Hanika schuldig war im Sinne des Urteils, wird unwesentlich, wenn man die Frage stellt, um die es uns jetzt geht: Ist die Schuld der Hanika in diesem Prozeß eindeutig und unzweifelhaft erwiesen worden? Der Unbeteiligte, der außerhalb der Atmosphäre des Prozesses steht, der das Material ohne Haß und ohne Eifer prüft, und der seinen Kopf von Stimmungen und Vorurteilen freizuhalten sucht, kann sich des Eindrucks nicht erwehren, daß die Geschworenen ihr Schuldig mehr von Gefühlen, Sympathien und Antipathien getrieben und der Stimmung der Öffentlichkeit erliegend, als auf Grund unzweideutiger und unumstößlicher Beweise gefällt haben.

Sämtliche von der Verteidigung eingelegten Rechtsmittel blieben ohne Erfolg. Das Urteil wurde vom Obersten Gerichtshof bestätigt, das bloß der Berufung des Staatsanwalts im Falle Vesely stattgab und Veselys Strafausmaß von 3 auf 6 Jahre erhöhte.

An dem oben über das Urteil Ausgeführten ändert sich nichts, wenn wir hören, daß die Hilde Hanika im Kerker, vielleicht bewegt durch den Anblick ihres neugeborenen Kindes, eine schriftliche Beichte abgelegt hat, in der sie sich teilweise schuldig bekennt. Im Gegenteil: Gerade der Umstand, daß diese Beichte, in der die Hanika ihre Mutter der unmittelbaren Anstiftung des Mordes beschuldigt, nicht weniger Wahrscheinlichkeit für sich hat als das, was die Geschworenen für erwiesen annahmen, der Umstand, daß die Darstellung der Hanika einleuchtet, mindestens ebenso einleuchtet, wie all das, aus dem man auf die Hauptschuld der Hanika geschlossen hat, verstärkt die Einwendungen, die man oben gegen das Urteil erhoben hat.

Die Beichte der Hilde Hanika wurde zum großen Teil in dieser Darstellung vorweggenommen. An dieser Stelle sei bloß gesagt, daß Hilde Hanika zwar zugibt, von dem Mordplan gewußt zu haben; der Plan aber sei von der Mutter ausgegangen, welche erklärt habe, sie könne die Zerwürfnisse der Eheleute nicht länger mit ansehen, man müsse dem allen ein Ende machen und den Hauptmann ermorden. Die Hanika habe diesen Plan nach langem Widerstreben und nur widerwillig unterstützt, aber gerade in den entscheidenden Stunden habe sie die Mutter ausdrücklich gebeten, von diesem entsetzlichen Plan abzulassen. Sie habe die Wahrheit bisher nicht gestanden, weil sie die Mutter habe schonen wollen und weil die Mutter sie gebeten habe, die Schuld auf sich zu nehmen, da das Gericht gegen die junge schwangere Frau milder sein würde als gegen die alte Geburtshelferin.

Die Verteidigung der Hanika verlangte auf Grund dieser Beichte die Wiederaufnahme des Prozesses. Das Interesse der Charvat an der Beseitigung des Hauptmanns war in der Prozeßverhandlung nach Ansicht der Verteidigung nicht genügend beleuchtet worden. In einem neuen Verfahren müsse diese Frage beleuchtet werden, zumal die Hilde Hanika in der Beichte hierzu neues, für die Frage der Schuld entscheidendes Material vorbringe. Das Straflandesgericht in Brünn hat aber ebenso wie das Oberlandesgericht als zweite Instanz dem Gesuch der Verteidigung um Wiederaufnahme des Verfahrens nicht stattgegeben.

Hilde Hanika mußte den grauenhaften Tod durch den Strang nicht erleiden. Der Präsident der Republik hat auf das Gnadengesuch der Hanika die über sie verhängte Todesstrafe in eine fünfzehnjährige schwere Kerkerstrafe verwandelt. Nach Erschöpfung aller Rechtsmittel war es der Gnadenakt, der verhinderte, daß die dem Gefühl nach noch immer offene Frage nach dem Grad der Schuld der Hanika nicht radikal und unwiderruflich durch ihre Hinrichtung beantwortet wurde.

Wir, die wir die Hilde Hanika als Produkt von Erziehung, Umgebung und Abstammung zu verstehen gesucht haben, haben ihr viel verziehen, was ihre geschworenen Richter ihr nicht verzeihen konnten. Denn wir wissen, wie sehr die Handlungen der Menschen aus dunklen Trieben fließen, denen oft der Stärkste nicht widersteht. Wir bestreiten der Gesellschaft nicht das Recht, das Verbrechen zu verurteilen, um sich zu schützen. Aber wir maßen uns das Recht an, vor dem Forum unseres Gewissens zu verstehen, mitzufühlen und zu verzeihen.

Verstreute Erzählungen

Heilanstalt

Hans Suchander liegt in einem weißen, ganz weißen Zimmer. Hohe grüne Bäume rauschen ihren Duft herein. Diese Luft soll kranken Lungen gut sein, sagen die Ärzte.

Suchander liegt den ganzen Tag lang im Zimmer und schaut gegen die Zimmerdecke. Von Zeit zu Zeit hustet er.

Suchanders Hände sind immer kalt und feucht wie seine Stirne. Doch er leidet keinen Schmerz. Er fühlt eine angenehme Schlaffheit in den Gelenken, eine wohlige Mattigkeit in den Füßen.

Manchmal denkt er:

„Wenn man nur nicht sterben müßte! So jung!"

Aber er ist zu müde, um lange darüber nachzudenken oder sich gegen den Tod zu wehren. Er ist ja so schwach, so müde!

Wenn die Schwester kommt, lächelt er.

An sonnigen Tagen schieben sie Hans Suchander in einem Rollstuhl in den Garten. Das blasse Mädchen, das so entsetzlich hustet, fahren sie auch heraus.

Suchander und Lo sitzen einander gegenüber. Selten fällt ein Wort. Abwechselnd greifen Lo und Suchander nach dem kleinen grünen Fläschchen mit dem metallenen Deckel, das jedes neben sich stehen hat.

Sie ist so blaß und so mager, denkt Suchander. Arme Lo. Wie jung sie ist! Und wie schrecklich sie hustet. Sie wird auch nicht lange leben. Lo wird bald sterben, früher noch als ich.

„Ist Ihnen besser, heute?" fragt Lo. Suchander nickt leise.

Armer Junge, denkt sie. Der muß nun bald sterben. Da gibt es keine Hilfe, hat die Schwester gesagt. Wie schrecklich er hustet! Und was für glühende Flecken er auf den Wangen hat.

„Ich habe gehört, daß Sie Student sind. Was studieren Sie denn?"

„Ich wollte Musiker werden."

„Sie müssen mir vorspielen."

„Der Arzt hat es verboten. Ich rege mich sehr auf dabei... Ich habe lange nicht gespielt."

Lo schlummert. Ihre zarte Brust hebt und senkt sich unregelmäßig. Lo lächelt.

Ein Wunder könnte mich retten, mich und Lo, denkt Suchander. Ein Wunder. Er schließt die Augen.

Für uns, denkt er, gibt es nicht Frühling, nicht Sommer mehr. Überhaupt keine Jahreszeiten. Nicht Liebe, Freundschaft. Wir liegen nur ruhig und warten. Warten auf den Tod. Vielleicht sollten wir beten, daß wir noch nicht sterben. Daß wir leben bleiben; nur irgendwie, krank ans Bett gefesselt, wenn es sein soll, leben bleiben. Wie lange ist es her, daß ich jung war? Ich ging, ich sprach mit vielen Menschen, ich musizierte. Wie lange ist es denn her, daß ich ein Kind war? Ich ging in die Schule mit einer Schultasche. Ich hatte die einzige braune Schultasche mit Nickelschnallen in der Klasse. Ich war auch damals immer stiller als die anderen Jungen. Ich wollte nicht mit ihnen spielen. Vielleicht, weil der Tod schon damals in mir war. Als ich ganz jung war. Mir ist, als sei ich nun alt, sehr alt. Manchmal scheint mir, als sei die Schwester schon ungeduldig mit mir, als dauere es zu lange.

„Wann werde ich sterben, Schwester?“ fragt Suchander leise, um Lo nicht zu wecken.

Die Schwester blickt vom Buch auf.

„Ach, nächstes Jahr um diese Zeit laufen Sie wieder herum.“

Die Schwester hat schon viele sterben gesehen. Sie hat das schon vielen gesagt.

Suchander lächelt. Vielleicht ist es doch möglich, denkt er. Vielleicht. –

Lo wird nun nicht mehr in den Garten gerollt. Suchander fühlt die Einsamkeit so schwer auf sich, daß er auch lieber im Zimmer bleibt.

„Warum kommt Lo nicht mehr in den Garten?“ fragt er immer wieder die Schwester.

„Lo ist sehr krank,“ sagt die Schwester.

„Dann will ich zu ihr!“

„Das hat der Arzt verboten, Sie haben es doch gehört!“

„Wird sie bald wieder kommen? Oder wird das noch lange dauern?“

„Ich glaube!... Ich weiß nicht."

Da weiß Suchander, daß die blasse Lo nun nicht mehr hustet, daß man auch sie nachts hinausgetragen hat wie schon so viele aus diesem Haus, heimlich, im Dunkel, wie man wohl bald auch ihn hinaustragen wird. Er fragt nicht weiter: er will es nicht hören, daß Lo nun tot ist.

Ob Lo wohl hart mit dem Tode gekämpft hat oder ob sie eingeschlafen ist, um nicht mehr zu erwachen? Es muß entsetzlich sein, ahnungslos zu entschlummern! Aus Sonne, Licht, von Mädchen, Männern, Kindern weg in einen ungeheuren Abgrund! Es ist schön, auch wenn man sie nicht sehen kann, um alle Dinge, um Bäume, Hunde, Zirkusse, Kaffees, Musik, Schnee, Tänze – was gibt es doch nur alles! – um alles, alles zu wissen! Und dann... Nichts! Vergessen werden! Nichts heißt: unendlich leeres schwarzes Grauen. Man müßte Mittel finden gegen das Sterben. Unmöglich ist ja nichts! Die Ärzte, alle Menschen müßten Tag und Nacht nichts anderes tun: nur rastlos nach einem Mittel suchen... Zu spät! Suchander ist doch verloren. Rettungslos. Dieser Körper, ja dieser feuchte schwache Körper, diese Hand, die auf der Decke liegt, seine Hand, verurteilt sich aufzulösen... Zu vergehen!

Suchander richtet sich mühevoll auf.

„Schwester," sagt er, „Schwester, Sie müssen mir helfen!"

Die Schwester blickt ihn verständnislos-innig an.

„Ich habe wohl bloß schlecht geträumt!" sagt er.

Suchander sinkt in die Polster zurück. Die Schwester trocknet mit einem feinen Tuch den Schweiß von seiner Stirne.

Brief an eine Frau

Gnädige Frau!

Als ich mich gestern wieder einmal, wie ich es so gerne tue, planlos durch die gedrängten Straßen treiben ließ, sah ich Sie plötzlich vor mir. Einen Augenblick lang ruhte Ihr Blick auf mir, verwundert mich zu sehen; dann waren Sie wieder vorbei. Ich wandte mich um. Sie nahmen den Arm Ihres Begleiters. Noch konnte ich einige Sekunden Ihre kleinen energischen Füße sehen, dann war alles verschwunden.

Gnädige Frau, wie lange ist es her? Vor dem Krieg war es. Ich erinnere mich so deutlich, als wenn es gestern gewesen wäre, da wir auf dem Wiener Perron Abschied nahmen, als ich zurückblieb und dem weißen wehenden Taschentuch nachblickte, indes sich der Zug langsam aus der Halle entfernte und Sie mit sich nahm. Ich erinnere mich so deutlich dieser fünf Tage im Herbst, als wenn nicht sechs Jahre seither vergangen wären. Fünf Tage im Herbst, fünf glückliche Tage im Herbst! Bekanntwerden im überfüllten Zug auf der Fahrt von der Sommerfrische an einem See in den Bergen und dann fünf Tage, der Wirklichkeit gestohlen, fünf verborgene Tage, heimliche Tage, unwiederbringlich vergangene Tage! Episode? Sagen Sie das nicht. Über eine Episode lächelt man. Aber ich glaube, auch Sie werden nicht über diese Tage lächeln. Auch Sie, gnädige Frau, werden gestern am Arme Ihres Begleiters, Ihres Gatten vielleicht, gefühlt haben, daß das, was uns miteinander verbindet, keine blasse Erinnerung ist, sondern noch immer lebendiges Glück in uns.

Wissen Sie noch von der Fahrt nach Rodaun? Wissen Sie noch von der einsamen Gemäldegalerie, in der uns ein invalider Diener naiv Erklärungen der Bilder aufdrängte? (Was kümmerten uns die Bilder!) Wie das Trinkgeld seinen Zweck verfehlte und der Alte sich verpflichtet fühlte, uns erst recht durch die Säle zu begleiten? Wissen Sie noch, wie wir gemeinsam im Restaurantgarten nachtmahlten? Es war so kühl, daß wir ganz nahe aneinander rücken mußten. Und erinnern Sie sich noch des einfachen Studentenzimmers im 9. Bezirk? Sie kamen für fünf Minuten, nur es ansehn kamen Sie, damals am letzten, am allerletzten dieser glücklichen Tage und blieben doch zwei Stunden, so daß wir zu spät in die Oper kamen, in der sie damals „Traviata“ spielten, ja, „Traviata“, so gut erinnere ich mich daran!

Ehe Sie wegfuhren, sagte ich: Das kann kein Abschied für immer sein. Das Schicksal kann nicht wollen, daß wir nur fünf Tage glücklich sind. Sie aber sind eine bessere Prophetin gewesen. Sie glaubten nicht, daß dieses Glück sich einmal fortsetzen ließe. Sie wollten es vielleicht auch nicht. Und vielleicht hatten Sie recht. Vielleicht ist das größte Glück das, das schnell verfliegt wie unsere fünf Tage, von dem man auch nicht ein Zipfelchen zurückbehält, um das Glück daran zu halten, ein schäbiges kleines Endchen, nein, das ganz und gar fort ist mit einem Mal. Nicht einmal Ihre Adresse ließen Sie mir zurück! Ich wußte nur, daß Sie zu einem Mann fuhren, den Sie auch liebten. Und das schien mir kein Widerspruch. Es war ja alles so wunderbar.

Nun sehe ich Sie wieder, in einen Pelz gehüllt, aus dem kaum die Augen und ein Stückchen Nase herausblickt. In der Menge fremder Menschen gehen wir aneinander vorüber, einander fern und niemand ahnt, daß wir einander ein kleines Stückchen Zeit lang ganz nahe gewesen sind. Damals vor sechs Jahren im Herbst, als wir sechs Jahre jünger waren... Wir konnten Alles um uns versinken lassen, auf einer einsamen Insel waren wir fünf Tage lang, nichts um uns als unser Glück. O wie dumm waren wir, wie dumm war ich, daß ich vergaß, schon damals ein Wiedersehen vorzubereiten! Oder war es klug, die wenigen Stunden nicht daran zu denken, Sie nicht zu quälen, nicht in Sie zu dringen, Sie nicht zu bitten, Listen zu ersinnen, unter deren Schutz wir wieder einander hätten zueilen können? War es klug, nichts zu denken in diesen Tagen als dieses Glück, diese Umarmung, diesen Kuß, diesen immer neu und immer wieder zum letztenmal geschenkten und genossenen Kuß? Ich bin noch immer so dumm wie damals, gnädige Frau, und habe mich seither noch oft ganz dumm in Frauen verliebt. Denn ich habe das große Glück, die Frauen nicht zu verstehen. Und so kann ich noch immer wie damals ergriffen sein von einer kleinen Bewegung der Hand, von einem Lachen, das die Unglücklichen, die sich einbilden, die Frauen zu verstehen, vielleicht kokett nennen würden, und dankbar eine Hand küssen und eine Stunde glauben, wenn eine Frau mir sagt, daß sie mich liebt. Noch immer kann ich erschüttert sein und hingegeben in der Liebe zu einer Frau. Und trotzdem ich seither manche Stunde erlebt habe, die ich nicht aus meinem Leben streichen wollte, leuchtet das Glück unserer fünf Herbsttage mir noch immer seliger als jedes andre Licht. Das waren Tage, die der Zeit unter die Räder gefallen waren, die wir aufhoben, wissend, daß wir sie im Augenblick mit jedem Schritt für alle Zeit erfüllen müßten, wissend, daß wir, sie genießend, sie zugleich verloren.

Als ich Sie von Sommersonne Braungebrannte, Schlanke, in den Armen hielt, fragten Sie: „Wissen wir, ob es nur eine Laune ist oder ein tiefes Gefühl?" Ich glaube, daß ich darauf antwortete: „Wissen wir das je? Und ist denn diese Frage entscheidend? Sieh, sind diese Tage nicht wie ein Traum?" – Sie: „Wenn es eine Laune war, ist es gut, daß sie bald vorüber ist. Wenn es ein tiefes Gefühl war, werden wir dieser Tage denken und uns freuen. Und vielleicht werden wir einander wiedersehn." – Gewiß, darin liegt keine Logik. Aber Dämmerung war im Zimmer, Sie waren so schön und Sie sagten es so schön und Sie schmiegten sich fester an mich. Ich hätte weinen mögen, so glücklich war ich.

Nun habe ich Sie wiedergesehen. Sie gingen an mir vorbei und einen Augenblick ruhten Ihre Augen auf mir. Ich ging noch lange in den Straßen umher. Dann ging ich nach Hause und schrieb diesen Brief. Vielleicht fällt diese Zeitung in Ihre Hand. Vielleicht lesen Sie diesen Brief, der für Sie bestimmt ist. Ich will nicht das Schicksal spielen und fortsetzen, was vorbei ist. Ich will bloß, daß Sie eine Visitekarte nehmen – haben Sie noch immer so schmale, lange, rötlichschimmernde Karten? – eine Karte nehmen und mir schreiben (nicht mehr als das): „Auch ich erinnere mich gern!"

Ich küsse in großer Dankbarkeit Ihre Hände...

Traum

........entstand aus Laub und Bäumen, hob das Schwert über das Haupt, schwang es gegen mich, drohend. Mehrmals drehte er so den Baum um das Haupt, hoch in der Luft, daß die Zweige rauschten. Ich glaubte, daß ich taub werden müsse von diesem ungeheuren Rauschen. So kam er auf mich zu und ich erkannte ihn, als ich seinen Kopf sah, den er in der Hand hielt und auf mich schleudern wollte. Ich konnte nicht entfliehen und nicht schreien und fürchtete mich ungeheuer vor dieser blutigen Masse rohen Fleisches wie es auf den Stangen der Fleischhauer hängt, daß es mir naß und kalt ins Gesicht schlage. Ich schrie, bis die ganzen Säle des Schlosses an mir vorüber glitten bis zum letzten, wo die Mutter stand. Sie war zu Boden gebückt und sagte, daß sie den Lakaien verloren habe, denn es brenne. Und die Tante stürzte mit Marie aus der Hütte und hatten die großen schwarzen Bleche mit Kirschenstrudel auf der Hand und schrien und liefen auf der Straße fort. So setzte ich also das Indianerspiel mit meinem Bruder Felix fort und sah plötzlich, daß er aus der Brust blute, ein dreieckiges Hautfetzchen war abgegangen, ich dachte an Christus und weinte noch, als sich schon die Professoren zum Tisch setzten, mich zu prüfen. Der Langbärtige fragte mich nach dem Indikativ von Herodes, den ich fehlerlos in russischer Sprache aufsagte. Der Langbärtige erkannte mich nicht, aber ich sah unter dem Bart das blutige Dreieck schimmern. Ich wußte nicht, warum mein Bruder russisch mit mir sprach, wie in Sebastopol auf dem Schiff in der Matrosenrevolte. Ich hatte das Fleisch zerlegt und die Matrosen kamen herein und lachten und fraßen es roh. Mir graute, weil ich das Fell der Katze um die Brust hatte, wie die Mutter es umgebunden hatte, damit ich mich auf dem Weg in die Schule durch den Schnee nicht erkälte. Da kam ich zum Denkmal von Cyrill und Methud an der Kreuzung und wollte in die Ziegelei gehen, bevor die Hunde bellten, sie bellten so schrecklich, besonders der vom Fleischer. Ich wunderte mich, daß sie nicht losschlugen und daß alle Mädchen aus dem Ort zum Brunnen gingen mit Gebetbüchern und die Glocken begannen zu schlagen, trotzdem

Ostern war, nur unser Mädchen war über Land und nicht zurück um zehn Uhr abends und die Großmutter fürchtete sich, weil Abend war und die Leute sind abergläubisch, fürchten sich vor wilden Hunden, man hört sie durch den ganzen Ort und wenn man auf der Landstraße ist, aus allen Dörfern ringsherum. Ich mußte eilen, in das Dorf zu kommen, wohin der Vater gegangen war, und das Rad hatten sie gebracht, auf dem er fuhr und es war blutig und man sagte: Ja, beim Wirt in Lisic. Aber die Abgeordneten erwarteten mich und schickten mich in die Kanzlei wegen der Legitimation und der Lehrer Meyer verfluchte mich wegen der Fingernägel, bevor er mir die Legitimation gab. Ich konnte es lesen: Abgeordneter Pernerstorfer. Da weinte ich sehr, weil ich erschossen war und bat meinen Bruder, daß er mir aufhelfe, aber er hob nur die Hand, daß ich es höre und nun hörte ich es auch. Es war ein ungeheueres Getöse, von Anfang an dasselbe Getöse, ein Getöse von Glocken, ich hatte es von Anfang an gehört, immer in meinen Ohren, alle Glokken aus den Dörfern, sie schlugen zugleich und ich konnte nicht erkennen, welche es war. Aber ich mühte mich sehr. Felix wies vom Balkon auf die Straße, die Burschen pfiffen, wir sollten herunter, die Türe war zugesperrt, an der Rinne oder an einem Strick. Aber die Glocken läuteten so laut, daß wir nicht konnten. Ich ging also weiter und trat in den Wald, den Jungwald, hinter der Bastei fing der Jungwald an und ich fand wieder Svetly aus der dritten Klasse mit blau angelaufenem Gesicht an einem kleinen Bäumchen erhängt. Ich erinnerte mich deutlich von früher daran, ich erinnerte mich, daß ich es die ganze Zeit schon gewußt hatte, und ich hatte mit allen davon gesprochen. Da erschrak ich sehr und wollte aus dem Wald fort. Die Mädchen flüsterten an den Haustüren und in den dunklen Winkeln und ich wollte mich hinwenden, und ich hörte aus der Küche rufen, denn die Tür war offen und sie buken zu den Feiertagen, aber ich konnte nicht weiter und mußte mich niedersetzen, gerade bei der Mühle, aus der unsere Loisie heraussah, aber sie drohte mir bloß, weil ich mitten auf den Schienen saß und der Zug kam, der mittags, der nicht hielt und es war niemand in der Nähe und die Leute schrien und winkten mit Fahnen, aber es gab keine Hilfe, ich war an dem Baum angebunden und wollte schreien, aber ich konnte nicht und ich weinte, denn ich hatte furchtbare Sorgen. Die Großmutter briet mir also einen Apfel und ich wollte ihn essen, da erinnerte ich mich, daß die Großmutter gestorben war, als der Vater so weinte und der Onkel Max, ich hätte es nie gedacht und ich wollte es nicht glauben. Ich erschrak über die Großmutter, aber ich lachte gleich, weil sie es gewiß nur tat, weil ich das Schlucken hatte, damit es vergehe, wenn ich erschrecke und darum läuteten alle Glocken. Aber nun hatten sie zu schießen begonnen. Ich lief die Straße zurück, bis ich zum Roten Teich kam und man sagte mir, daß hier die Schlacht bei Königgrätz beginnen sollte und ich erschrak, weil ich diese Schlacht gelernt hatte und nicht helfen konnte. Ich wollte vom Pferd steigen, da kamen schon von allen Seiten, ganz gelb, die Russen aus der Erde und ich drehte mich um, denn ich sollte helfen, die Spritze aus dem Spritzenhaus zu ziehen, weil man den entsetzlichen Feuerschein sah am schwarzen Himmel aus unserem Fenster in der Richtung nach Sebranic. Die Leute liefen am Haus vorbei und die Hunde bellten und die Schwester weinte, als der Vater auf die Straße lief. Aber der Polizeimann Vavra bemerkte es und er nahm uns die Glaskugeln weg und verprügelte einen nach dem andern und ich wollte die Schlacht bei Königgrätz rasch doch noch aufsagen, ehe es vorbei war, aber der Feldwebel winkte ab, denn der Landesschulinspektor war schon lange ins Zimmer gegangen. Er aß mit dem Vater und man brachte Wein und Schweinebraten und sie aßen es miteinander und ich stand vor der Ziegelei und mir fiel alles ein und ich wurde traurig und es war ganz finster und ich mußte sehr weinen. ....

Colberts Reise

Colbert begann seine Reise 1910. Er starb 1911 infolge der Erregungen, die sie mit sich gebracht hatte. Modlizki hatte ihn zu schwer enttäuscht. Man kann Colberts Grabmal auf dem Friedhof der Stadt sehen. Es besteht aus einem weißen Marmorkreuz und trägt die einfache Inschrift:

Hier ruht Josef Colbert
geboren am 14. III. 1859, hier,
gestorben am 7. V. 1911, ebendaselbst

Er wurde demnach zweiundfünfzig Jahre alt.

Der Reise geschieht in dieser Inschrift nicht Erwähnung.

Die Enttäuschung Colberts war um so schwerer, als Modlizki von frühester Jugend an in Colberts Hause aufgewachsen war. Modlizki nämlich war niederer Herkunft – sein Vater war ein Säufer gewesen und auf nicht rühmliche Art aus dem Leben geschieden. Er war bei einem Diebstahl ertappt worden, von einer Leiter gefallen und sogleich gestorben, ohne für seine letzte Sünde Absolution empfangen zu haben. Modlizki erinnerte sich dessen nicht gern und wich Gesprächen über seine Abstammung schamhaft aus.

Colbert hingegen rühmte sich französischen Blutes. Sein Urgroßvater, erzählte er, sei aus Nancy eingewandert. Colbert behauptete, hierüber ein Dokument zu besitzen. Er lächelte über Sitten und Gebräuche seiner Mitbürger und ließ seine bessere Art auch äußerlich erkennen. So trug er den Kinnbart französisch geschoren und den dünnen Schnurrbart an der Nase aufwärts gedreht. Den Kopf wusch er mit wohlriechenden Wassern, und seine Glatze soll darum so zart und rosig geschimmert und sich weich angefühlt haben wie ein feines samtenes Tuch. Zudem flocht Colbert französische Worte in seine Rede, wenn auch er keine große Auswahl hierin besaß. Es schien ihm dies einem Mann von Welt angemessen, und er behauptete, man könne so Eloquenz kosmopolitisch gestalten. Über diesen Punkt sprach er des längeren mit Modlizki, der ihm aufmerksam zuhörte und von Zeit zu Zeit, ergeben mit dem

Kopf nickend, seiner Zustimmung Ausdruck verlieh, aus vielleicht falscher Auffassung vom Wesen der Bescheidenheit nicht wagend, seinen Herrn und Wohltäter um eine nähere Erklärung dieser Behauptung zu bitten.

Modlizki versah in dem Häuschen am Rande der Stadt, das Colbert mit Frau und Tochter bewohnte, alle Dienste. Er war Pförtner, Gärtner des kleinen Vorgartens, ging hinter Frau Colbert auf den Markt und trug die schwere Tasche, reinigte Kleider und Schuhe, war den Frauen sogar in der Küche beim Kochen behilflich, denn er war der einzige Diener des Hauses. Da er als Kind noch von den damals Kinderlosen aufgenommen worden war, war seine Stellung im Hause immer eine sonderbare gewesen. Er aß am Familientisch mit den anderen, nachdem er die Schüsseln aus der Küche geholt hatte. In kluger Mäßigung aber saß er still und antwortete nur, wenn eine Frage an ihn gerichtet wurde. Gleich nach Beendigung des Mahles erhob sich Modlizki und verließ das Zimmer, nachdem er sich stumm gegen den Tisch zu verneigt hatte. Colbert freute sich der wohlerzogenen Bescheidenheit seines Dieners täglich von neuem und erwiderte lächelnd seinen Gruß. Modlizki wusch das Geschirr in der Küche.

Colbert hatte bis zu seinem vierzigsten Lebensjahre das Geschäft, das er von seinem Vater geerbt hatte, eine ansehnliche Handlung mit Kolonialwaren, betrieben. Vierzigjährig hatte er sich das Haus gekauft, das in dem neu entstandenen Landhausviertel gelegen war, und sich vom kaufmännischen Leben zurückgezogen. Er hatte seine Geschäfte mit Glück geführt und vollendet, und seine Tochter hatte dereinst eine ansehnliche Erbschaft zu erwarten. Colberts Tochter hatte in der Taufe den Namen Amélie erhalten. Dies hinderte die Mutter zu Colberts Verdruß nicht, das Kind schlechtweg Maltscha zu nennen, um so den etwas ungewöhnlichen Namen dem der Sprache des Umgangs anzupassen.

„Mon dieu,“ pflegte Colbert zu sagen, „was machen Sie aus dem Namen meines einzigen Kindes, Mélanie!“

Milena Colbert, die Gattin, aber hörte nicht auf Colberts Vorhaltungen. Manchmal zuckte sie, statt zu antworten, spöttisch die Achseln, manchmal aber erwiderte sie schroff:

„Laß mich mit deinen Schrullen. Die ganze Stadt lacht schon über uns.“

Da knöpfte Colbert sein Jackett bis zum letzten Knopf zu und verließ das Zimmer. Er schritt die Treppe hinab und blickte zu Modlizkis Kammer. Wenn Modlizki nicht da war, fand er ihn im Garten. Er beklagte zu ihm das Unverständnis seiner Frau. Modlizki sah seinen Herrn ruhig an, und wenn dieser, einen Trost verlangend, ihn nach seiner Meinung fragte, pflegte er zu sagen:

„Wir müssen es hinnehmen, Herr Colbert.“

Diese Antwort versetzte Colbert in große Rührung. Sei es, daß an und für sich seine Stimmung in solchen Augenblicken der Rührung leicht geneigt war, sei es, daß das „wir“ Modlizkis Colbert zeigte, wie sehr alles, was ihn traf, auch den Diener treffe, und daß das aufsteigende Gefühl, nicht einsam zu sein, einen Genossen im Leid zu besitzen, die plötzliche Wallung hervorrief. Colbert schüttelte gerührt Modlizkis Hand.

In solch einem Augenblick geschah es, daß Colbert Modlizki sich zum Begleiter ausersah und ihm den Plan der Reise enthüllte.

Sie standen in Modlizkis Zimmer, einer einfenstrigen Kammer, die nichts enthielt als Modlizkis Bett, einen Schrank und das Bild eines Heiligen. Colbert sah Modlizki einen Augenblick lang schweigend an. Er atmete schwer.

„Komm,“ sagte er dann entschlossen.

Er führte ihn auf den Dachboden. Vor einer versperrten Tür blieb er stehen. Er zog den Schlüssel aus der Tasche und öffnete.

Sie traten in eine Kammer, in die durch eine Dachluke spärliches Licht fiel. Colbert wandte sich Modlizki zu.

„Hier,“ sagte er.

Er hatte Modlizki am Knopf seiner Jacke ergriffen.

„Nun will ich es dir anvertrauen, mon cher! C'est le secret de ma vie! Es ist das Geheimnis meines Lebens!“

Er sprach ernst und feierlich.

Modlizki hatte den Kopf mit den kurzgeschnittenen schwarzen Haaren leicht geneigt.

„Ich weiß, daß du mir anhängst,“ sagte Colbert. „Ich habe dich als Sechsjährigen aus dem Waisenhaus des Klosters zu mir genommen und dich gehalten wie mein Kind. Mon enfant, du wirst mich nicht verraten!“ Er kämpfte mit den Tränen.

„Wollen Sie meiner niederen Herkunft vergessen,“ sagte leise Modlizki.

„Quelle naïveté, mon ami! Wer spricht davon?“ Colbert ging in der Kammer auf und ab. Wenn er sich der Luke näherte, mußte er den Kopf senken. Denn das Dach stand hier niedriger über dem Boden. „Wer spricht von deiner Geburt? Du sollst über alles, was du erfährst, schweigen, Modlizki, hast du mich verstanden, as-tu compris?“

Modlizki nickte gemessen mit dem Kopf. Seine Augen sahen Colbert ernst und groß an. Dieser Blick Modlizkis war das einzige, was Colbert an seinem Diener nicht gefiel, trotzdem gerade die Augen das Schönste in Modlizkis Gesicht waren. Seine Nase war lang, die Farbe der Haut braungelb. Modlizkis Augen aber lagen unter langgezogenen schwarzen Brauen, waren lang bewimpert und selbst schwarz und groß. Colbert vermochte sich nicht Rechenschaft darüber zu geben, warum er diesen Blick Modlizkis nicht ertrug. Er hatte das Gefühl, als erinnere er an etwas Unangenehmes. Die Augen ruhten fest auf Colbert. Wenn Modlizki so vor ihm stand, in seiner schwarzen Tracht, den Kopf leicht gesenkt, ein Bild gemessener Bescheidenheit, war dieser Blick dem andern fremd und nicht entsprechend.

„Er ist unangemessen,“ dachte Colbert und wandte sich ab. Er sah einen Augenblick lang schweigend durch die kleine Öffnung der Dachluke. Dann kehrte er sich wieder Modlizki zu.

„Bon,“ sagte er, „ich vertraue dir, Modlizki.“ Er machte eine kleine Pause. Dann sagte er langsam, Wort für Wort absetzend: „Ich habe mich entschlossen zu verreisen.“

Er trat einige Schritte zurück und sah Modlizki an. Aber Modlizkis Haltung veränderte sich nicht. Hatte Modlizki nicht begriffen?

„Ich werde verreisen, Modlizki!“

„Hier,“ sagte er und wies mit der Hand auf einen Haufen von Büchern, der geschichtet in einer Ecke stand.

Modlizki trat näher.

„Paris!“ Colbert unterdrückte das „s“ am Ende.

Es waren Lehrbücher der französischen Sprache, Phrasensammlungen für Reisende, Reisehandbücher, Führer durch Paris und illustrierte Kataloge von Kunstsammlungen und Museen.

„Alles ist ein Geheimnis, Modlizki! Ich bereite es seit langem vor. Hier,“ er blätterte erregt in den Büchern, „ich arbeite hier täglich. Es soll eine Reise auf lange Zeit sein.“

„Es wird eine Reise auf Monate sein, mon ami. Drei Monate, leicht können es vier werden, c'est possible.“

Er ging wieder auf und nieder.

„Du sollst mich begleiten, Modlizki.“ Er sah ihn prüfend an.

„Ich?“

Colbert nickte ernst mit dem Kopf.

„Wann werden wir reisen,“ fragte Modlizki.

„Oh, sowie alles bereit ist,“ sagte Colbert lebhaft, „oh, es ist noch vieles vorzubereiten. Man muß nämlich auf alles vorbereitet sein, Modlizki. Wir werden nun täglich zusammen arbeiten. Aber attention, daß Mélanie es nicht bemerkt! Sie würde es hintertreiben. Paris, Modlizki, Paris, begreift du denn nicht! Louvre, hast du noch nie vom Louvre gehört? Wir werden alles sehen, Modlizki, oh, diese Gemälde, hier, hier, blättere in diesem Buch, diese Schätze, la France, la France! Daß du es nicht begreifst! C'est à s'arracher les cheveux! Oh, so rächt sich doch deine Geburt, ich mache dir keine Vorwürfe, du bist unschuldig daran, Modlizki, du wirst es begreifen, wenn du es siehst, Modlizki, dann wirst du gerührt sein wie ich, und dein Herz wird höher schlagen wie meines.“

Er hatte Modlizki an der Schulter gefaßt.

Modlizki stand gebückt vor der Dachluke und blätterte in dem Buch, das Colbert ihm in die Hand gedrückt hatte. Sein Blick streifte flüchtig die Wiedergabe von Gemälden, Statuen und Gebäuden.

„Vielleicht, daß Sie recht haben, Herr Colbert, wenn Sie mich an meinen Vater und meine Mutter erinnern,“ sagte Modlizki. „Vielleicht ist dies wirklich nur für Menschen aus gutem Hause und nicht für Leute so niederer Herkunft. Ich sollte zu Hause bleiben, Herr Colbert. Die Anwesenheit eines Mannes wird vielleicht zum Schutze des Hauses nötig sein. Sie werden allein größere Freude haben."

„Es ist alles bedacht," sagte Colbert. „Ich werde den Vetter meiner Frau auffordern, bei mir zu wohnen. Es ist alles bedacht. Ich habe nach langem Überlegen den Entschluß gefaßt, dich mitzunehmen. Eine Reise ist mit vielem Unvorhergesehenen verbunden. Es ist gut, wenn man einen Begleiter hat, für alle Fälle. Ich denke nicht an das Ärgste, nein, gewiß nicht. Aber gibt es nicht immer etwas, worüber man sich mit einem anderen, einem verläßlichen Menschen, beraten möchte? Siehst du, Modlizki! Man steht oft vor unerwarteten Situationen. Enfin, vier Augen sehen besser als zwei, auch das ist wichtig, wo man ganz auf sich gestellt ist. Aber nun heißt es die letzten Vorbereitungen treffen. Das Gepäck bestimmen, – das ist eine sehr schwierige Aufgabe, die reichlicher Überlegung bedarf, mon dieu, wer würde es glauben! Dann die Sprache: daß man auf alle Eventualitäten gefaßt ist. Hier sind Sammlungen, die alle notwendigen Phrasen enthalten, die Auswahl der Züge, der Hotels, die Zeiteinteilung, o mon enfant, es gibt tausend Möglichkeiten, und man muß immer die beste wählen."

Man hörte Frau Colberts Stimme. Sie rief nach Modlizki.

„Ja, ja, depêche-toi, geh, mon fils," sagte Colbert, „und schweige!"

Modlizki schloß die Tür hinter sich. Colbert blieb in der Kammer. Er setzte sich ermüdet auf den Bücherstoß und wischte sich den Schweiß mit einem duftenden Tuch von der Stirn.

Über die Gedankengänge Modlizkis ist nichts bekannt. Äußerlich änderte sich nichts an Modlizkis Benehmen. Colbert dagegen war von dem Tage an, da er Modlizki seinen Plan enthüllt hatte, ein anderer. Er saß lächelnd am Tisch und behandelte Mélanie mit noch ausgesuchterer Höflichkeit als sonst. Er nickte Modlizki während der Mahlzeiten häufig freundlich zu. Modlizki erwiderte mit einem stummen Blick, ohne den Ausdruck seines Gesichtes zu verändern.

Einmal, kurz nach der Unterredung auf dem Dachboden, sagte Colbert während des Essens:

„Es war eine gute Stunde, als wir ihn zu uns nahmen, nicht wahr, ma chérie?“

Milena Colbert antwortete nicht. Sie sah strenge auf die Schüssel mit Fleisch, die vor ihr stand. Sie verzog bloß den Mund, sowohl weil sie Modlizki nicht liebte, als auch weil sie die Schwatzhaftigkeit Colberts verachtete. Sie pflegte sich zu Maltscha wegwerfend über den Vater zu äußern, als sei sie berechtigt, die Tochter für das Wesen des Vaters verantwortlich zu machen.

„Er wird von Tag zu Tag kindlicher,“ sagte sie. „Wir werden ihn noch in ein Wägelchen setzen müssen und ihm einen Lutscher in den Mund stecken.“

Besonderen Anlaß, über den Gatten sich zu ärgern, fand sie täglich zweimal. Das war nach jeder Mahlzeit. Colbert ließ es sich nicht nehmen, der widerwilligen und erzürnten Gattin, sowie er die Tafel aufgehoben hatte, die Hand mit graziöser Verneigung zu küssen. Er wandte alle Geschicklichkeit an, einen günstigen Augenblick hierfür zu finden. Die bösen Worte Milenas brachten ihn davon nicht ab.

„Denn ich bin es mir schuldig,“ sagte er zu Modlizki.

Milena empfand Colberts kindliches Benehmen als eine persönliche Kränkung.

Was in der Folge von seiten Modlizkis geschah, ist unerklärlich. Man wird sehen, wie die Handlungsweise dieses gleich einem Kinde des Hauses gehaltenen Menschen Colberts Tod verschuldete. Es gibt keine Erklärung für den plötzlichen Ausbruch von Feindschaft und Haß in Modlizki, denn er hat zu niemandem klar darüber gesprochen. Selbst Amélie, die am meisten hätte wissen können, da sie zu Modlizki in näheren Beziehungen stand als alle anderen, konnte die unklaren Andeutungen Modlizkis nicht verstehen. Sie war damals kaum fünfzehn Jahre alt. Gleichwohl hatte sie schon damals entwickelte Brüste und war so groß wie die Mutter.

Als Colbert lange tot war und Modlizki längst verschwunden, sprach Amélie oft mit der trostlosen Mutter über die Ereignisse dieser Monate. Sie führte an, was sie an Modlizki für Veränderungen bemerkt hatte. Das war zu wenig, um zu erklären, wieso plötzlich Bosheit und Niedrigkeit aus Modlizki hervorgebrochen sei. Frau

Colbert selbst, die nun die Tochter immer Amélie nannte, zweifelte nicht, daß Modlizki seit jeher wohlverborgen den Haß in seinem Herzen getragen habe. Er habe nie gelächelt. Und wenn Amélie nach dem Abendessen sich auf Geheiß der Eltern ans Klavier gesetzt habe, sei Modlizki aus dem Zimmer gegangen. Frau Colbert hatte seinen bösen Blick gemerkt. Es gab keinen anderen Grund für alles als den ererbten Haß der niedrigen Geburt gegen das Edle und Reine, wie es eben das Leben einer guten bürgerlichen Familie kennzeichnet.

„Er war edel, Amélie," sagte Frau Colbert und führte ein Tuch an die Augen. „Wie gern haben wir ihm seine Kindlichkeiten verziehen. Sie waren nichts als der Ausdruck seines freundlichen Gemüts."

Amélie hatte Grund, sich Vorwürfe zu machen. Sie konnte sich bloß mit ihrer Jugend entschuldigen. Hätte sie rechtzeitig alles erzählt, man hätte Modlizki erkannt, ehe es zu spät war. Amélie nämlich besuchte Modlizki seit ihrem vierzehnten Lebensjahr in seiner Kammer. Sie benützte dazu die Zeit nach dem Essen, da die Eltern schliefen. Nie hat Amélie über diese Besuche gesprochen. Sie schämte sich dessen sehr. Der Gedanke daran war ihr noch in späteren Jahren qualvoll.

Zuerst zeigte Modlizki Amélie in seiner Kammer bloß Bilder. Es waren Photographien, die er versperrt in einer Kassette aufbewahrte. Diese Kassette wieder lag am Grunde eines schwarzen Holzkoffers, der unter dem Bett stand. Auf den Bildern waren nackte Männer und Frauen, teils gesondert, teils in Beziehung miteinander dargestellt. Später auch entkleidete sich Modlizki vor Amélie und unterrichtete sie über Wesen und Zweck der menschlichen Organe. Er erwähnte, daß er beabsichtige, das, was in vielfältiger Form auf den Bildern dargestellt war, mit Amélie zu versuchen, ließ aber den Zeitpunkt noch unbestimmt. Es ist unbekannt, worauf er wartete. Amélie fürchtete diesen Augenblick sehr. Trotzdem setzte sie den Erklärungen Modlizkis keinen Widerstand entgegen. Dessen schämte sie sich später am meisten.

All das ist verwunderlich. Denn Modlizki hatte eine fromme Erziehung im Kloster genossen, ehe Herr Colbert ihn zu sich nahm.

Er trug ein Amulett um den Hals und beichtete häufig. Man kann wohl auch für diesen Zug in Modlizkis Charakter eine Erklärung nur in seiner Abkunft finden.

In der Zeit, als Colbert Modlizki in den Plan seiner Reise eingeweiht hatte, begann Modlizki plötzlich Amélie in Abwesenheit der Eltern Maltscha zu nennen. Die Gleichzeitigkeit fiel Amélie auf, trotzdem ein Zusammenhang wohl schwer oder gar nicht zu erkennen sein wird. Amélie aber maß diesem Umstand später besondere Bedeutung bei, trotzdem sie nicht sagen konnte, worin diese Bedeutung bestand.

Modlizki machte aus Herrn Colberts Mitteilung vor Amélie kein Geheimnis. Er erzählte sie ihr noch am selben Tage, trotzdem er Stillschweigen gelobt hatte. Amélie erinnerte sich, daß er in diesem Augenblick sie zum erstenmal Maltscha genannt habe. Er war an diesem Tage mißgestimmt und sprach wenig.

Täglich um zehn Uhr morgens mußte sich Modlizki in die Dachkammer begeben. Herr Colbert erwartete ihn dort in großer Erregung. Er war in dieser Zeit wechselvollster Stimmung. Bald war er still, als hinge er großen und schweren Gedanken nach, bald wieder war er fröhlich, ja ausgelassen und scherzte mit Amélie und Modlizki.

An diesen Vormittagen wurde die Reise vorbereitet. Colbert konnte sich nicht genug tun, Modlizki von Paris und Frankreich vorzuschwärmen. Es tat ihm weh, sehen zu müssen, wie wenig Modlizki die Größe des Augenblicks ergriff. Modlizki blieb ernst und unbeweglich und sah Herrn Colbert, der in der niedrigen Kammer auf und ab ging, schweigend an.

Colbert sprach über alles mit seinem Diener. Es schien, als verbringe er die Nächte schlaflos und sinne über die Reise nach, um dann am Morgen immer Neues mit Modlizki zu besprechen. Indessen kamen auch immer neue Bücher mit Ratschlägen für Reisende, Kataloge, Führer, auch ein Buch über erste Hilfe bei Unglücksfällen sowie eine kleine Reiseapotheke. Herr Colbert holte diese Sendungen selbst heimlich am Postamt ab.

Er begann in der Regel gleich zu sprechen, wenn Modlizki eintrat, so als setze er ein begonnenes Gespräch fort.

„Es ist am besten," sagte er, „wir geben das große Gepäck gleich bis Paris auf. Versichert, naturellement. Das Zimmer im Hotel Mercure werden wir vorher bestellt haben. Die Verzollung kann dann in Paris vorgenommen werden. Du wirst dir nicht einfallen lassen, Dinge ins Gepäck zu tun, die einem Zoll unterliegen, Modlizki! Oh, quel horreur, wenn wir bestraft würden! Ich bitte dich, unterlaß das, Modlizki! C'est blamable! Wir werden in Paris einen Vormittag damit verlieren, c'est vrai. Mais, besser als an der Grenze mit viel Gepäck dazustehen. Man hört auch von Diebstählen bei den Revisionen an der Grenze. Es ist besser so, wie meinst du?"

Modlizki nickte mit dem Kopf.

„Ich glaube, wir verstehen einander," sagte Colbert. „Wir werden gut reisen, mon camarade! Aber noch eins, mein Lieber, mon très cher, verstehe mich recht. C'est une chose délicate, mon ami. Eine delikate Angelegenheit. Du weißt, daß Paris eine große Stadt ist, une ville mondiale, mit allen Verlockungen und Verführungen. Der Mensch ist auf Reisen in einem Zustand höherer Erregung, denke an den Louvre, Modlizki, an dieses Leben in den Straßen, es könnte sein, daß er der Verführung erliegt. Lächle nicht über mein Alter. In solchen Stunden, c'est admirable, durchfließen dich die Kräfte der Jugend. Aber die Gefahr ist groß, daß man in die dunklen Viertel der Großstadt verschleppt wird und sie beraubt oder gar nicht verläßt. Du versteht mich, mein Sohn, du verstehst mich doch, tu saisis?"

Modlizki neigte bejahend den Kopf.

„Du kennst mich nun viele Jahre, Modlizki. Du weißt, ich gehöre nicht zu den Leichtfertigen, Modlizki. Ich ehre meine Frau, die Familie. Parole d'honneur, es würde mir ferne liegen. Aber, mein Lieber, ein außerordentliches Ereignis erfordert außerordentliche Maßnahmen. C'est une affaire extraordinaire. Man muß alles in Rechnung ziehen, wenn man reist. Ich glaube, ich denke an alles. Man muß gegen alles gewappnet sein."

Er ging auf und ab und wischte sich mit seinem Tuch die Stirn. Es war sehr warm in der Bodenkammer.

„Öffne das Fenster, Modlizki," sagte Colbert.

„Nun, nun,“ fuhr er fort, „man muß es vorher erledigen. Man muß seine Spannung vorher entladen, verstehst du mich, Modlizki, verstehst du mich, mon dieu, so begreife es doch!“

„Ich verstehe Sie noch nicht, Herr Colbert,“ sagte Modlizki.

Da trat Colbert nahe an Modlizki heran. Er faßte ihn an die Schulter und sah ihn an.

„Modlizki,“ sagte er, „wie gesagt, c'est une chose délicate, mais nécessaire. In Prag lebt ein Mädchen aus unserem Ort. Man sagt, sie habe sich dort einem leichtfertigen Lebenswandel hingegeben. Du weißt, wer es ist. Du wirst ihre Adresse feststellen und sie an die Bahn bestellen, alles gleichsam für dich, versteht sich. Ich habe Rücksichten zu nehmen. Du wirst ihr schreiben, Modlizki, und gleich den Preis vereinbaren. Lächle darüber nicht!“

Modlizki lächelte nicht, er machte seine bescheidene Gebärde des Verstehens und der Zustimmung.

„Weißt du, was ich möchte, Maltscha,“ sagte Modlizki nachmittags zu Amélie. „Ich möchte deinem Mütterchen beim Essen ‚Sau!‘ sagen.“

Amélie fuhr zurück.

„O Gott, o Gott, Modlizki! Was hat sie dir getan? Warum denn, Modlizki?“

„Mich ärgert euer ganzes Getue,“ sagte Modlizki. „Da schwärmt er von seinem Louvre, von seinen Reisen. Was geht es mich an? Ich bin sein Diener und tue, was er verlangt.“

„Warum ärgert dich das, Modlizki?“

„Weil er nicht begreift, daß es mich gar nichts angeht. Weil er verlangt, daß ich das Getue mitmache. Was geht es mich an?“

„Ich verstehe das alles nicht, Modlizki,“ sagte Amélie.

Darauf gab Modlizki keine Antwort. Es ist möglich, daß er selbst es nicht verstand.

Die Reise wurde von Colbert in Gegenwart Modlizkis in allen Einzelheiten vorbereitet. Diese Vorbereitungen dauerten viele Wochen. Es wurden Auszüge aus den Führern gemacht, die notwendigen Redewendungen alphabetisch geordnet und indiziert, zuletzt ein neuer Koffer von großen Dimensionen heimlich abends in die Kammer geschafft und mehrere Hand- und Reisetaschen zurechtgelegt. Dann wurde über die Menge der Wäsche, die Art und Zahl der Kleidungsstücke beraten und entschieden. Sie wurden in die Koffer gelegt. Endlich auch wurde der Tag der Abreise festgesetzt. Es sollte ein Mittwoch sein. Dieser Tag schien Colbert aus verschiedenen Gründen für den Beginn einer Reise am günstigsten. Samstag, Sonntag und Montag kamen nicht in Frage, da an diesen Tagen erfahrungsgemäß mehr Menschen reisten als sonst. Der Donnerstag war der Markttag der Stadt und also auch als Reisetag ungünstig. Freitags eine Reise zu beginnen, mochte man, auch wenn man nicht gerade abergläubisch war, gern vermeiden, weil man ein Vorurteil haben kann, ohne daran zu glauben. Es blieb die Wahl zwischen Dienstag und Mittwoch, und sie fiel auf den Mittwoch aus einem einleuchtenden Grund. Am Mittwoch war Frau Colbert den ganzen Tag sehr beschäftigt. Denn jeden Mittwoch kam schon am frühen Morgen eine Frau zum Reinigen der Wohnung und zum Waschen der Fußböden. Herr Colbert konnte hoffen, daß seine Frau an einem Mittwoch keine Zeit haben werde, sich allzusehr um ihn zu kümmern und die Reise zu verhindern. Wenn er ihr auch Mittwoch beim Mittagessen von seiner Abreise mit Modlizki Mitteilung machen wollte, so war doch anzunehmen, daß sie an diesem Tage nicht so wie an gewöhnlichen Tagen Zeit und Lust haben würde, näher darauf einzugehen. Es würde ihr die Abreise des Gatten vielleicht erst am Donnerstag so recht bewußt werden.

Wenige Tage vor diesem Mittwoch sagte Herr Colbert zu Modlizki:

„Wir werden zweiter Klasse fahren, Modlizki! Und das aus verschiedenen Gründen. Erstens ist es weniger anstrengend, und wir sind am Ziel in besserer Verfassung, und zweitens ist es wohltuend, in einer Gesellschaft zu reisen, die den gebildeten Ständen angehört, eventuell auch Leute von Wissen und Erziehung kennenzulernen, deren Bekanntschaft sowohl nutzbringend als auch angenehm ist. Es pflegt auf Reisen oft so zu geschehen, hört man. Ich dachte zuerst daran, daß du dritter Klasse reisen könntest, aber ich wünsche mich nicht von dir zu trennen, Modlizki."

„Mir ist," erwiderte Modlizki, „als sei Ihr erster Gedanke angemessener gewesen, Herr Colbert. Ich gehöre nicht in die zweite Klasse, in der die den guten Ständen angehörigen Männer und Frauen reisen. Wer bin ich ohne Sie, Herr Colbert, wollen Sie es überlegen! Soll ich an solche Dinge gewöhnt sein, wenn ich einmal allein bin?"

„Allein?" fragte Colbert.

„Nun, Herr Colbert, ich weiß, Sie werden meiner in Ihrem Testament nicht vergessen. Aber Sie können Fräulein Amélie nicht berauben. Sie sind ein reicher Mann, Sie reisen zum Vergnügen. Sie reisen zweiter Klasse. Ich jedoch reise nicht, um die Dinge zu sehen, die Sie sehen wollen. Ich reise als Ihr Diener und Begleiter."

„Oh, mon cher, was für Reden, Modlizki? Du reist wie ich, Modlizki. Du wirst sehen, was ich sehen werde, alle Wunder von Paris, dein Herz wird höher schlagen wie meines, je suis ton père, Modlizki, bin ich nicht wie dein Vater?"

Modlizki verneigte sich.

„Aber es will mir scheinen, Herr Colbert," sagte er gemessen, „daß ein Mann meines Standes nicht reist. Das Reisen ist für den Reichen ein Vergnügen. Ein Mann meines Standes reist aus Not, oder wie ich in Diensten. Er soll bleiben, wo er geboren ist, denn da gehört er hin, will mir scheinen."

„Du sollst alles sehen wie ich, Modlizki."

„Ich weiß nicht, wie es mir zustünde, alles zu sehen, Herr Colbert. Ich bin von niedriger Abkunft. Sie wissen, daß mein Vater..."

„Wozu spricht du davon? Comme c'est horrible, Modlizki!"

„Es sollte vielleicht davon gesprochen werden," fuhr Modlizki fort. „Meine Mutter war blind, Sie wissen, wie sie erblindet ist. Sie wissen, daß mein Vater sie so auf den Kopf schlug, daß sie das Licht verlor. Sie ist im Blindenheim. Ich unterhalte zu ihr keine Beziehung. Mein Vater tat es nicht ohne Grund. Er fand sie mit Herrn Kudernak, der behauptete, sie hiefür reichlich entlohnt zu haben. Man lachte sehr über Herrn Kudernak, denn meine Mutter war nicht schön und nicht sauber. Herr Kudernak lebt hier im Genuß seiner Renten. Er wäre ein guter Begleiter."

„Modlizki," sagte Colbert, „Modlizki!"

„Ich wollte nur sagen," und Modlizki verneigte sich, „daß es mir besser anstünde, in der dritten Klasse zu reisen. Wenn Sie aber es anders wünschen, Herr Colbert, werde ich mich bemühen, die mir angemessene Zurückhaltung zu überwinden."

„Alles wird sich ändern," sagte Colbert, plötzlich wieder freudig. „Nous verrons! Sobald du diese Wunder gesehen hast! Raffaels Madonnen, die Venus von Milo, das Schloß von Versailles und diese herrliche Stadt. Mon ami, wieviel reicher wird man durch solch eine Reise!"

Der Tag, an dem Colbert mit Modlizki abreisen sollte, kam näher. Colbert verließ kaum mehr die Dachkammer. Er saß bei den Koffern, die Modlizki fertiggepackt hatte. Er war in ständiger Rührung und umarmte und küßte Modlizki mehrmals. Modlizki ließ es mit bescheidenem Widerstand geschehen. Colbert suchte in allen Taschen seine Notizen und Zusammenstellungen, die er fortwährend vergessen zu haben wähnte. Modlizki nähte ihm das Geld in ein Säckchen ein, das Herr Colbert um den Hals tragen wollte. Colbert sprach ununterbrochen von Paris. Es schien Modlizki manchmal wenig zusammenhängend. Am Abend des letzten Tages vor der Abreise weinte Colbert lange und haltlos. Modlizki versuchte ihn nicht zu trösten.

Bei dem, was jetzt erzählt werden soll, wird nicht versucht werden, den Dingen eine Erklärung zu geben. Sie geschahen unvermutet, und es ist wahrscheinlich, daß sie sich überhaupt nicht erklären und begründen lassen. Es soll einfach erzählt werden, wie an diesem entscheidenden Mittwoch während des Essens alles aufeinander folgte.

Herr Colbert erschien pünktlich zu Tisch. Modlizki war noch mit den Vorbereitungen an der Tafel beschäftigt. Herr Colbert setzte sich und nickte Modlizki leise zu. Modlizki sah, daß das Gesicht seines Herrn farblos war, so als sei alles Blut daraus gewichen. Frau Colbert sah es nicht, auch Amélie schien es zu entgehen. Der Löffel zitterte in Herrn Colberts Hand, daß er ihn hinlegte, ohne von der Suppe gegessen zu haben.

Von Zeit zu Zeit wandte sich Herr Colbert mit einem Blick zu Modlizki. Modlizki sah ihn unbeweglich an.

Nach der Suppe richtete sich Herr Colbert auf. Er wandte sich an seine Frau. Er sprach mit leiser Stimme:

„Ecoutez, mon bijou, vous êtes ravissante aujourdhui," sagte er, „hören Sie, meine Liebe."

Es hatte den Anschein, als wollte er seine Hand auf die Hand Milenas legen. Aber er hielt auf halbem Weg an.

„Hören Sie, ich habe Ihnen eine Mitteilung zu machen... Ich verreise heute...", er sprach lauter, als wollte er sich durch den Klang seiner Stimme Mut geben. „Nach Paris, ma bonne."

Frau Colbert legte den Löffel aus der Hand und sah den Gatten stumm an.

Herr Colbert bewegte sich unruhig auf seinem Sessel.

„Nach Paris," sagte er, „alles ist vorbereitet, ma chère... Hier... hier," er suchte in den Taschen. „Hier sind schon die Fahrscheine. Modlizki reist mit. Nicht wahr, Modlizki... So sprich doch, Modlizki!"

Modlizki blickte von einem zum andern. Zuletzt blieb sein Blick auf Herrn Colbert hängen, dem der Schweiß auf der Stirn stand. Da lächelte Modlizki.

„Gestatten Sie mir zu bemerken, daß ich Ihre Aufregung nicht verstehe, Herr Colbert. So wichtig kann doch Ihr Louvre nicht sein, Herr Colbert, mir gewiß nicht."

Colbert sah ihn mit großen Augen an. Es schien, als verstünde er ihn nicht.

„Und weil ich gerade dabei bin, Herr Colbert, gestatten Sie, daß ich Ihnen noch etwas sage. Nämlich, daß ich mich entschlossen habe, nicht mitzureisen."

Es ist kaum anzunehmen, daß Modlizki diesen Entschluß früher gefaßt hatte als in diesem Augenblick. Er hatte früher auch zu Amélie nichts Derartiges bemerkt.

Colbert war in seinen Stuhl zurückgefallen.

„Modlizki," sagte er tonlos, „Modlizki."

Dann entstand eine tiefe Stille.

In diesem Augenblick müssen in Modlizkis Kopf unerklärliche Dinge vorgegangen sein. Amélie erinnerte sich nicht, jemals in ihrem Leben wieder ein so grauenhaft verzerrtes und verkrampftes

Gesicht gesehen zu haben wie das Modlizkis in diesem Augenblick. In seiner rechten Wange hatte sich eine Sehne gespannt und zuckte leise. Seine starren Augen sahen Herrn Colbert böse an.

Es ist nicht anders denkbar, als daß Modlizki in diesem Augenblick darüber nachgedacht habe, wie er Colbert aufs tiefste verletzen könne. Niemand wird einen Grund hiefür erfinden können. Einen Augenblick lang ruhte sein Blick böse auf Amélie. Sie ließ die Augen sinken. Vielleicht dachte er daran, aufzustehen und Amélie vor den Eltern an den Brüsten zu fassen. Plötzlich lösten sich Modlizkis Züge und er brach die tiefe Stille, indem er sich auf eine Weise laut benahm, wie sie in diesem Hause höchstens in Herrn und Frau Colberts gemeinsamem Schlafzimmer erhört war. Dann erhob sich Modlizki und verließ ohne Gruß das Zimmer und das Haus.

Amélie war errötet. Ein strenger Blick der Mutter hieß sie, sich entfernen.

Colbert saß lange unbeweglich und blickte geistesabwesend vor sich hin. Dann schüttelte er langsam den Kopf.

„Das ist der Hauch des Umsturzes," sagte er tonlos.

Er fiel in Ohnmacht. Frau Colbert mußte ihn mit Amélies Hilfe zu Bett bringen.

Kurze Zeit darauf starb Colbert. Es scheint, daß er sich von dieser Enttäuschung nicht erholen konnte. Er war von allzu empfindsamem Wesen.

Dies geschah im Jahre 1911. Man kann aber sagen, daß Colbert seine Reise, die er durch Modlizkis Schuld niemals antreten sollte, ein Jahr vorher begonnen habe.

Die Inschrift auf seinem Grabstein wurde schon erwähnt.

Die Brüder

Die Brüder trafen einander, wie sie schriftlich verabredet hatten, im D-Zug. Der Jüngere stieg in der Kreuzungsstation in das Abteil des Älteren. Sie kamen aus verschiedenen Weltgegenden.

Sie hatten einander zwei Jahre nicht gesehen. Nun schüttelten sie einander wortlos die Hand, dann warteten sie, den Bruchteil einer Sekunde, jeder, daß der andere den Anfang mache zu brüderlicher Umarmung. Da nichts geschah, löste sich die Erwartung, die die Gesichter gespannt hatte, das Lächeln des Wiedersehens wich von den Wangen. Sie setzten sich einander gegenüber in das leere Abteil. Der Zug setzte sich in Bewegung.

Das Gespräch verstummte nach wenigen Worten. Der Ältere blickte durch das Fenster in die Nacht. Das ist schon die Heimat, dachte er, diese Wälder. Diese Lichter verraten ein Dorf, dessen Namen ich einmal gehört habe in meiner Jugend. Wenn man diesen Namen nennt, werde ich mich erinnern. In zwei Stunden werde ich daheim sein. Ich hatte den Bruder umarmen wollen. Warum habe ich es nicht getan?

Der Jüngere hatte eine Zeitung in die Hand genommen. Aber er las nicht. Wir fahren zusammen nach Hause, dachte er. In zwei Stunden werden wir da sein. Warum schweigen wir? Haben wir einander nichts zu sagen? Ich habe mich auf dieses Wiedersehen gefreut. Warum schämte ich mich, ihn zu küssen? Die fremde Kälte wäre gewichen und wir wären einander nahe gewesen wie als Knaben.

Sie verließen den Zug um Mitternacht an einer Station, an der ein Wagen sie erwarten sollte. Sie hatten noch eine Stunde Wagenfahrt vor sich. Der Platz vor dem kleinen Stationsgebäude war leer. Sie beschlossen zu warten. Der Kutscher hatte sich wohl verspätet. Der enge Wartesaal war erfüllt von Pfeifenrauch und der Ausdünstung schlafender Bauern und Soldaten. Die Brüder beschlossen, vor dem Gebäude zu warten. Sie gingen leicht fröstelnd neben einander.

Der Jüngere machte den Vorschlag, das Gepäck am nächsten Morgen von der Station holen zu lassen und sich zu Fuß auf den Weg zu machen. Wenn der Wagen noch käme, müßten sie ihm begegnen. Der Ältere stimmte zu. Dieses schweigende Auf- und Abgehen mit dem Bruder, das unvermeidliche Gleichmaß der Schritte war unerträglich.

Es schien lange geregnet zu haben. Die Straße war aufgeweicht und stand voll von Wasserlachen. Ein schmaler Steg seitwärts war von Fußgängern trocken getreten. Sie gingen hintereinander. Nach wenigen Minuten waren sie im ersten Dorf. Ein Hund begann zu bellen, ein zweiter und dritter. Links lag ein großes Haus mit matt erleuchteten Fenstern.

Die Mühle von Virnitz, dachten beide.

Nun wußten sie, mußte der Hohlweg kommen. Er führte zur Höhe, hinter der ihr Geburtsort lag. Bis hierher hatten die Spaziergänge mit dem Vater gereicht, der abends auf dem Heimweg den Fragenden die Sternbilder mit ihren geheimnisvollen Namen genannt hatte. Welch rätselhafte Welt lag hier über dem Hohlweg! Anderswo war der Himmel nicht so voll von geheimnisvollem Grauen, nirgends sonst hatten sie so bebend zu Wage und Cassiopeia geschaut. Ob es sie diese Nacht wieder ergreifen würde wie einst?

Zu beiden Seiten lagen die Wälder, in denen sie als Knaben gespielt hatten. Links der Kamm der Rovna. Würden sie noch beben, wenn sie den Wald betraten, jeden Augenblick gewärtig, daß ein Tier sie anspringe, ein Wolf, jetzt wo sie wußten, daß es keine Wölfe in diesem Lande gab? Von links bellte wieder ein Hund: O, das ist ein Hund aus Vintavka, dachten sie. Und sie lächelten voll Freude, da sie ihn nach vielen Jahren erkannten.

Der Ältere schritt hinter dem Jüngeren. Hinter dem Hohlweg, dachte er, begann die Welt. Vor dem Hohlweg war zu Hause. O, warum haben wir zu Hause verlassen? Was haben wir gesucht, daß wir hinausgingen? Wir hatten doch Eltern und Bruder. Wo sonst war ich geborgen, wenn nicht da? Ich liebe eine Frau. Aber ist sie nicht fremd, undurchdringlich, zu innerst unberührt von mir? Und ist der, der vor mir geht, schweigend und in seinen Mantel fest gehüllt, mir nicht bekannter und näher als irgend jemand in der Welt? Was trieb uns, auseinander zu gehen, den Ort zu verlassen, an dem wir geboren worden sind?

Der Ältere erinnerte sich, daß sie einst durch den Hohlweg gefahren waren, in anderer Richtung als heute. Damals war der Jüngere noch zu Hause. Dem Älteren drückte die Wehmut des Abschieds die Kehle zu. Als sie den Hohlweg hinter sich hatten, hatte der Jüngere gesagt: „Du fährst jetzt in die Welt."

Ein feindliches Gefühl hatte hinter diesen Worten geflackert. Der Ältere hatte begriffen, daß auch der Jüngere nicht bleiben würde. Hätte er ihm sagen sollen, daß er nichts gefunden habe hinter dem Hohlweg als Wirrnis des Herzens und Sehnsucht nach Hause? Und daß er nun nichts suche als den Weg zurück? Aber, es gibt keinen Weg zurück, mein Bruder, hätte er damals sagen sollen, nicht schweigen. Der Jüngere aber hätte böse gelacht: Er ist mein Feind, hätte er gedacht.

Ein Wagen ratterte auf der Landstraße ihnen entgegen. War es der eigene, verspätete? Der Jüngere wandte sich um. Der Mond leuchtete in sein Gesicht. Es war grau und alt, aber es lächelte.

„Unser Hohlweg", sagte er und nickte.

„Unser Hohlweg", sagte der Ältere und sonst nichts. Er hätte etwas hinzufügen können, ein Wort der Liebe oder bloß: mein Bruder. Aber wie sollte er die Scham überwinden?

Alexander

Fragment

Ich heiße Alexander und das ist bei uns ein merkwürdiger und ungewohnter Name. Die anderen Burschen hießen Josef, Franz, Wenzel, Ladislav. Nur ich hatte diesen besonderen Namen: Ich glaube, daß mit diesem Namen alles zusammenhing. Wenn ich Prokop geheißen hätte oder Cyrill, wäre ich auch Bauer, Handwerker, Taglöhner oder sogar Pfarrer zu Hause geworden wie Josef Chlup. Wenzel Svatek hat sich zwar erhängt und ich habe ihn selbst im Jungwald an einem dünnen Bäumchen hängend gefunden. Er war vierzehn Jahre alt. Aber das hatte seine besonderen Ursachen und davon wollte ich nicht erzählen.

Ich hätte gern Anton geheißen wie mein Vater. Aber noch lieber hätte ich Cyrill oder Methud geheißen wie unsere Schutzpatrone, die ein buntgestrichenes Denkmal haben, das am Ortseingang steht. Ich erinnere mich an dieses Denkmal ganz genau, trotzdem es nun zwanzig Jahre her ist, daß ich es gesehen habe. Die beiden Heiligen stehen nebeneinander, der eine hält das Kreuz, der andere die Bibel in der Hand. Es ist, als seien sie unterwegs in unseren Ort. An ihrem Tage wird das Denkmal der Heiligen bekränzt. Ich dachte, daß es schön sein müsse, einen Namenstag zu haben, der zugleich ein Feiertag für alle ist, ein Tag, an dem man nicht in die Schule gehen muß.

Ich erinnere mich heute an all das, weil der Herr sich mit dem Sohn ins Musikzimmer gesetzt hat, um dem Fräulein zuzuhören. Das Fräulein spielte Klavier. Sie ist sechzehn Jahre alt, die Tochter des Herrn. Es war kein Gast da und sie spielte zum Vergnügen. Das brachte meine Gedanken auf unseren Juden. Er war der Sohn des Kaufmanns im Ort. Wir saßen in einer Klasse, trotzdem er jünger war als ich, denn die Schule hatte nur zwei Klassen, und man saß in jeder mehrere Jahre, Mädchen und Burschen zusammen. Daß der Jude immer gut gekleidet war, wäre es nicht gewesen. Auch der

Sohn des Postmeisters trug Schuhe an den Füßen, selbst im Sommer. Aber der Sohn des Juden ging nachmittags mit einem Heft unter dem Arm zum Lehrer und nahm Klavierstunden. Niemand von uns nahm sonst Klavierstunden. Es waren reiche Bauernsöhne unter uns und Söhne von Beamten. Aber niemand lernte beim Lehrer Klavierspielen. Ich haßte den Juden sehr. Mir ist, als habe ich ihn gerade darum so gehaßt, weil er als einziger nachmittags, mit dem Heft unter dem Arm zum Lehrer ging, um bei ihm bloß zu seinem Vergnügen und aus keinem anderen Grund Klavier zu spielen.

Ich weiß, daß das keine einleuchtende Erklärung ist. Aber ich weiß keine bessere. Wenn ich an unseren Juden denke, sehe ich ihn noch heute nicht anders als in schwarzen Stiefelchen und blauem Anzug mit dem Heft unter dem Arm zum Lehrer in die Schule eilen, trotzdem ich ihn täglich in vielen anderen Situationen gesehen habe. Ich sage mir, wie lächerlich es ist, einen Menschen aus solch einfältigem Grund zu hassen. Aber mein Blut steigt mir trotzdem noch heute zu Kopf und ich balle bei dieser Erinnerung meine Fäuste in den Taschen.

Mein Vater lud beim Vater des Juden Gewürzsäcke und Kisten mit Zucker von den Wagen und schleppte sie ins Magazin, einen großen dunklen, steingepflasterten Raum, in den das Licht durch drei schmale Luken unter dem Dach fiel. Ich half dem Vater oft, denn ich war von starken Körperkräften, trotzdem ich noch ein Knabe war. Mein Vater war ein großer, jähzorniger Mann und er fluchte, wenn er mich sah. Oft warf er einen schweren Stein nach mir oder irgendein Stück Eisen, das ihm gerade in die Hand geriet. Wenn er zornig wurde, schwollen die Adern auf seiner Stirn und die Äderchen, die das Weiße seines Auges durchzogen, wurden blutig rot. Ich mußte mich vorsehen, wenn ich mit ihm zusammen arbeitete. Wenn der Herr, der Vater unseres Juden, eintrat und meinen Vater fluchen hörte, sagte er: „Laß ihn doch, Anton! Was willst du das Kind es büßen lassen?“ Dann rief er mich wohl in seinen Verschlag hinter dem Laden, in dem er zu sitzen pflegte, und beschenkte mich mit einem Geldstück oder er ließ mir etwas zu essen geben. Ich nahm die Münze und aß, was man mir brachte, aber ich sagte kein Wort des Dankes. Ich grollte ihm wegen meines Vaters, trotzdem er meinem Vater nichts getan hatte. Aber mir war, als tue er mir Gutes, um mich über die Rohheit meines Vaters zu trösten. Ging es ihn an, wenn mein Vater Eisenstücke nach mir warf und mir fluchte? Das war meine und meines Vaters und nicht des Juden Sache.

Ich hätte dem Juden sagen sollen: Mein Vater hat das Recht, Steine nach mir zu werfen und mir zu fluchen. Ich bin nicht schuld, sagst du? Was wissen wir beide davon! Warum sollte ich nicht an der Sünde meiner Mutter mit schuld sein? Als sie mich empfing, war ich nicht da, sagst du? Aber ich sollte da sein, und darum mußte sie mich empfangen. Er liebt mich, trotzdem ich so empfangen wurde, würde er mir sonst fluchen? Flucht er nicht gerade deswegen, weil er mich liebt, und wirft Steine nach mir, weil ihm der Gedanke daran nach vierzehn Jahren noch das Herz quält? Wenn er mich nicht liebte, würde er mich von sich jagen. Aber er will, daß ich bei ihm bin, weil er mich liebt, und ich will bei ihm sein und von niemandem getröstet werden, denn ich liebe ihn und ich will, daß er mein Vater ist und kein anderer, mag es zugegangen sein wie immer, und mag ich auch nicht Anton heißen wie er, sondern Alexander.

Ich habe gesagt, daß ich schon als Knabe über große Kräfte des Körpers verfügte. Ich will hinzufügen, daß ich trotzdem von schlanker Gestalt war, und daß meine Bewegungen keineswegs schwerfällig waren, wie es bei sehr kräftigen Menschen der Fall zu sein pflegt. Man sagte von mir, daß mein Gesicht schön und ebenmäßig sei, und ich erwähne es, weil es dazu gehört. Ich bin schwarzhaarig, mein Gesicht ist schmal und die Hautfarbe dunkel wie die der Bewohner südlicher Länder. Niemand im Ort hatte solches schwarzes glänzendes Haar wie ich, und niemand hatte eine so dunkle Haut. Die Leute lächelten und zwinkerten einander zu, wenn sie mich sahen. Ich aber wurde rot, und wenn es einer von den Burschen war, der lächelte, stürzte ich mich auf ihn, und ich prügelte ihn, bis er um Hilfe schrie, auch wenn er älter und größer war als ich.

Auch mein Name war Veranlassung, mich zu verspotten. Es war in unserem Ort so, daß über den oder jenen, der den Leuten

Anlaß zum Spott gab, Verse in Umlauf gesetzt wurden, und man wußte in der Regel nicht, von wem sie ausgingen. Diese Verse klangen hinter dem Verspotteten her, er las sie von den Wänden der Häuser, den Haustoren und Zäunen. Es waren einfache, unbeholfene Verse, Kinderreime, und vielleicht wirklich von Kindern gemacht. Sie wurden in einem bestimmten Tonfall gesungen, durch wen sie sich einprägten. Ich entsinne mich mehrerer solcher Verse. Den, der mich betraf, hörte ich zuerst von einem Mädchen, das mit mir in die Schule ging. Ihr blondes Haar war in einen steifen Knoten gebunden, der wie ein Stock von ihrem Kopfe abstand. Sie rief mir den Vers zu, als wir einmal vor der Schule standen und warteten, daß man das Tor öffne. Der Vers traf mich, als hätte man mich mit einer Peitsche geschlagen. Ich sah das Mädchen an, dann stürzte ich mich über sie.

Man wird die Wirkung dieses Reimes nicht verstehen, wenn man ihn hört. Aber vielleicht wird man sie begreifen, wenn man sich klarmacht, daß in diesen Worten, die ich nun täglich hörte, mein Schicksal unbegreiflicherweise vorweggenommen war. Vielleicht ist in jedem Menschen dunkel und ungeformt, wie ein schweres Gewicht das Bewußtsein seiner Zukunft. Und vielleicht bestürzte mich dieser Vers gerade deshalb so, weil er an diese dunkle Ahnung in meinem Herzen rührte.

Ich setze den Vers hierher. Ich schreibe ihn so nieder, in der ungebildeten Sprache, in der er gesungen wurde: Alexander – ging auf die Wander – kaufte sich dort Zuckerkander.

Ich heiße Alexander, anders als alle Burschen im Ort, und bin schwarz, schlank und sehe nicht aus wie sie. Und ich bin auf die Wanderschaft gegangen und habe meine Heimat verlassen, vielleicht weil sie lachten und einander zublinzelten, wenn sie mich sahen, oder weil der Vers es mir voraussagte. Aber ich hätte dableiben sollen, wie ich bei meinem Vater blieb, auch wenn er mir fluchte. Gewiß wäre ich dort glücklich geworden. Was sind mir die Städte, Länder, Flüsse, die ich gesehen habe? Ich möchte wieder auf unserem Marktplatz stehen, der mit Katzenköpfen gepflastert ist. Ich möchte wieder das Standbild unserer Schutzpatrone sehen. Ich möchte jetzt wissen, daß ich dort eine Frau habe und Söhne, schon das wäre gut. Ich habe auf der Wanderschaft nichts gekauft als Zuckerkand, der im Mund zerging und nichts zurückließ als einen süßlichen, widerwärtigen Geschmack wie am Morgen nach einem Rausch.

Tulpe

Der Oberregistraturrat Tulpe starb um 10 Uhr vormittags. Er hatte das Zimmer 47 wie täglich um 8 Uhr morgens betreten, dem bereits dasitzenden Registraturrat Kleinmayer auf dessen Gruß in guter Laune gedankt und sich auf seinen Platz gesetzt. Wie täglich hatte sich Tulpe zuerst die beiden untersten Knöpfe der Weste geöffnet, die beim Sitzen über dem Bauch spannte, dann sich den Schnurrbart und den in zwei Spitzen auslaufenden Vollbart zurechtgestrichen und seine Zigarre in Brand gesetzt. Nach einem kurzen Gespräch mit Kleinmayer, das die schlechten Aussichten der diesjährigen Ernte betraf, hatte er sein Frühstücksbrot aus der Tasche gezogen, es mit dem Taschenmesser in vier Teile geteilt, drei Teile sorgsam wieder in das Papier eingeschlagen und in das Schubfach des Schreibtisches gesperrt, während er an dem vierten Teil langsam und umständlich zu kauen begann. Registraturrat Kleinmayer bemerkte auch weiter nichts Auffälliges. Pünktlich um ½ 10 Uhr erhob sich der Oberregistraturrat Tulpe von seinem Platz und nahm, wie täglich um diese Zeit, den Schlüssel mit dem großen Holzwürfel, der an der Wand neben der Tür hing, und ging, seinen menschlichen Bedürfnissen gerecht zu werden.

Registraturrat Kleinmayer setzte nichtsahnend sein Frühstück fort. Nach einer ungeschriebenen Abmachung war pünktlich um 10 Uhr Registraturrat Kleinmayer an der Reihe, den Schlüssel von Oberregistraturrat Tulpe zu übernehmen. Diese Abmachung war in den fünfzehn Jahren, in denen Tulpe und Kleinmayer einander gegenübersaßen, auf das genaueste eingehalten worden. Beide, Tulpe wie Kleinmayer, waren Männer der Ordnung. Daß Tulpe als der Ranghöhere am Morgen vor Kleinmayer das Recht auf den Schlüssel besaß, war für beide so selbstverständlich, daß der Gedanke einer Umkehrung dieser Reihenfolge weder in Tulpe noch in Kleinmayer je aufkommen konnte. Anderseits erschien es ebenso selbstverständlich, daß zu einem bestimmten Zeitpunkt Kleinmayer zu seinem Recht zu kommen hatte. Als Oberregistraturrat Tulpe vier Minuten nach 10 Uhr das Zimmer nicht wieder betreten hatte, erhob sich Kleinmayer, der über die Unpünktlichkeit Tulpes in Besorgnis geraten mußte. Eine solche Unregelmäßigkeit von seiten Tulpes hatte sich noch nie ereignet. Eine Verspätung unterwegs war höchst unwahrscheinlich, da ja Tulpe wußte, wie sehr Kleinmayer durch fünfzehnjährige Gewöhnung auf die pünktliche Übernahme des Schlüssels eingerichtet war.

Kleinmayer verließ, beunruhigt in höchstem Maße, das Zimmer und klopfte an die Tür, hinter der sich Tulpe eingeschlossen haben mußte. Da er keine Antwort vernahm, alarmierte er, Böses ahnend, einige Herren. Die Tür wurde gewaltsam geöffnet und die Eintretenden erblickten den Oberregistraturrat Tulpe leblos auf dem Boden liegend, unvollkommen bekleidet, den mächtigen Körper nach fast fünfundzwanzigjähriger Dienstzeit in dem engen Raum zwischen Wand und Röhrenanlage eingeklemmt.

Kein Zweifel, daß der Tod den Oberregistraturrat Tulpe unerwartet getroffen hatte. Nicht bloß wies ein beschämender Kleidungsdefekt darauf hin, ein Assistent zweiter Klasse bekundete zudem, er habe den Oberregistraturrat auf dessen letztem Gang angetroffen, als dieser, den Schlüssel fröhlich schwenkend und das Lied „Was nützet mir mein Rosengarten“ gut gelaunt vor sich hinsummend, seinem Ziel zueilte. Es ist anzunehmen, daß Oberregistraturrat Tulpe, wenn er eine Ahnung dessen, was ihm bevorstand, gehabt hätte, bei seinem ausgesprochenen Gefühl für die Würde und das Ansehen seines Amtes, es einzurichten verstanden hätte, in einer ehrwürdigeren Stellung vom Tode ereilt zu werden.

Gleich nach Bekanntwerden des Todesfalles fand im Zimmer des Chefs eine Besprechung statt. Der Chef gab in kurzen, kernigen Worten eine Würdigung des so jäh mitten in seinem Dienste Dahingerafften, von dem man mit Recht sagen könne, er sei in den Sielen gestorben. Zugleich ermahnte der Chef die Herren der Abteilung, über die näheren Umstände des Todesfalles mit Rücksicht auf die ehrwürdige Tradition der Registraturabteilung B 23 nichts verlauten zu lassen.

Der gerührte Registraturrat Kleinmayer hatte indessen die Kleidung des Oberregistraturrats in die vorgeschriebene Ordnung gebracht und die Leiche des verstorbenen Freundes auf dem Korridor auf einigen Stühlen gebettet. Sodann wurde Tulpe in eine Droschke geladen und von Kleinmayer, der die Witwe vorbereiten und trösten sollte, nach Hause gebracht. Der Gedanke, daß dieser Mann, der tot neben ihm in der Droschke lag, der einen Vollbart getragen hatte wie Kleinmayer selbst, daß der Mann, mit dem er täglich fünfzehn Jahre lang gleichzeitig das Frühstück verzehrt und denselben Ort für die Notdurft benutzt hatte, daß dieser würdige, ordnungsliebende Beamte nicht nur hatte sterben müssen, sondern gestorben sei in einer seinen Stand beschämenden Weise, trieb Kleinmayer die Tränen in die Augen. Sie rollten ihm noch in den Vollbart, als Kleinmayer schon vor Frau Oberregistraturrat oder Oberregistraturratswitwe Tulpe stand. Es war schwer, die Arme zu trösten. Kleinmayer wies darauf hin, daß Tulpe mitten aus seiner geliebten Tätigkeit hinweggerafft worden sei. Er erinnerte an das wehmütige Lied, das Tulpe allem Anschein nach auf den Lippen gehabt habe, als er starb. Frau Tulpe aber besann sich all der kleinen Züge ihres Gatten, und jedesmal brach ein Strom des Weinens aus ihrem von innerer Erschütterung wogenden Busen. All die lieben kleinen Eigenschaften des Verstorbenen zählte sie auf: daß er Schweizer Käse dem Harzer vorgezogen habe, dieser große und ausgezeichnete Charakter; daß er die Passanten auf der Straße mit seiner starken Stimme zu Disziplin angehalten habe, diese Stütze der rechtmäßigen Ordnung, indem er verfügte, daß dieser rechts zu gehen habe oder links, daß jener nicht stehen bleibe oder rascher aus der Straßenbahn aussteige; daß er die Gelegenheit gefunden habe, den Hausbewohnern nachzuschelten, sei es, daß sie polterten, sei es, daß sie mit den Türen schlugen, dieser hervorragende Bürger, dessen Wirken als Privatmann aus den Erzählungen der Witwe vor Kleinmayer lebendig wurde.

„Diesen Teller mit Käse," sagte die Witwe Tulpe, und sie holte den Teller aus dem Schrank, „habe ich für Tulpe zum Abendbrot gerichtet. Was nützet ihm sein Rosengarten...", und ihre Stimme erstickte in Tränen.

Indessen überlegte Kleinmayer, ob es angebracht sei, die Witwe gleich jetzt um Tulpes Zylinder für den Tag des Begräbnisses zu bitten. Alle anderen Herren der Abteilung würden an diesem Tage ihre Zylinder selbst brauchen, nur Tulpe nicht. Tulpes Zylinder war der einzige, der an diesem Tage frei sein würde. Tulpe und Kleinmayer waren von gleicher Kopfform. Gewiß würde Tulpes Zylinder ihm passen. Aber die Witwe fuhr fort zu erzählen, wie er sich seine Stullen selbst zurechtgemacht habe – und sie nannte ihn gerührt zum erstenmal den Gottseligen –, und daß er dieses Geschäft niemandem habe anvertrauen wollen. So bot sich Kleinmayer kein passender Übergang. Er verabschiedete sich von der Oberregistraturratswitwe und verschob sein Vorhaben auf morgen. Er verließ die Wohnung in dem erhebenden Bewußtsein, ein feines Gefühl für das Schickliche zu besitzen.

Biba stirbt

Der Diener fand den ersten Assistenten der Kinderklinik, Doktor Schneeberger, in seiner Abteilung während der Visite.

„Es ist telephoniert worden. Der Herr Doktor soll gleich nach Hause kommen."

„Was ist los?"

„Man hat mir gesagt, Herr Doktor soll kommen. Auf dem kürzesten Weg."

„Kollege", sagte der Doktor zu einem der anwesenden jungen Ärzte, „ich weiß nicht, was es ist. Jedenfalls machen Sie die Visite zu Ende!"

Er winkte vor der Klinik ein vorbeifahrendes Auto heran, nannte seine Adresse und stieg ein. Gewiß eine überflüssige Dummheit vom Fräulein. Was sollte geschehen sein? Er wollte das Auto warten lassen und gleich zurück. Um elf hatte er seinen Kursus zu halten. Er wollte den kleinen Willy vorstellen. Sehr interessante Lymphogranulomatose. Ein Musterbeispiel mit allen Erscheinungen. Er lächelte zufrieden bei dem Gedanken an den Kleinen. Man hatte diese echten Exempel so selten. Immer kleine Abweichungen trotz des ungeheuren Materials dieser Großstadt. Wie viele Dinge, die man immer wieder bloß glauben muß, ohne sie selbst mit eigenen Augen in Natur zu sehen. Wenigstens nicht vollkommen. Aber dieser Willy war eine Freude. Und man mußte eilen. Man wußte nicht, wie lange dieser Fall noch zur Verfügung stand. Er ging sichtlich ein, stimmte alles.

Er eilte die Treppe zu seiner Wohnung hinauf. Das Fräulein öffnete. Sie hatte gerötete Augen und ließ ihm nicht einmal Zeit, den Mantel abzulegen.

„Gott sei Dank", sagte sie schluchzend, „Gott sei Dank! Ich weiß mir keinen Rat."

„Was ist..."

Sie wies auf die Tür des Kinderzimmers.

„Was denn, was denn?" rief er. Er wartete nicht auf eine Antwort und öffnete.

„Biba, Biba“, sagte er und trat an das Bett, in dem der Zweijährige lag.

Biba hatte die Augen offen. Er sah den Vater an, aber er lächelte nicht wie sonst. Sein Gesicht war rot von Hitze. Er atmete schwer.

Während Doktor Schneeberger die Hände wusch, fragte er:

„Die Nacht war ruhig?“

„Er hat ganz ruhig geschlafen, Herr Doktor. Er wurde um sieben Uhr wach wie gewöhnlich. Ich habe nichts gemerkt.“

Sie trocknete die Tränen mit einem zerknüllten Tuch.

„Wo waren Sie gestern?“

„Spazieren von elf bis eins, wie gewöhnlich. Alles wie sonst, wie der Herr Doktor es angeordnet hat. Ich richte mich...“

„Stuhl?“

„Heute noch nicht. Aber gestern noch zweimal.“

„Ja“, sagte Doktor Schneeberger, als habe er auf eine Frage zu antworten.

Dann beugte er sich über das Kind. Er zog die Decke weg, hob das Hemdchen. Der kleine feste Körper glühte an seinem Ohr. Der Kopf des Kindes lag nach hintenüber, unbeweglich. Der Doktor griff rasch nach dem Puls.

Er erhob sich. Er deckte das Kind wieder zu. Das Fräulein blickte ihn an. Er schloß die Knöpfe seines Rockes.

Sie ist nicht die Mutter, dachte er. Sie wird keine Szene machen.

„Da kommen wir zu spät“, sagte er. Das Fräulein fuhr zurück. Doktor Schneeberger ergriff ihre Hand. „Ruhe“, sagte er eindringlich, „Ruhe.“

„Herr Doktor, Hilfe, das kann nicht... unser Biba, unser Biba...“

Unser Biba, unser... Mein Biba, o Gott, mein Biba! Was wollte sie, sie sollte ihn allein lassen. Er wollte es ihr sagen, daß er allein sein wollte mit seinem Sohn. Aber er brachte kein Wort über die Lippen. Das Fräulein verstand ihn. Sie verstummte. Sie wandte sich langsam um und ging.

Wenn er eine Mutter hätte, dachte Doktor Schneeberger, wäre es nicht gekommen. Eine Mutter hätte es heute morgen gefühlt, gestern. Er setzte sich an das Bett.

„Biba, Biba“, sagte er.

Der Knabe sah starr vor sich hin.

Reagiert nicht auf Gehörreiz, dachte etwas in Doktor Schneeberger. Man könnte versuchen, ob...

Er dachte es nicht zu Ende. Seine Kehle schnürte sich zusammen. Er stürzte über den Knaben, er drückte dessen heißen Kopf gegen seine Wange.

„Biba, Biba“, schluchzte er, „erkennst du mich, deinen Vater? Ich liebe dich, Biba. Ich habe nur dich. Bleibe, bleibe! Ich habe dich so selten gesehen, Biba, meine Pflicht... Nein, nein..., das war schlecht von mir, du hast keine Mutter... Recht so, Biba, du erkennst mich nicht...!“

Er erhob sich. Retten, das Kind retten! Klarer, eindeutiger Fall. Es gibt keine Hilfe. Trotzdem, nur dieses eine Mal ein Wunder, ein Wunder!... Warum geschehen keine Wunder?

Er setzte sich auf einen Stuhl, den er an das Bett schob.

„Biba“, sagte er, „es geht nur noch nach Stunden!“ Ob das Fräulein hinter der Tür steht? „Dein Vater weiß es bestimmt. Meningitis epidemica. Klassischer Fall. Mein kleiner Biba, moribundus, so heißt er, mein einziger geliebter Moribundus, dein Vater spricht mit dir. Dein Vater weiß alles, wo die Starre beginnt, wann die Reizempfindlichkeit der Glieder aufhört, er weiß es mit dem einen Gehirn, das ein Doktorsgehirn ist, ein gutes Doktorsgehirn, vielleicht eines der besten in der Stadt, und mit dem anderen Gehirn will er es nicht wissen, will die Symptome nicht notieren, die er sieht, und die die Erfahrung bestätigen. Er will nichts als dein Vater sein, Biba. Biba, will, daß du ihn hörst, trotzdem es unmöglich ist, die Arme ausstreckst und noch einmal mit deiner Stimme: Lieb hat er Vatili, sagst. Sag es, Biba, sag es noch einmal!“

Biba versuchte, sich aufzurichten. Er sah den Vater an. Schneeberger war aufgestanden. Es war ein hilfeflehender, vorwurfsvoller Blick, den Biba auf ihn richtete. Du läßt mich sterben? fragte der Blick.

Doktor Schneeberger breitete die Arme aus:

„Ich kann nicht..., Bernhard." Er begriff, daß er ihn jetzt nicht Biba nennen konnte, dessen letzten Blick er empfing, daß der Sterbende nicht mehr Biba war, kaum mehr sein Sohn, ein Greis, ohne süßen Kosenamen.

Biba hatte die Augen geschlossen.

„Exit", sagte Doktor Schneeberger tonlos. „Exit, exit!" schrie er, dieses Wort reizte ihn, aber er fand kein anderes, kein warmes für das, was vorging, nur dieses kalte, abgebrauchte, sachliche des Fachmanns, er schrie es gegen die Wände, indes die Tränen über sein Gesicht rannen.

Das Fräulein stand neben ihm.

„Biba stirbt", sagte Doktor Schneeberger. Und nach einer Pause, während das Fräulein abgewandt das Gesicht in den Händen barg, fügte er hinzu: „Unser Biba".

Der Kalif

Ich habe keinen Vertrauten als dieses Papier. Gerade das erscheint mir schön an meinem Geheimnis, daß ich es für mich allein habe. Ich lächle bisweilen, wenn ich mich erinnere, daß ich alle Menschen von meinem Geheimnis ausgeschlossen habe. Manchmal denke ich, daß ein Mitwisser gut wäre. Es dürften keinesfalls mehrere sein, bloß einer. Man könnte in einer Gesellschaft einander wissend zulächeln, und alle anderen wären von diesem Lächeln ausgeschlossen. Man würde dem Mitwisser zuzwinkern, wenn man ihm auf der Straße begegnete, und wenn man allein in einem Zimmer mit ihm wäre, würde man sich auf die Knie schlagen und laut zu lachen beginnen über die Dummheit der Welt. Aber wen sollte ich ins Vertrauen ziehen? Ich fürchte, es würde mancher das Geheimnis nicht schätzen, ein anderer mich innerlich verspotten, ein dritter die Verschwiegenheit brechen. Ich ziehe mir einen verläßlichen Mitwisser groß. Es ist mein Sohn. Wenn er zwanzig ist, vielleicht schon mit achtzehn, werde ich ihn in mein Geheimnis einweihen. Ich werde den Schrank öffnen; ich werde ihm die Beweise übergeben. Ich habe Beweise, ich schwätze nicht und ergehe mich nicht in Andeutungen. Meine Beweise sind numeriert, datiert, die wichtigsten unter Siegel. Ich habe sie aufbewahrt, nicht nur, um mich vor dem Zweifel und dem Unglauben zu schützen – was wiegt das Persönliche in großen allgemeinen Dingen – vielmehr auch, weil ich die Verantwortung vor dem Weltgewissen fühle, diese wichtigen Dokumente späteren Generationen aufzubewahren.

Ich muß feststellen, daß ich für nichts weiter als einen kleinen Handelsagenten gelte. Ich gehe dem Geschäft nach wie jeder Handelsagent auch, besuche die Kundschaft und verkaufe Zuckerwaren. Meine Kundschaft sind die Inhaber kleiner Läden in der Stadt. Ich spreche mit ihnen über die Aussichten der Ernte, die Teuerung, den schlechten Geschäftsgang. Ich frage nach den Söhnen und Töchtern, nach dem Rheumatismus, den der eine, nach den Magenkrämpfen, die der andere hat. Ich kenne meine Kundschaft seit vielen Jahren. Meine Gespräche unterscheiden sich in nichts von den Gesprächen anderer Handelsagenten. Der Unterschied zwischen mir und anderen Handelsagenten ist mein Geheimnis. Wenn ich meine Muster vorweise, zum Kauf zurede, den Auftrag notiere, wenn ich ohne oder mit Erfolg den Laden verlasse, immer ist mir mein Geheimnis bewußt. Ich weiß, daß kein geschäftlicher Mißerfolg mich erbittern kann, ebensowenig wie die Freude über ein gelungenes Geschäft sich in einem Atem nennen läßt mit der anderen, der großen, reineren Freude an meinem Geheimnis.

Ich ersehne den Augenblick, da mein Sohn erwachsen sein wird. Die Gespräche über Teuerung oder Politik in seiner, des Mitwissers, Gegenwart werden den köstlichen Reiz einer nur uns beiden verständlichen Komödie haben, die wir aus lustiger Spitzbüberei spielen, wenn ich im ernsthaften Tone die Ansichten des Handelsagenten vortrage, der ich scheine. Mein Sohn wird wissen, daß ich etwas anderes bin und daß ich mir aus Laune und Freude am Geheimnis den kleinen Scherz erlaube, die Rolle ernst zu nehmen, die die anderen mir zuteilen. Er wird die Akten eingesehen haben, die ihm darüber Aufschluß geben, was ich in aller Heimlichkeit getan habe.

Er wird wissen, daß sein Vater ein großer Staatsmann ist. Ein großer Staatsmann und doch bescheiden genug, den kleinen Handelsmann weiter zu spielen, ohne Überhebung dem armseligen Erwerb eines Agenten nachzugehen, ohne Stolz an den einfältigen Unterhaltungen von Freunden und Verwandten sich zu beteiligen. Er hätte Anlaß zu Stolz, wie die anderen auch, wird der Sohn denken. Was haben jene erreicht und was er? Hat er nicht durch ein kluges Bündnis mit Rußland, das ich, der Sohn, in seinem Pult gefunden habe, jenes unglückliche Jahr 1866 zu einem friedlichen, glücklichen gemacht? Hat er nicht, er, den man für einen unbedeutenden kleinen Mann hielt, durch vorausblickende Staatskunst ohne Krieg Frankreich und Preußen miteinander verständigt und so 1870 Hunderttausenden Tod, Verstümmelung und Tränen erspart? Vielleicht all das, weil er frei von persönlicher Ehrsucht war, weil sein großes Wirken im Stillen ihn nicht verführte, auch nach außen den Glanz anderer Staatsmänner zu erstreben.

So wird mein Sohn vielleicht sprechen. Ich weiß nicht, ob er damit zu viel sagen wird. Ich überlasse das Urteil ruhig der Nachwelt, die die Akten studieren wird. Ich will bloß sagen, daß mein Streben als Staatsmann dahin ging, den Völkern eine ruhige Entwicklung zu sichern. Ich war vom Schicksal begünstigt, alle Kriege verhindern zu können, die andere Staatsmänner meines Zeitalters führten. Ich hatte das Glück, nicht auf die Berichte der Diplomaten angewiesen zu sein. Ich hatte das Glück, in der Ruhe meiner Studierstube, ohne nach dem Erfolg und dem Beifall des Tages, nach den Ovationen einer irregeleiteten Menge zu dürsten, im Vollbewußtsein der schweren, mir von Gott übertragenen Verantwortung meine Entscheidungen zu fällen. Ich wog die geistigen und wirtschaftlichen Strömungen und Kräfte, ich entschied unparteiisch, weil ich nicht für den Augenblick entschied, sondern weil mich nie das Bewußtsein verließ, daß jede meiner Entscheidungen auf Jahrzehnte, auf Jahrhunderte fortwirkt, daß sich das Gesicht der Welt verändert, sowie sie meinen Kopf verlassen hat und auf dem Papier in Noten, Briefen, Verträgen und Bündnissen Wirklichkeit geworden ist. Das gehört mit zur großen Schwere meines Geheimnisses, daß die anderen, mit denen ich spreche, nicht ahnen, daß die Geschichte durch mich einen anderen Gang genommen hat, als sie wähnen. Wie lächle ich, wenn ich von den Unternehmungen anderer Staatsmänner höre und lese, die die Welt in Krieg und Hunger erstickt haben. Und wie leicht wird mir bei dem Gedanken, daß es mir gegeben war, durch die – überhebe ich mich, wenn ich es sage? – weise Ausnutzung politischer Möglichkeiten Frieden und Ordnung zu erhalten.

Ich habe Mitleid mit den Staatsmännern und denen, die ihre Unternehmungen für wirklich halten, lächelndes Mitleid. Denn ich weiß, daß ihre Taten nicht wirklich sind; wären sie es, wie könnten wir all den Schmerz ertragen, den diese Staatskunst über uns gebracht hat? Ich weiß, wirklich ist bloß, was ich gedacht habe, wie es in den Dokumenten in meinem Schrank aufgezeichnet ist. Ich weiß es, und ich gehe durch die Straßen der Stadt, fahre auf den Dächern der Omnibusse, steige in die Schächte der Untergrundbahnen mit meinem Geheimnis wie Harun al Raschid. Ich gehe durch Bagdad, unerkannt wie der Kalif.

Kleine Lügen

Dialog zwischen Eheleuten

Er, *Sie*. – Er sitzt am Schreibtisch. – Sie tritt ein. Vom Ausgehen gerötet. Betont lebhaft.

Sie: Du bist zu Hause? Ich dachte, daß du heute im Klub bist. – Guten Abend! – Schade, daß du mir das nicht gesagt hast. Ich hätte den Wagen gut brauchen können. Wie lange bist du da?

Er: Eine Stunde, Liebling.

Sie: Du Armer! Eine Stunde. O Gott, man hat dir keinen Tee gegeben. Aber ich bin zu Fuß gelaufen. Ich konnte doch nicht ahnen, daß du schon da bist.

Er: Zu Fuß gegangen?

Sie: Ja. Das Wetter ist doch so herrlich. Ich habe mir Schaufenster angesehen. Überall wundervolle neue Sachen. Man zeigt schon die Wintermoden. Du mußt morgen mit mir gehen, ja, versprichst du es mir?

Er (sieht sie lange an).

Sie (rückt den Hut zurecht, zieht den Spiegel aus der Tasche): Was siehst du mich so an? Was ist denn los? Geh, du bist komisch! Ärgerst du dich, daß ich nicht zu Hause war, du... (sie neigt sich über ihn. Er wehrt höflich ab.) Bitte! Nur kein Zwang! Ist dem Herrn etwas über die Leber gekrochen? Gott, ich kann doch nicht ahnen, daß du heute aus dem Bureau nicht in den Klub gehen wirst, aber mir kann es recht sein, bitte! Ich werde dich gewiß nicht mit Zärtlichkeiten belästigen.

Er: Ich verstehe deine Aufregung nicht. Sonderbar...

Sie: Ich... ich aufgeregt... hahaha... Du bist aufgeregt, mein Kind, weil ich nicht dasitze und warte, bis der gnädige Herr kommt. Das gute Weib! Gott, was ist das für ein Leben, das ich führe! Zu Hause sitzen und warten, immer nur warten! – Aufgeregt, sehr gut, warum sollte ich aufgeregt sein... Was sind das für Einfälle... Da ist gar nichts sonderbar, mein Lieber. Ich wäre dir dankbar, wenn du mir sagen würdest, was du da sonderbar findest.

Er: Vor allem – wie gesagt – deine Aufregung, Liebling.

Sie: Vor allem! Und dann... Es folgt doch etwas nach, wenn ich richtig verstehe.

Er: Nun, eine Kleinigkeit. Eine optische Merkwürdigkeit, sozusagen.

Sie: Optische? Ich verstehe wirklich nicht mehr! Du bist krank, sehr krank! (Sie hat sich gesetzt.) Ich bin ernstlich besorgt. Aber erkläre dich näher, was für eine optische Merkwürdigkeit... hahaha.

Er: Bitte, gerne. Du sagtest doch: „zu Fuß gegangen", war es nicht so? Und mir war, als ob ich dich vom Fenster aus aus einem Auto...

Sie: So, war dir so? Das ist ja herrlich. Also, ich soll wohl bis hierher zu Fuß laufen? Bei diesem Wetter! Der Herr fährt in seinem 80-PS-Wagen, und ich soll mir die Lunge aus dem Leib rennen.

Er: Habe ich das je verlangt, Liebling?

Sie: Es wäre mir auch im höchsten Maße gleichgültig, wenn du es verlangt hättest, mein Freund. Ich habe mir ein Auto genommen, an der Uhlandstraße, wenn du es genau wissen willst, es hat zwei Mark sechzig gekostet bis hierher.

Er: Wieso weißt du das?

Sie: Woher wird sie das wissen, die Kleine? Nun denke doch, denke mal angestrengt nach, woher! Ich will das Geheimnis verraten. Beim Aussteigen zahlte ich. Ich gab fünf Mark und der Schofför gab mir zwei Mark vierzig heraus. Ich habe ihm zwanzig Pfennig als besonderes Trinkgeld gegeben. Bist du zufrieden?

Er: Merkwürdig! Wie das Auge mich getäuscht hat! Ich sah dich die Tür des Autos zuschlagen und geradewegs auf das Haus zugehen.

Sie: Dieser Scharfsinn! Ich habe durch das Fenster gezahlt, mein Geliebter. Ich liebe es nicht, auf der Straße zu stehen und zu warten.

Er: Oh, verzeih! Ich habe an diese Möglichkeit nicht gedacht, wirklich! Aber diese Schofföre sind auch zu dumm. Kein Wunder, wenn sie auf keinen grünen Zweig kommen.

Sie: Die Schofföre?

Er: Warum hat er denn den Taxameter nicht wieder auf „Frei“ gestellt? Er fuhr weiter ohne umzuschalten. Ich konnte es genau sehen. Bei „Frei“ leuchten die beiden kleinen Laternen links und rechts vom Schofför auf. Der Wagen wendete an der nächsten Ecke und fuhr auf der anderen Seite der Straße noch einmal an mir vorbei, ich konnte ihn also noch einmal sehen.

Sie: Ein Verhör!... Das geht zu weit! Ich lasse mir das einfach nicht bieten. Verstanden? Ich verlange, daß man mir glaubt!

Er: Was denn, daß du zu Fuß nach Hause gegangen bist?

Sie: Ich bitte: keine Ironie! Ich weiß nicht, wer von uns beiden mehr Grund hat, ironisch zu werden! Ich lasse keinesfalls ein Verhör mit mir anstellen, (mit tiefster Verachtung in der Stimme) Detektiv!

Er: Ich habe nicht die Absicht, dich zu verhören, mein Liebling. Aber gehört besondere Detektivbegabung dazu, anzunehmen, daß du nicht allein im Auto warst?

Sie: Großartig! Ich bin nicht allein im Auto gewesen! Selbstverständlich nicht. Ich sehe nicht ein, warum ich das verheimlichen sollte.

Er: Ich auch nicht, mein Liebling. Das ist es ja gerade, was ich nicht einsehe.

Sie: Ich habe Edwin unterwegs getroffen, er bat mich, mich nach Hause bringen zu dürfen. Ich verstehe dich nicht, wirklich nicht... Du warst doch sonst nicht so. (Sie führt das Taschentuch an die Augen.) Kann es etwas Harmloseres geben, als sich nach Hause bringen zu lassen, wenn man einen Bekannten trifft, einen guten Freund? Kann es einen Grund geben, das zu verheimlichen?

Er: Gewiß nicht, wenn es Edwin gewesen ist.

Sie: Ich verbitte mir jeden Zweifel.

Er: Warum? Weil du von vornherein die Wahrheit gesagt hast?

Sie: Du bist komisch. Du siehst doch, daß ich nun nicht mehr lüge. Oder...

Er: Du kannst ganz ruhig sein. Ich habe in das Innere des Autos nicht hineingesehen. Ich könnte höchstens jetzt Edwin anklingeln...

Sie: Das wirst du nicht tun (sie ist aufgestanden). Das verbiete ich dir.

Er: Warum verbietest du es mir?

Sie: ...Ich will verhindern, daß du dich lächerlich machst. Nichts ist lächerlicher als Eifersucht.

Er: Du brauchst das nicht zu fürchten. Das Gespräch mit Edwin ist schon überflüssig.

Sie: Das ist wirklich klug. Ich wußte ja... wirklich, ich weiß, daß du klug bist, viel, viel klüger als ich, aber weißt du, es macht mir Spaß, deine Klugheit auf die Probe zu stellen, so mit kleinen, harmlosen Lügen. Aber du bist mir noch immer dahinter gekommen. Ich bin so stolz auf dich! Du, weißt du, was die Modefarbe wird, die ausgesprochene Modefarbe: Blau! Was sagst du dazu?

Mellon, der „Schauspieler“

Wenn ich als Schüler gefragt worden wäre, wen ich für den Ungewöhnlichsten der Klasse hielte, ich hätte vielleicht den Begabtesten genannt, vielleicht den Unbändigsten, einen Zyniker oder einen Rebellen gegen die heilige Schulordnung. Heute weiß ich, daß die Begabung rasch begreift, wie leicht sie jeder Sache dienen kann, und es ist gerade oft ihr eigentümliches Zeichen, wie sie es versteht, sich dem Gewöhnlichen anzupassen, und die Anpassung moralisch zu begründen. Die Sieger im Leben sind in der Regel, von einer höheren Warte gesehen, die Besiegten. Der Tod der Erfolglosen leuchtet zuweilen von den Strahlen des Sieges. Heute weiß ich, wer der Ungewöhnlichste der Klasse gewesen ist. Ein „Gefallener“, einer, der sein Leben von sich warf, als es entscheidende Konzessionen von ihm verlangte.

Zwei meiner Mitschüler haben ihrem Leben freiwillig ein Ende gemacht, beide kurz nachdem wir die Schule verlassen hatten. Keiner von beiden aus unglücklicher Liebe, wegen schlechter Prüfungszeugnisse, Krankheit, Schulden, beide aus dem Wissen, daß der Tod unter gewissen Umständen dem Leben vorzuziehen ist. Der, von dem ich erzählen will, war B. K., der Schauspieler. Sohn einer armen, kinderreichen Witwe, die sich und ihre Kinder mühevoll mit einem kleinen Ladengeschäft durchbrachte. Unterernährt, hellblondes Haar, lange, vorspringende Nase, auf der, an einem schwarzen Schnürchen befestigt, ein Kneifer saß. Das Gesicht war faltig, greisenhaft, die Brust schmal, eingedrückt. Die Arme, lang und dürr, schlenkerten in Bewegungen ohne Rhythmus. B. K. hatte als kleiner Junge bei einer Märchenvorstellung einen Zwerg oder Greis gespielt. Eine Zeitung hatte ihm aus Anlaß der Vorstellung einige Zeilen gewidmet. Er trug den Ausschnitt von der ersten bis zur achten Klasse wohlverwahrt in seiner Tasche. Im Schulbericht des Jahres, in dem unsere Klasse entlassen wurde, stand hinter seinem Namen als zukünftiger Beruf der Beruf, dem er in allen Jahren keine Stunde lang untreu geworden war: der Beruf des Schauspielers.

Ein Zufall, der Witz eines Lehrers, eine falsch beantwortete Frage mag der Anlaß für den Spottnamen gewesen sein, den wir B. K. beilegten. Wir nannten ihn Mellon, ein Wort, das wir von dem griechischen Verbum „mellein" ableiteten. Heute scheint mir, als stünde dieses sonderbare Wort in einem tiefen mystischen Zusammenhang mit dem Schicksal und Leben des armen B. K. Wie die Bedeutungen dieses Wortes, die ich im Wörterbuch finde, das Leben des kleinen Schauspielers bedeutungsvoll begleiten! War eine Ahnung dieses Schicksals in den Knaben, die dem Mitschüler den Spottnamen gaben?

Ich lese im Wörterbuch beim Wort „mello":

„a) im Stande sein, vermögen, können."

So fing es an. Er war im Stande, als Knabe einen Greis darzustellen, er vermochte es, man nannte ihn in der Zeitung, er kostete für einen Tag die Eitelkeiten des Ruhmes, dessen Erinnerung er noch nach zehn Jahren in der Tasche trug. Er zweifelte nicht, daß er konnte. In meinem Zimmer trug er mir, sechzehnjährig, in meine Pelerine gehüllt wie in einen Gebetmantel, mit schaukelnden Bewegungen des Oberkörpers und hilflosen Gesten der Arme den Shylok vor, die rotgeränderten Augen flackernd, die bleichen Wangen von der Erregung durchblutet. In der Schule las er die großen klassischen Rollen, wie stand er da vor uns, glühend, Egmont, Max, Zauberlehrling, braver Mann, Agamemnon, Achill, nichts ahnend von dem Eindruck, den der wackelnde Kneifer, die schlenkernden Arme, der armselige Leib im Gegensatz zu den pathetischen Worten, die der Mund sprach, auf uns machten. Niemand wagte offen zu lachen. Wir wußten, wie Mellon war, wenn er beleidigt wurde: ein Rasender, der biß und kratzte, in dessen muskellosen Armen plötzlich Härte und schwer zu besiegende Zähigkeit war.

„b) im Begriff sein, gedenken, beabsichtigen, c) wollen."

Ihm war bewußt, was dieses alles war: ein im Begriff sein erst, gedenken, beabsichtigen. Es war das „noch nicht". Alles war: wollen. Und er vergaß nicht die Schule, wie andere an seiner Statt sie vergessen hätten. Denn über ihm stand das Zeichen seines Wortes in ganzer Schwere: „to mellon, die Zukunft, das Bevorstehende". Er saß in der ersten Bank, aufmerksam und vorbereitet. Was war denn das alles? Ein im Begriffe sein erst, nur daraus keine Schwierigkeiten wachsen lassen, diesen Berg, so schnell es ging, galt es zu übersteigen.

„d) zögern, zaudern, Bedenken tragen."

Nein, wahrhaftig, er zögerte nicht, er zauderte nicht, er trug keine Bedenken. Was vor ihn gesetzt war nach dem Willen seiner Wohltäter, brachte er hinter sich, die Schule, was sein mußte, nach der Bedeutung e) seines Schicksals. Denn noch „mußte" er, um der „Zukunft, des Bevorstehenden" willen, auf anderem Felde als dem seinen leben und bestehen.

Als er die Schule verließ, gezeichnet durch seinen Willen, stand Gottes Ratschluß wider ihn auf in Gestalt wohltätiger Onkel und Beschützer der Witwen. Er sollte den raschen Weg ins kaufmännische Leben gehen, denn das, was er wollte, schien den Beschützern der Witwen und Waisen für ihn falsch und verderblich. Er wurde krank. Denn nun mußte er nicht mehr. Nun war kein Wollen, kein im Begriffe sein, kein Gedenken, kein Beabsichtigen mehr, to mellon, die Zukunft, war nicht mehr: noch nicht, war jetzt: vorüber. Nun zögerte er, nun zauderte seine Seele, und sein Herz trug Bedenken. „Mello apechesthai Dii, ich mag wohl, oder ich muß wohl Zeus verhaßt sein, ich bin vermutlich, wahrscheinlich der Gottheit verhaßt." Hieß nicht so ein Beispiel für den Gebrauch des Wortes mello? Noch einmal wollte er, weil er nichts mehr wollte. Sein Körper war wie der Körper eines Kindes, als seine Seele ihren Sieg errang über die Zukunft, die ihn bedrohte, und sein Mund, den er für große schöne Worte geschaffen geglaubt hatte, sich hart verschloß gegen jede Nahrung.

So verhungerte freiwillig der arme Schauspieler Mellon, neunzehn Jahre alt.

Der heimliche Krieg

An den Sommerabenden standen die Mädchen am Brunnen. Sie hatten die Ärmel hochgeschlagen, sie kicherten und das Wasser schwappte, wenn sie schlenkernd gingen, aus den Krügen und Butten. Die Soldaten blieben stehen und schwätzten und lachten mit ihnen. Wir waren fünfzehn Jahre alt. Die Mädchen schämten sich vor den Soldaten und vor einander, daß sie uns kannten. Wenn sie allein waren, nach dem Zapfenstreich, oder beim Kommen und Gehen in den dunklen Gassen schämten sie sich nicht.

So entstand der geheime Krieg zwischen mir und R., von dem niemand etwas wußte außer uns beiden. R. hatte uns beim Brunnen beobachtet, anders konnte es nicht sein, aber er verriet sich nicht in der Schule. Er schritt in der Klasse auf und ab wie immer und fragte uns Verba ab: „ich werde gewußt haben", „o, daß ich gewußt hätte", „laßt uns gewußt haben", die Fragen sprangen von einem zum andern, so schnell und mechanisch wie immer. Aber es konnte nicht Zufall sein, daß er an diesem Abend vor mir stand. Er mußte, unsichtbar, am Brunnen gewesen sein und mich verfolgt haben.

Es war zehn Uhr abends, als die rote Anna vom Brunnen ging. Ich trat auf sie zu, als sie in die Seitenstraße bog. Wir flüsterten fünf Minuten miteinander. Selbst wenn er im Schatten eines Hauses ganz in unserer Nähe stand, konnte er nicht hören, was wir sprachen. Die Anna ging ins Haus mit der Wasserbutte. Nach einem Augenblick kam sie wieder. Ich folgte ihr in einem Abstand. Sie wollte sich nicht auslachen lassen, daß sie mit mir ging. Es kamen noch Mädchen durch die Straße vom Brunnen. Mein Gesicht war rund und noch glatt wie ein Kindergesicht. Die rote Anna war die schönste am Brunnen, groß und breithüftig.

Wir setzten uns in der Anlage am Fluß auf eine Bank. Es war nachts verboten. Aber der nächste Polizist stand weit weg in der Straße und man war hier ungestört wie im Wald. Ich gab der Anna eine Tafel Schokolade, eine Halskette, die ich in einer Schießbude gewonnen hatte, und fünf Kronen, die sie lange nicht annehmen wollte. Sie war sehr freundlich mit mir. Die Hände waren von der

Arbeit rauh, aber ich durfte ihre Haut am Hals und auf der Brust befühlen, wie zart und warm sie war. Die Anna hatte nichts an unter der Bluse, kein Schnürleibchen, nur ein loses Hemd, das tief ausgeschnitten war.

Plötzlich hörten wir leise Schritte, und schon blitzte eine Blendlaterne auf. Ich konnte nichts sehen, aber ich hörte eine harte Stimme. Dann begann Anna zu schreien, sie hatten sie gepackt, es waren zwei Polizisten, sie schleppten sie weg. Mich hielt ein Geheimer am Rock. „Was hast du ihr gegeben?" fragte er. Ich sagte es der Wahrheit gemäß. Dann sagte er etwas sehr Kränkendes, das auf mein kindliches Aussehen Bezug hatte. Ich möchte es nicht wiederholen. „Wird ihr was geschehen?" fragte ich. „Du schau, daß du nach Hause kommst", sagte der Geheime.

Ich will gleich sagen, daß ich die Anna nach einigen Monaten wiedergesehen habe. Sie ging am Brunnen vorbei. Die Mädchen riefen ihr Schimpfworte nach, denn sie hatte jetzt von der Polizei ein Büchel. Sie war schöner als früher und wie eine Dame gekleidet. Ich weiß nicht, warum ich nicht wagte, auf sie zuzugehen.

Als der Geheime mich losgelassen hatte, lief ich verzweifelt und beschämt weg. Ich hörte wie einen Vorwurf noch lange Annas Kreischen und Schreien. Als ich aus der Anlage trat, stand im Schein der ersten Laterne R. vor mir. Mir war, als lächelte er.

Ich lief nach Hause. Kein Zweifel: R. hatte die Polizei geschickt. Nun mußte das Nachspiel in der Schule kommen. Ausschluß von sämtlichen Anstalten Österreichs. Handwerk oder in ein Geschäft als Lehrling, wenn mich dann überhaupt jemand noch nahm. Ich verbrachte eine schlaflose Nacht. Wenn man mich ausschloß, wollte ich sterben. Morgen mittag mußte es entschieden sein. Aber es war kein Zweifel, wie es entschieden würde. Ich schrieb gegen Morgen einen Abschiedsbrief an meine Eltern.

R. sagte am nächsten Tage nichts. Ich verbrachte eine zweite Nacht wie die erste. Jetzt begriff ich. Ich zweifelte nicht, daß R. mein Feind war, grausam, rachsüchtig, tückisch. Er hob sich die Entdeckung auf. Er wollte mit mir Schluß machen, wenn ihm der Augenblick günstig schien, bis dahin mit mir spielen, mich in Sorglosigkeit einhüllen, mich demütigen, quälen. Ich ertrug das nicht. Wenn er mich fragte: „Ich werde gegessen sein", „sei ein Gegessener", verweigerte ich die Antwort. Es sollte zum Krach kommen. Heute, gleich. Mein Leben war abgeschlossen. Aber R. wollte noch nicht. Niemand ahnte den geheimen Krieg zwischen mir und R. Beim Diktat der Schularbeit legte ich die Feder hin: „Sie diktieren zu schnell!" „Sie sind störrisch" sagte er, sonst nichts. Am nächsten Tag, als er die Klasse verließ, sagte er: „Ihr Vater war bei mir." Ich stürzte ihm nach. „Sie haben es ihm gesagt, Sie Lump!" schrie ich, „Sie Schuft!" Aber meine Stimme war eingerostet im Hals. Dann fiel ich nieder.

Sie trugen mich ins archäologische Kabinett. Als ich zu mir kam, sagte er: „Sie müssen einige Tage zu Hause bleiben, Sie sind krank." Erst als die Ferien kamen, atmete ich auf. Aber es dauerte noch drei Jahre bis zum Abitur. Ich hatte mich ergeben. Ich wußte, ich war hoffnungslos in seiner Hand. Erst als ich die Schule verließ, wich die Last, die mich nachts aus dem Schlaf stieß, von mir und ich konnte wieder leben.

Ich traf R. viele Jahre später in einem Eisenbahncoupé. Es war nach dem Krieg. Er fuhr aufs Land, Lebensmittel einzuholen. Sein Anzug war ärmlich. Er erkannte mich sofort. Er sprach von den Mitschülern, kannte das Schicksal jedes einzelnen. Er sprach harmlos, wie zu einem guten alten Bekannten. Von mir wich die Schüchternheit nicht. Ich fürchtete, daß er jetzt sagen könnte, was er damals nicht gesagt hatte, und in diesem Augenblick war mir nicht bewußt, daß ich jetzt dazu lachen konnte. Aber er sagte auch heute nichts. „Ich habe immer Stücke auf Sie gehalten", sagte er. Ich dachte an die schrecklichen Jahre. Hatte er unseren heimlichen Krieg vergessen? In einer kleinen Station stieg er aus. Vom Bahnsteig winkte er mir noch einmal. Er trug einen leeren Rucksack auf dem Rücken. Da stand er, alt und ärmlich, die Last meiner Jugend! Wußte er nicht mehr?

Am Ende, am Ende hatte er nie gewußt...

Die Bewandtnis

Leopold stand vor der Tür des Hauses, das er eben verlassen hatte und überlegte. Es schien ihm, daß er oben etwas vergessen habe. Er wandte sich langsam um und stieg wieder die drei steilen Treppen zum Musiker hinauf.

„Verzeihen Sie," sagte er und trat ein.

Im Zimmer sah er sogleich das Bild. Er hatte es vorhin nur flüchtig gesehen. Er wußte nun auch, daß es die Erinnerung an dieses Bild gewesen war, die er vergessen hatte.

„Ein merkwürdiges Bild," sagte er und sah es betroffen an. „Ein wirklich höchst merkwürdiges Bild."

„Ja," sagte der Musiker. Er war erstaunt, daß Leopold nichts anderes zu sagen hatte.

An der Tür wandte sich Leopold um.

„Ich gehe jetzt in die Restauration des Wilhelm Rau in der Brunnenstraße. Sie kennen diese Restauration. Ich werde bis zehn Uhr dort sein. Dann werde ich nach Hause gehen."

Der Musiker fragte nicht: Wozu erzählen Sie mir das?

Es war ein junger und bescheidener Musiker.

Der Gedanke an dieses Bild war Leopold schwer. Es war ein Bild in einem einfachen Rahmen. Man sah eine Tischplatte. Ein Mann mit über der Tischplatte aufgefalteten Knochenhänden zählte Silberstücke. Die Hände waren schmal und hatten lange Finger. Neben ihm saß eine Frau, deren loser Kittel hängende Brüste eher sehen ließ als verbarg. Auch sie hatte aufgefaltete Hände. Über den Tisch war eine Flüssigkeit gegossen, wohl eine klebrige Flüssigkeit. Die Gesichter waren kantig, weiß und streng. Es waren knochige Gesichter, wie die Hände schmal, leidend und aufgefaltet.

Leopold dachte, daß dieses Bild das „Abendmahl" heißen könne oder die „Hostie". Es erinnerte an Dinge, mit denen es gewiß nicht zusammenhing, ebensowenig wie mit dem Abendmahl. Es war im Grunde ein weltliches Bild. Es waren die Hände, die es heilig machten, und die Augen.

Die Hände waren aufgefaltet. Das war das Erstaunliche. Leopold hatte dieses Wort noch nie so gehört. Aber es war ein bekanntes heiliges Wort. Vielleicht kam es aus einem vergessenen Kirchenlied.

Der Musiker begann zu spielen. Leopold hörte es, weil das Fenster des Musikers weit offen stand. Die Straße war unbelebt.

Es fiel ihm ein, daß er dem Musiker versprochen hatte, in die Brunnenstraße zu gehen. Es konnte sein, daß der Musiker zu ihm komme und ihn suche. Es war neun Uhr.

Leopold schlug einen raschen Schritt an.

Der Gedanke an dieses Bild war schwer. Leopold schien es nun, daß die Flüssigkeit, die auf dem Tisch vergossen war, nicht Wein oder Schnaps sei, wie er ursprünglich gedacht hatte, sondern Blut. Trotzdem das Bild den Eindruck erweckt hatte, als seien Schwarz und Weiß die einzigen Farben, schien die feuchte Stelle auf dem Tisch rot, klebrig und ungetrocknet. Er fühlte es genau mit den Fingern, daß sie sich keineswegs wie Schnaps oder Wein anfühle, daß das Klebrige nicht von Zucker rühre, daß es die Klebrigkeit von Blut sei. Es schien aus den blutleeren Fingern geflossen. Aber vielleicht klebte es von früher da. Der Wirt, der es vom Tische abwischen kam, wich zurück, weil Leopold die Finger nicht davon rührte, das Bier unberührt ließ und den Wirt abweisend ansah.

Es war nicht zweifelhaft, daß alles sich bald aufklären mußte: sowie der Musiker kam, der das Bild besaß. Er konnte sagen, was das Alles sei.

Leopold richtete sich auf, und seine Ellbogen entfernten sich vom Körper. Doch die Finger behielt er aufgefaltet. Er war erschrocken, daß das Blut am Tische sei, und sah auf die Tür, die sich öffnen sollte. Es war niemand neben dem Wirt in der Stube.

Leopold fuhr sich mit der Hand über die Stirne. Denn der Gedanke an das Bild war schwer. Er wollte den Gedanken vergessen.

Aber das Geld, dachte er. Was ist mit dem Geld? Es hat alles seine Bewandtnis.

„Seine Bewandtnis,“ sagte er laut, und dies Wort schien ihm unbegreiflich, fremd und kaum zu ertragen.

Er ging und hatte das Bier nicht getrunken. Er dachte, daß es viel Geld koste und daß die Frau hungere. Aber er hatte es dem Musiker versprochen. Und nun war er nicht gekommen.

Es schlug zehn, als er auf die Straße kam. Da begann er zu laufen.

Die Frau saß in einem Kittel in der Stube. Er sah ihre hängenden Brüste, die der Kittel mehr sehen ließ als verbarg. Es war keinen Monat her, daß das Kind gestorben war.

Da legte Leopold das Geld aus seiner Tasche vor die Frau auf den Tisch. Es waren sechs Silbermünzen, die er vom Musiker für das Notenschreiben erhalten hatte.

Es roch nach frischem Fleisch. Das Fleisch stand in einer Schüssel am Fenster.

„Moritz?" fragte Leopold.

Moritz hatte der schwarze Kater geheißen.

Er nahm das Fleisch aus der Schüssel und brachte es und legte es auf die Tischplatte.

„Essen wir," sagte er.

Sie aßen und warfen die Knochen in die Ecke. Es blieb nichts vom Moritz als ein feuchter Fleck auf dem Tisch. Sie saßen nebeneinander.

„Bald werden Gäste kommen," sagte er.

Sie warteten, daß der Musiker komme.

Gegen Morgen löste sich ihr Kittel, und ihre Brüste, die er kannte, hingen über den Tisch. Es waren arme, leere Brüste. Sie waren streng und aufgefaltet.

Als sie das Kind noch nährte, floß Blut aus ihren Brüsten statt Milch. Er sah die Brüste an. Es war ein fürchterlicher Fleck auf dem Tisch.

Das Blut hat das Kind getötet, dachte er.

Es sind schöne Brüste, dachte er, aufgefaltete leere Brüste. Ob noch Blut daraus rinnt? In den Kittel? Am Ende ist eine Kruste von Blut an den Kittel geklebt. Es sind schwere Gedanken, die man denkt, es sind schwere Gedanken.

Vielleicht, dachte Leopold, wenn der Musiker kommt und sieht es, die Brüste, den Fleck, das Geld und den Kittel, die leeren blutenden lieben Brüste, vielleicht kann er sagen, was es für eine Bewandtnis hat. Sie ist da. Aber unbegreiflich, fremd und kaum zu ertragen. Leopold, o Leopold.

Der Weinreisende

Erzählung

Ich will mich nicht bei der Schilderung von Jugendeindrücken aufhalten. Nur so viel, daß ich vor sechsunddreißig Jahren als Sohn eines Reisenden geboren wurde. Ich eignete mir frühzeitig die Kenntnisse an, die mich einst befähigen sollten, das Geschäft meines Vaters zu übernehmen. Trotzdem er sich zeit seines Lebens nur mit Mühe durchgeschlagen hatte, hatte er mir eine große Erbschaft zu hinterlassen: seine Kenntnis der Kundschaft. Er kannte alle Kaufleute seines Bezirkes, die in Betracht kamen – und es kam im kleinsten Ort einer in Betracht – nicht nur beim Namen, er kannte ihre Verwandtschaften, Familienverhältnisse, Charakteranlagen. Das ist nicht leicht bei einem so ausgedehnten Geschäft, wie es das Weingeschäft ist. Man muß die Wirte in den kleinen Orten besuchen, Delikatessenhändler und Hoteliers in den Städten. Es ist ein vielfältiges Volk, das der Weinreisende in seiner Tätigkeit kennenlernt, vielfältiger will mir scheinen als die Kundschaft etwa des Tuchreisenden. Wirte sind Spitzbuben, pflegt man zu sagen, und daran ist wahr, daß der Wirt ein abwechslungsreicheres Metier hat als sonst ein Kaufmann.

Wenn ich berufen wäre, einen Roman der Abgründe des menschlichen Herzens zu schreiben, würde ich einen Wirt zu meinem Helden machen. Etwa den Besitzer eines kleinen Hotels. Es müßte in einer schmalen Seitengasse liegen, zwischen Tingel-Tangeln und kleinen Läden. Die Geheimnisse eines solchen Hauses, die Menschen, die ein- und ausgehen, Liebespärchen und Hehler, ein Auf und Ab lachender und grimmiger Gestalten, die Hefe des Volkes und die Spitzen der vornehmen Gesellschaft, in deren Mitte der Wirt stünde, äußerlich der kleine Bürger, das Herz aber voll von den Geheimnissen seiner Kundschaft, die ihn lockt, mehr vom Leben zu verlangen, als ihm zugeteilt ist.

Im Grunde ist kein Unterschied zwischen einem Herbergswirt in der Hauptstadt und einem Wirt in der Provinz. Der Schauplatz ist kleiner, es agieren weniger Personen die Komödie, aber die Leidenschaften sind gleich heiß und verzehrend. Fast möchte ich sagen, daß der Wirt in der Provinz dem in der Hauptstadt um eine Erregung überlegen ist: um den Fremden aus der Hauptstadt, der ihn mit der großen Welt verbindet, dessen Gepäck er mit derselben sinnlichen Neugier mustert wie seine Kleider und seine Wäsche im Schrank. Einem Wirt ist schwer etwas vorzumachen. Gäbe es in der Hochstaplergilde eine Meisterprüfung, wäre die Aufgabe gewiß, einem Wirt einen Groschen zu entlocken.

Ich sage das, weil dieser Beruf, wie man sehen wird, in meinem Leben eine besondere Rolle spielt, und um deutlich zu machen, wie schwer das Geschäft des Weinreisenden ist, ganz abgesehen davon, daß man mit Wein handelt. Man nennt Wein Ware, wie man Seide Ware nennt oder Papier. Trotzdem Papier und Seide einer bestimmten Farbe und Sorte grenzenlos erzeugbar sind und ein Papier derselben Art und Sorte immer genau aussehen wird wie das andere. Papier und Seide zu kennen, ist eine Sache der Übung. Zum Weinreisenden muß man geboren sein. Wein zu kennen ist eine geheimnisvolle Gabe. Sie hängt nicht nur von den feinen Geschmacksnerven der Zunge ab. Diese sind eine selbstverständliche Voraussetzung. Ich scheue mich nicht, diese Gabe eine Gabe des Herzens zu nennen. Sie kann nicht geübt, gelernt oder erklärt werden. Ist es eine Überhebung, wenn ich sie der künstlerischen Sendung vergleiche, die auch nicht gelernt werden kann, sondern da ist als ein Geschenk der Götter? Sie ist nicht schöpferisch wie die Gabe des Dichters. Aber gibt es nicht auch nichtschöpferisches Künstlertum, die Kunst des Genießens, Ergriffenseins, ist es nicht wie das Geschenk des Schaffenden, das Geschenk etwa von Musik durchrauscht zu sein, die Ekstase des Hörers, wenigen gewährt, aufwühlend wie die Gabe des Schöpfers? Und etwas vom Schöpferischen, liegt es nicht in der Wertung des Genossenen, in der Entscheidung, die den Genuß krönt, ihn beendet, rein und klar aus den Wogen der Erschütterung hervorspringt wie jene griechische Göttin, von der ich hörte, sie sei dem Haupt des Vaters gewaffnet entsprungen? Mit gespannten Sinnen alles in sich aufzunehmen, Geruch, Geschmack, Schwere, mit Lippen, Gaumen und Zunge nach den Tropfen zu tasten, ob sie sich anfühlen wie schwerer Samt oder harte Seide, durchzuckt von tausend Erinnerungen, die nach Gestalt drängen, ergriffen von einem Rausch aller Sinne, aus dem die Erkenntnis geboren wird, das ist eine Gabe, die nur wenigen zugeteilt ist. Ich habe sie von meinem Vater geerbt und besitze sie in einem so hohen Maße, daß ich imstande bin, einen Wein, von dem ich einen Tropfen vor zehn Jahren getrunken habe, zu erkennen, seine Herkunft, seinen Jahrgang zu nennen.

Von Anfang an war ich nicht dazu bestimmt, diese Fähigkeiten zu verwerten. Mein Vater wollte nicht, daß ich seinen Beruf ergreife, der ihm nur ein kleines, mühselig verdientes Einkommen gebracht hatte. Er wollte, daß ich als Lehrling in ein Handelshaus eintrete, das weite Beziehungen nach allen Ländern der Erde hatte und dessen Inhaber ein entfernter Verwandter meiner Mutter war. Der Plan scheiterte an meinem Widerstand. Ich wollte Weinreisender sein. Ich besiegte meinen Vater, der ein Mann von großer Herzensgüte und zärtlicher Liebe zu seinem einzigen Kind war, leicht durch die Frage, ob er seinen Sohn auch zwingen würde, in das Handelshaus einzutreten, wenn dieser ein Virtuos auf der Geige wäre.

„Nein“, sagte mein Vater. „Ist der Wein nicht wie eine alte Geige“, fragte ich, „und ist es mir nicht gegeben, auf dieser Geige wie ein Virtuos zu spielen?“

Man könnte nach diesem glauben, daß ich von Jugend an ein Mensch mit bescheidenen Zielen gewesen bin. Daß mein Wunsch war, meiner Neigung zu leben, lieber in dieser ein kleines Glück zu finden, als in der großen Welt das rauschende Treiben zu suchen, das kein Glück bedeutet. Daß ich nichts anderes sein wollte, als was der Vater war. Ich möchte gleich sagen, daß dem nicht so gewesen ist. Was ich hier niederschreibe von rauschendem Treiben der Welt, wußte ich damals nicht. Ich mußte dieses Wissen in einer harten Schule erringen. Das Schicksal ist mir ein strenger Lehrer gewesen, ein strengerer vielleicht als anderen, deren Leben ruhig und ohne große Erschütterung in der vorgeschriebenen Bahn verläuft. Glaubt man, der Gedanke, Geld zu verdienen wie mein kinderloser Onkel, den ich wohl später beerbt hätte, habe mich nicht gereizt und gelockt? Geld haben, Luxus, Frauen beschenken und bezahlen können, als vornehmer Mann durch die Welt gehen, das war damals wohl der sehnlichste Wunsch meines Herzens. Wenn ich trotzdem den Vorschlag ablehnte, der mir für die Zukunft das alles in Aussicht stellte, so war der Grund der, daß ich dachte, all dies müsse mir auf eine leichtere und angenehmere, eine mühelose Art in den Schoß fallen, nicht durch ehrliche anständige Arbeit im Kontor meines Onkels unter dessen strenger Aufsicht mühevoll errungen werden. Ich glaubte nicht bloß, ich war überzeugt, daß kühne abenteuerliche Möglichkeiten bestünden, sich ohne Mühe in den Besitz von Geld zu setzen. In meiner Brust war trotz meiner Jugend kein Vertrauen, daß Ehrlichkeit, Fleiß und Sparsamkeit ihre Belohnung finden müßten. Ich glaubte an das Gegenteil.

Über die Art, wie ich meine Träume durchsetzen wollte, hatte ich keine bestimmten Vorstellungen. Ich hatte bloß das Bewußtsein, daß es galt bereit zu sein, unbeschwert von Vorurteilen, unbefangen, um, wenn die Gelegenheit es mit sich brachte, zuzupacken. Ich erdachte mir Situationen aller Art, aus denen ich mit reichem Gewinn hervorging. Eine ist mir besonders in Erinnerung. Ich nehme zu meinen Gunsten an, daß ich diese deswegen besonders liebe, weil ich darin weniger durch Betrug als durch meine Kunst siegte.

Ich komme, so dachte ich es mir, auf einer meiner Reisen in einen Ort. Es ist ein kleiner unbedeutender Ort, weitab von der Straße des großen Verkehrs. Ein Ort, von dessen Existenz ich bis zu diesem Tage, da ich ankomme, nichts weiß. Ein Abenteuer hat mich hierher verschlagen. Ich kehre in der Herberge ein, mache wie ich es gewöhnt bin, lange und sorgfältig Toilette, länger vielleicht als sonst, um den Wirt auf die Folter zu spannen. Ich weiß, der Wirt lauert auf mich, mich auszuholen. Er ist neugierig, wie nur ein Wirt es sein kann. Ich gehe die Treppe hinunter. Ich setze mich an einen Tisch. Der Wirt kommt, mit mir ein Gespräch zu beginnen. Ich bin wortkarg. Da bringt man den Wein. Die Flasche ist alt und staubig, ohne Vignette. Ich gieße ein Glas voll. Bordeaux. Ehe ich noch trinke, erfaßt mich jene lockende Unruhe, ein Zittern der Sinne, wie es Künstler erfassen mag, wenn sie plötzlich, unvorbereitet die Vision eines Werkes überfällt. Im nächsten Augenblick zerdrücke ich den ersten Tropfen zwischen Zunge und Gaumen. Eine wollüstige Wärme geht durch mein Blut. Ich schließe die Augen. Ich habe den köstlichsten Wein vor mir, den ich je getrunken habe. Die Krone aller Weine. Gewiß hundert Jahre alt, hundert Jahre lang in der Flasche verschlossen gewesen, hundert Jahre lang allen Einflüssen der Erde entzogen, sich selbst überlassen, reif geworden, reif wie eine tropische Frucht, von sanfter Schwere, schmiegsamer Süße, wert durch die Kehlen der verwöhntesten Kenner zu fließen. Nur eine Sekunde und ich weiß alles. Ich öffne die Augen. Ich sehe den Wirt an. Er ahnt nichts von meiner Entdeckung.

Noch heute erinnere ich mich genau des Geschmacks dieses Weines, trotzdem ich ihn nie getrunken habe. Ich fühle seinen Duft in den Nerven der Nase, so als hielte ich das Glas jetzt vor mir. Ich weiß, daß ich nie wirklich diesen Geruch atmen, diesen Geschmack auf der Zunge fühlen werde, den die Erinnerung mir vorgaukelt. Erinnerung? Erinnerung? Erinnerung an etwas, was ich nie wirklich erlebt habe? Man wird darüber lachen. Aber mir ist es nicht anders als ein wirkliches Erlebnis. Ich finde kein besonderes Merkmal, durch das sich dieses Erlebnis von anderen unterschiede. Wenn dieses nicht wahr ist, dann bin ich wohl auch nicht wirklich Weinreisender gewesen, sondern habe es geträumt, und ich weiß nicht mehr, ob ich wirklich einen Menschen erschlagen habe, oder ob es ein Traum war.

Ich glaube, man sollte sich nicht bemühen zu ergründen, was im Vergangenen wirklich und was nicht wirklich war. Der Gedanke ist sonderbar und beunruhigend. Es ist ein Trost, wenn das Herz nicht unterscheidet.

Ich legte den Betrug klug an. Ich sprach mit dem Wirt nicht vom Wein an diesem Tage. Beim Zahlen ersah ich, daß der Wirt ihn, der Tausende wert war, nur einige Groschen wert hielt. Tags darauf erst schwatzte ich dem Ahnungslosen seinen ganzen Bestand, hundertzehn Flaschen, ab und war ein reicher Mann.

Ich war kaum achtzehn Jahre alt, als mir mein Vater sein Notizbuch übergab. Dieses Buch war das Szepter meines Vaters. Mit ihm übermachte er mir die Kenntnis der Kundschaft. Es war ein Büchlein in Oktavformat mit verbogenen Pappdeckeln, die durch eine Gummischnur zusammengehalten wurden. Das Büchlein war gerade so groß, daß man es, wenn auch mit Mühe, in die äußere Jackentasche stecken konnte. Wenn man es aufschlug, sah man an seinem rechten Rand eine Treppe von weißen Buchstaben auf roten quadratischen Feldchen, A bis Z. Dieses Buch diente keineswegs dazu, die Aufträge der Kundschaft einzutragen. Dazu hatte man dünne Hefte, in die Blaupapier eingelegt war, mit vorgedrucktem Text. Solche Hefte besitzt jeder Handlungsreisende. Ich glaube aber nicht, daß ein Reisender ein Buch besitzt, wie mein Vater es mir vermachte. In vierzigjähriger Tätigkeit war hier notiert, was für den Reisenden in den Bezirken, die wir bereisten, meinem Vater wichtig schien, Charakteristik der Personen, mit denen man zu tun hatte, ihre Art, ihre Beziehungen, Ortschaften, Preise: ich sehe, daß diese Zusammenstellung kein lebendiges Bild gibt und will einige Zeilen aus dem Buch meines Vaters wörtlich anführen.

„M. Rothaariger Lump. Sehr vorsichtig sein. Beanstandet jede Sendung. Täglich betrunken, abends kommen. O. Neffe von F. in ... Eine Büchse Sardinen kaufen. Grüße von F. bestellen. Fragen, ob wieder Schmerzen im Bein hat. Auf die Juden schimpfen. Gute Aufträge, Flaschenweine. Von Meyer & Ludwig. Nicht weggehen."

Man sieht aus diesen Beispielen, daß mein Vater, wenn nicht ein besonderer, so doch ein sonderbarer Mensch gewesen ist. Ich kann mich nicht enthalten, da ich schon von meinem Vater zu sprechen begonnen habe, noch etwas von ihm zu erzählen, wenn auch vielleicht es den Gang meiner Erzählung hemmt. Aber am Ende kommt es mir nicht darauf an, eine spannende Geschichte zu schreiben, vielmehr die wichtigsten Umstände meines Lebens aufzuzeichnen. Überhebe ich mich, mein Leben für wichtig genug zu nehmen, überliefert zu werden? Ich schreibe nicht zur Belehrung und nicht zur Erbauung. Ich bin niemandem Rechenschaft schuldig. Vielleicht will ich nichts anderes als Schritt für Schritt im Geiste noch einmal den Weg durchmessen, den ich zurückgelegt habe, weil es eine geheime Lust ist in der ohnmächtigen Qual des Herzens, die Dinge, wie sie geschehen sind, nicht nochmals anders geschehen lassen zu können. Ich werde wieder die Stationen des Weges erleben und werde bei diesem Erlebnis das unausweichliche Ende kennen. War es schon damals unausweichlich, als ich es noch nicht kannte? Oder hätte ich damals durch ein anderes Wort, einen anderen Entschluß das Schicksal zu einem anderen Ende führen können? O Gott, laß mich glauben, daß mir alles unausweichlich bestimmt war. Oh, daß die Erinnerung nicht ausgelöscht wird, daß sie immer wieder uns zum Schein vor die Entscheidung stellt, die unausweichlicher Zwang ist, einem geheimnisvollen Vorher zu folgen, das am Ende auch nicht wirklich gewesen ist, wie der Traum einen zwingt, erschreckt Worte zu bilden, deren Klang einem aus Vergangenheit oder Zukunft im Ohr hängt. Die Dinge sind voll vom qualvollen Geheimnis, in dem sich der Mensch verirrt.

Ich wollte von meinem Vater sprechen. Ich wollte sagen, daß er leichten Herzens sich auf sein Altenteil zurückzog, wenn auch er kaum genug zurückgelegt hatte, ein kärgliches Dasein zu fristen. Ich möchte nicht, daß man meinen Vater für einen Narren hält, wenn man gelesen hat, was ich von ihm niederschreibe. Diese Absonderlichkeit, die ich mitteilen werde, hat seinem Leben ein stilles Glück gegeben. Mein Vater verbarg ein Geheimnis. Daß niemand es wußte, nur er und ich, erfüllte ihn mit stiller Freude. Daß die Leute ihn für einen armen, alten Weinreisenden hielten und nicht für das, was er wirklich war, schien ihm so köstlich, daß er sich darüber kaum fassen konnte. Mein Vater war nämlich ein großer Staatsmann. Er hatte im Jahre 66 Österreich durch ein Bündnis mit Rußland vor einer Niederlage gerettet. Das war einwandfrei aus den in seinem Schreibtisch vor neugierigen Augen verborgenen Papieren nachzuweisen. Ebenso wie manche andere staatsmännische Tat, die die politische Konstellation Europas auf das stärkste beeinflußt hatte. Seine Bündnisse, Feldzüge, Friedensschlüsse waren von weitgehenderer und segensreicherer Bedeutung als die, von denen man in den Zeitungen lesen konnte und für die mein Vater nur ein ironisches Lächeln übrig hatte.

Oft erklärte mir mein Vater die grundlegenden Gedanken seiner Politik, denen er bei allen seinen Kombinationen, Aktionen, Bündnissen und Geheimverträgen gefolgt war. Der Staatsmann, pflegte er zu sagen, indem er sich sein schütteres, weißes Bärtchen strich, muß eine eigene Anschauung der Welt haben, und er soll sich nicht durch Berichte, die ihm andere geben, aus seiner Bahn bringen lassen. Ich habe zum Unterschied von allen anderen meiner Zeitgenossen, denen die Welt den Namen eines Staatsmannes zulegt, stets aus mir selbst geschöpft und mich nie auf Zuträger, mögen sie nun Zeitungsleute oder Diplomaten sein, verlassen. Meine Weltanschauung war die eines friedliebenden, aufgeklärten Mannes, der die Nöte des Volkes kennt. Es ist mir gelungen, große Kriege zu vermeiden, in die sich andere stürzten, und ich glaube, daß ich recht gehandelt habe, selbst da, wo ich mich auf starke Bundesgenossen stützen und fast mathematisch einen Sieg errechnen konnte. Ich habe stets die Schwere der mir von Gott übertragenen Verantwortung gefühlt und ich glaube, ich brauche mir keinen Vorwurf zu machen, daß ich sie mißbraucht habe. Ich kann ruhig sterben und vor den himmlischen Richter treten, der meine Taten wägen wird und die Taten anderer Staatsmänner. Ich brauche vor dem Spruch nicht zu zittern.

So sprach mein Vater bisweilen zu mir, wenn wir allein waren. Vor anderen Menschen war er kein Staatsmann, sondern ein kleiner, aufs Altenteil gesetzter ehemaliger Weinreisender, der über die Aussichten der Ernte sprach und über die unhaltbare Teuerung der letzten Jahre. Ich habe schon erwähnt, daß er das gleichsam für einen komischen Streich hielt, den er der Welt spielte, indem er sein wahres Wirken verbarg, für eine kleine Spitzbüberei, die er sich zu meinem und seinem Vergnügen erlaubte und die ihm ein schelmisches Kinderlachen entlockte, sooft wir davon sprachen. Ich denke, er mag sich so gefühlt haben wie jener Herrscher des Märchens, der unbekannt sich unter seine Untertanen mischte und an ihrer Unterhaltung glückselig in seinem Geheimnis teilnahm, ein heimlicher Kalif wie mein Vater.

Damals habe ich, wenn auch ich zum Schein dem alten Mann, ihn nicht zu enttäuschen, ernsthaft zuhörte und ihm beistimmte, selbst oft über ihn gelacht. Heute lache ich nicht mehr darüber. Sind wir nicht alle heimliche Kalifen? Wir alle bauen uns das Haus unseres Lebens, und die Mitwelt sieht es anders. Warum lassen wir uns von anderen verleiten, unser Leben mit ihren Augen zu sehen? Es wäre besser, wenn wir über sie lächelten, wie mein Vater, daß sie nicht wissen, was wir wissen, statt ihnen zu glauben. Wenn wir uns die Zukunft denken, warum sollten wir nicht dasselbe mit dem Vergangenen tun dürfen – was ist der Unterschied zwischen Vergangenheit und Zukunft? – und heimliche Kalifen sein wie Harun al Raschid? Die Leute aus dem Volk sagen: Wenn man sagt, daß du eine Kuh bist, mußt du Muh machen. Haben diese Leute recht oder mein Vater?

Ich will mich nicht damit aufhalten, diesen Fragen nachzugehen, zumal sie gewiß von gelehrten Männern in ihren Büchern längst erklärt und beantwortet sind und ich gewiß mich bloß in einem Labyrinth von Zweifeln verirren würde. Ich will jetzt damit anfangen, das zu erzählen, womit ich wohl hätte beginnen sollen und wovon ich mich nicht hätte abbringen lassen dürfen.

Ich begann zuerst, nachdem ich meines Vaters Tätigkeit übernommen hatte, die Kundschaft zu besuchen, die er selbst jahrzehntelang Jahr für Jahr mehrmals aufgesucht hatte. Ich richtete mich hierbei nach meines Vaters Taschenbuch, führte mich bei jedem als Sohn meines Vaters ein, befolgte meines Vaters schriftliche Lehren, sprach mit diesem von seiner Gicht, mit jenem von seiner Tochter in Wien, und hätte keinen Grund gehabt, mich zu beklagen. Das Geschäft ging. Ich verkaufte genug, daß ich davon hätte ein bescheidenes Leben führen und noch da und dort mir einen Groschen absparen und fürs Alter zurücklegen können. Allein mir genügten diese Aussichten nicht. Ich hatte diesen Beruf nicht ergriffen, ihn so auszuüben wie mein Vater. Ich zweifelte nicht daran, daß mir ein anderes, ein reicheres Schicksal bestimmt sei. Das Wissen um das große Talent, das ich besaß, jenes unverdiente Geschenk der Natur, verleitete mich, vom Leben mehr zu verlangen, als mir bis jetzt gegeben war und nicht es durch Fleiß und Arbeit geduldig zu erringen. Mein Übermut ließ mich nicht daran zweifeln, daß dem Talent ebenso mühelos alles andere folgen müßte, um gleichsam die äußeren Umstände meines Lebens meiner Gabe wert zu machen.

Ich legte das erste Geld, das in meine Hände kam, in Kleidern an, Krawatten, Schuhen und Stöcken. Eleganz, das Auftreten des großen Herrn, dachte ich, das ist das Geheimnis ein großer Herr zu sein. Kann der ein erfolgreiches Leben führen, dessen äußeres Ansehen ihn von vornherein unter die erfolglosen, kleinen, vom Leben an die Wand Gedrückten verweist? Kleines Schicksal ist nicht weniger ansteckend als Unglück. Wie hätte mein Vater ein großes Schicksal erringen können, da er nur mit kleinen Provinzwirten zu tun hatte, dritter Klasse in der Eisenbahn fuhr, zehn Jahre alte Kleider anhatte und ängstlich jeden Groschen in der Hand drehte, ehe er ihn ausgab! Wie hätte gerade auf ihn aus der Masse kleiner Menschen das Glück fallen sollen? Man muß dem Glück entgegengehen. Wenn man jung und schlank wie ich, ein schönes Gesicht hat, in guten Kleider steckt, die Manieren des vom Glück Erwählten hat, dann kommt das große Erlebnis, das einen mit sich reißt. Vielleicht ist es eine schöne, reiche Frau, die man im Eisenbahnzug kennenlernt oder im Vestibül eines großen Hotels, vielleicht ist es ein großer Industrieller, der einen sieht, den man durch seine Klugheit, sein Auftreten, seine angenehme Erscheinung gefangen nimmt. Man ist wahrlich phantastisch genug, die Möglichkeit, die sich bietet, sofort zu erfassen und zu nützen. Man hat ein Recht, auf dieses Schicksal zu warten, es ungebunden und rücksichtslos zu ergreifen, wenn es da ist, man ist doch reicher als andere, von Gott zu einem besonderen Schicksal auserwählt, man ist Künstler, auf anderem Gebiet als es der Dichter oder Musikant ist, aber doch auch wie diese durch seine Sinne in einem tieferen und heiligeren Zusammenhang mit der Natur, herausgehoben aus der dumpfen Masse derer, deren Auge so stumpf ist wie ihr Ohr, ihre Nase, ihre Zunge und die Nerven unter der Haut.

In dem Beruf meines Vaters wollte ich nur das erste Geld verdienen. Dann fort aus der Heimat, zuerst in die Hauptstadt und dann weiter auf Reisen durch alle Länder der Erde. Wenn ich in dieser Zeit abends nach getaner Tagesarbeit in einem Kleinstadtgasthof saß und eine Flasche billigen Weines trank, sah ich mein

Leben, wie es in kurzem sein würde, klar vor mir. Ich spürte auf der Zunge die feurigen und berauschenden Weine, die ich trinken würde, vergehend im Taumel eines Genusses, der mir gebührte. Ich war umgeben von reichen jungen Männern und schönen Frauen, die ich mir nachzog in die Seligkeit des Genusses. So hatten sie noch nie getrunken. Ich enthüllte ihnen das Geheimnis des Weines, den wir tranken. In altem Wein sind die Gerüche aller Blumen, die Strahlen der Sonne, Lachen der Kinder, Schweiß der Männer, das Bild der sommerlichen Landschaft, alles reif und schwer wie die Brust der stillenden Mutter. Ich enthüllte es nicht durch Worte, meine Sinne enthüllten es, wie die stumme Sinnlichkeit des Weibes sich enthüllt und in süßen Taumel reißt.

Die Kundschaft meines Vaters begann mir mit Mißtrauen entgegenzukommen. Die kleinen Wirte und Händler sahen es als Beleidigung an, wenn der Verkäufer, der kam, ihnen seine Weine anzupreisen, enge Lackstiefel und modische Krawatten trug. Was sie bei gesellschaftlich höher stehenden Menschen bewunderten, brachte sie bei mir auf. Ich überhob mich, daß ich mich besser kleidete als sie. War ich mehr als sie, oder nicht am Ende weniger, waren sie denn nicht die Käufer, und mußte nicht ich froh sein und danke sagen, wenn sie mir einen Auftrag über einige Flaschen billigen Vöslauer erteilten? Sie begannen, die Aufträge bei mir einzustellen. Ich sollte sehen, wohin ich käme mit meiner Herreneleganz, die sich über sie erhob.

So wurde es mir nicht schwer, nach einem Jahr den engen Bezirk meiner Tätigkeit zu verlassen und in die Hauptstadt zu gehen, die ich von einigen Besuchen her kannte. Hier wollte ich die ersten Schritte tun ins große Leben und dann wollte ich weiter in die große Welt, von der ich manches Stück kannte, als hätte ich es gesehen. Ich wußte, wie Burgund aussah und wie das Land von Bordeaux. War dieses nicht eine sonnendurchwärmte Ebene und jenes eine Kette von Hügeln, auf denen der Schnee schmilzt unter dem warmen Atem der Erde? Konnte es anders sein? Ich kannte sie alle, die roten Burgunder von Chambertin bis Maçon, die weißen von Montrachet und Chablis, die roten Bordeauxweine von Médoc, Latour, Chateau Margaux, die weißen von Sauterne.

Ich kam in der Stadt an mit so viel Geld, daß ich hätte bescheiden einige Monate davon leben können. Aber ich dachte nicht an Bescheidenheit. Ich nahm mir ein gutes Zimmer in einer Pension, in der Fremde abstiegen, ich aß in vornehmen Restaurants und verbrachte die Abende im Nebenraum eines Cafés, in dem zu hohen Einsätzen ein Glücksspiel gespielt wurde. Ich wollte, daß sich mein Geschick entscheide. Ich spielte nicht mit. Ich wollte in diesem Kreise zuerst nichts als Bekanntschaften machen, Leute kennenlernen, die einem helfen könnten. Keine Bekanntschaft konnte verheißungsvoller sein als die mit Spielern. Das Geld sitzt ihnen leicht in der Tasche, sie sind großherzig und verschwenderisch, wenn sie Gewinner sind, sie sind leicht zu entflammen für waghalsige Ideen, wenn in diesen auch nur ein kleiner Schimmer von Hoffnung auf große Gewinne steckt. Sie glauben an das Glück, das man zwingen kann, sie glauben dem, der Glück hat und meiden den vom Unglück Verfolgten wie einen Verbrecher.

Ich lernte hier Männer kennen, die großen Reichtum besaßen. Vielleicht aber hatten sie ihn auch schon vertan um der seligen Hoffnung willen, ihn zu verzehnfachen. Mein scharfer Blick unterschied diese Männer sogleich von meinesgleichen, den Elegants mit der scheinbaren Gleichgültigkeit gegen Verlust und Gewinn, die so wie ich nichts einzusetzen hatten als ihren Hunger nach Geld. Unter diesen war einer, ein junger Mensch, schlank, schwarz, immer lachend und Witze machend, die die anderen zum Lachen brachten, gekleidet mit einer wählerischen Eleganz, in den Bewegungen von leichter unachtsamer Lässigkeit. Gegen ihn schien ich mir ein Stümper. Wie alle anderen saß er in Hemdärmeln in dem rauchigen, warmen Zimmer, aber trotzdem verlor er seine Haltung nicht. Er sah in Hemdärmeln nicht weniger vollendet aus, als wenn er einen Frack getragen hätte. Seine Eleganz war nicht die Erziehung der Reichgeborenen, nicht die Gewöhnung, nicht die Nachahmung des Reichgewordenen, sie war das, was sie bei mir war, ein eigenes inneres Erlebnis, unabhängig davon, ob man in Hemdärmeln am Spieltisch saß oder im Ballsaal eine Frau zum Tanz führte. Er hieß Wäger. Man sagte, daß seine Verlobung mit einer sehr reichen, jungen Frau, einer Witwe, bevorstehe. Er hatte leuchtende Augen, die eine Frau gewiß verführen konnten. Ich sah in ihnen meine eigenen Wünsche brennen. Daran erkannte ich ihn.

Etwa um zwei Uhr morgens pflegte ich den Spielsaal zu verlassen. Ich ging durch die engen Gassen der Stadt zu meiner Pension, die sich in einem neuen Hause der Altstadt befand. Täglich hoffte ich, an der Tür des Hauses oder im Treppenhaus einer Frau zu begegnen, einer Ausländerin etwa, die sich für einige Tage in der Pension eingemietet hatte. Ich wußte, wie ich sie ansprechen würde, wie ich durch meine Zurückhaltung, aus der doch starkes, unwiderstehliches Begehren zu fühlen sein würde, sie gewinnen würde, noch in dieser Nacht. Wie ich dann, morgen vielleicht schon mit ihr verreisen würde, noch nicht am Ziel, aber schon um ein erhebliches Stück dem Ziele näher. Ich bin nie im Treppenhaus einer Frau begegnet. Wenn ich durch den Korridor der Wohnung, an fremden Türen vorbei, zu meiner Tür schritt, sah ich im Flackern des Streichholzes die robusten Schuhe von Männern neben den zierlichen Stiefelchen von Frauen stehen. Manchmal stand vor einer Tür auch ein einsames Paar Frauenschuhe. Von dieser Tür träumte ich dann, während ich auf meinem Zimmer vor dem Schlafengehen noch die gewohnte Flasche Wein trank. Ich stehe auf, öffne die Tür, vor der die Frauenschuhe stehen, eine erschreckte Frau schreit auf, ich taste nach dem Licht, ich bitte sie, zu schweigen, ich sage ihr, daß ich nichts will, als eine Stunde bei ihr sein, daß ich nicht anders konnte als bei ihr einzudringen auf die Gefahr hin, daß sie das Haus alarmiert, die Polizei rufen läßt, die mich verhaftet wie einen Verbrecher. Und ich kehre diese Nacht nicht mehr in mein Zimmer zurück, erst als die ersten Schritte im Hause wach werden, schleiche ich von ihr, die sich tausend Eide schwören läßt, daß ich sie liebe und sie nicht verlassen werde. Sie ist reich, ihre Perlen allein sind mehr wert als ein mittleres Weingut. Ich habe Geld, genug, nach Monte zu fahren, die Bank zu sprengen und mit einer leichten Geste ihr ihr Eigentum zurückzuerstatten.

Wenn ich heute an diese Zeit zurückdenke, dringe ich bei dieser Frau ein und mein Leben verläuft anders als es verlaufen ist. Damals tat ich es nicht. Hatte ich doch nicht Glauben genug an mein

Glück, fürchtete ich die Wirklichkeit, war mein Herz gesättigt an diesen Träumen und begehrte es die Tat nicht mehr? War in mir die Erbschaft meines Vaters, die die Vorstellung für die Wirklichkeit nahm? Wirklichkeit! Wenn ich zurückdenke, wäre es wirklicher gewesen, in das Zimmer der unbekannten Frau einzudringen, als es in seinem Herzen mit heißem Atem zu erleben? Ich war nach solchen Träumen eine Nacht lang glücklich müde, ohne Verlangen. Ich hatte die Kraft nicht mehr, zu tun. Vielleicht war zu unterst in meinem Herzen, mir kaum bewußt, ein Zweifel, der die Tat verhinderte. Der Zweifel, ob es noch darauf ankäme, zu tun, wenn man die Tat schon so erlebt hat. Ich glaube, daß man vielleicht nicht ein wirklicher Sieger sein kann und ein heimlicher zugleich.

Als ich sah, daß mein Geld zur Neige ging, begann ich zu spielen. Ich vermied es, mich an den Tisch zu setzen, an dem Wäger saß, ich fürchtete, unsere Schicksale könnten einander im Wege sein. Ich gewann manchmal kleine Beträge, um sie wieder zu verlieren. Eines Tages setzte ich mein letztes Goldstück. Sein Letztes opfern, nicht engherzig werden, alles auf eine Karte setzen, das versöhnt das Schicksal, das zwingt das Glück! Ich verlor. Das Schicksal will weitere Opfer, dachte ich. Das war nicht genug. Ich habe eine Uhr in der Tasche. Ich habe sie von meinem Vater geerbt. Das Geschenk meiner Mutter zur Hochzeit. Eine alte Uhr, die man noch mit einem kleinen Schlüssel aufziehen muß. Aber immerhin aus Gold. Das Schicksal wird dem hold sein, der, frei von kleinen Hemmungen des Gefühls, ihm sein Herz verschreibt, wie man sich dem Teufel verschrieb.

Der Kellner gab mir ein paar Silbermünzen. Ich kehrte in den Spielsaal zurück. Mein Blick begegnete dem Blick Wägers. Ich lächelte. Ich trat an den Tisch, ich setzte wieder alles auf eine Karte. Ich gewann. Ich ließ den Gewinn stehen, ich gewann wieder. Dreimal hintereinander gewann ich so. Man wurde aufmerksam auf mich. In solchen Augenblicken wird es in Spielsälen still. Man hört nur die Stimme des Bankhalters. Es ist als fühle alles, daß sich ein Geschick entscheidet. Ich setzte ein viertes und fünftes Mal den ganzen Gewinn und gewann wieder. Da beschloß ich, die Hälfte des Gewonnenen zurückzuziehen. Die Karten fielen. Ich hatte verloren.

Die Spannung im Saal wich. Das Gewirr der Stimmen schlug wieder an mein Ohr wie das Rauschen eines fallenden Wassers aus der Ferne. Ich begriff, was geschehen war. Das Glück hatte sich von mir gewandt, als ich an ihm zweifelte, als ich einen vorsichtigen Pakt mit ihm schließen wollte, als der kleinbürgerliche Weinreisende in mir erwachte. Ich wollte es wieder an mich zwingen. Ich nahm den Rest meines Geldes und setzte ihn. Nach wenigen Sekunden war mein Schicksal entschieden. Ich hatte verloren.

Ich stand auf und sah mich um. Ich suchte Wägers Blick. Er war der einzige, der mir helfen konnte. Ihm konnte ich gestehen, daß ich am Ende sei. Einen Augenblick lang sah mich Wäger an. Mir schien, als sei sein Blick mir feindlich. Als wollte er sagen: Wir sind keine Bundesgenossen, du täuschst dich. Ich bin im Glück und du nicht. Hefte dich nicht an mich, geh, sag ich, geh!

Ich ging. Sollte ich nach Hause gehen? Ich hatte morgen früh das Zimmer für die letzte Woche zu bezahlen. Ich würde eine Ausflucht gebrauchen und aus dem Haus gehen. Ich legte mir meine Worte zurecht. Aber dann, was dann? Ich kenne niemanden in der Stadt gut genug, um darauf rechnen zu dürfen, daß man mir helfen würde. Meine Anzüge durfte ich nicht verkaufen, wenn ich nicht selbst für lange Zeit die Hoffnung begraben wollte, in der Klasse der begüterten Menschen zu leben. Es blieben nur phantastische Hoffnungen auf ein außergewöhnliches Glück, das mir morgen zu Geld verhelfen konnte. Zu einem Weinhändler gehen und ihm so viel Wein verkaufen, daß für mich genug abfiel, mich wieder eine Zeit über Wasser zu halten. Ich dachte nicht daran, daß ich die letzten Preise nicht kannte, nicht wußte, was die Firmen, für die ich gereist war, auf dem Lager hatten und auch nicht anzunehmen war, daß ein Kaufmann bei mir, den er nicht kannte, gleich eine große Bestellung machen würde. Indes meine Verzweiflung wich, während ich mir solche Pläne zurechtlegte.

Ich war, ohne mir dessen bewußt zu werden, nicht auf dem nächsten Wege nach Hause gegangen. Ich ging langsam den Quai entlang. Ich begegnete keinem Menschen. Es war drei Uhr morgens, eine warme Juninacht. Ich setzte mich auf eine Bank. Das Geplätscher des Wassers in seiner Gleichmäßigkeit beruhigte mich wie der Blick auf die dunkle Masse der gegenüberliegenden Hügel. Ich erkannte die Umrisse der Burg, die sich scharf vom Himmel abhoben. Ich hörte Schritte. Eine Frau näherte sich. Sie mußte knapp an mir vorbeikommen. Im ersten matten Schimmer des Morgens erkannte ich, daß sie einen Hut trug und einen Überwurf, vielleicht einen Pelz.

Als sie etwa fünf Schritte von meiner Bank entfernt war, machte ich eine Bewegung. Sie erschrak, blieb stehen, und es war, als überlegte sie, ob sie nicht lieber umkehren und einen kleinen Umweg machen sollte. Ich war plötzlich gut gelaunt und lachte. „Keine Angst", sagte ich, „keine Angst. Ich bin froh, wenn man mir nichts tut."

Ich hatte mich erhoben. Sie musterte meinen Anzug und beruhigte sich.

„Oh", sagte sie, „ich... hier auf diesen Bänken, da schlafen manchmal Obdachlose." – „Obdachlos bin ich vielleicht auch."

Ich war nähergetreten. Ich sah, daß es ein junges, hübsches Mädchen war, aber gewiß nicht die, auf die ich wartete. Der Gedanke, daß wir auf ähnliche Weise das Glück suchten, es beide in diesem Augenblick im andern zu finden hofften, belustigte mich.

„Obdachlos", sagte sie, „Sie!" Sie sah mich ungläubig an. Wozu vor ihr Komödie spielen, dachte ich. Ich will es ihr erzählen. Alles wird leichter, wenn man es erzählt.

„Heute abends", sagte ich, „habe ich alles verspielt. Sogar die goldene Uhr meines Vaters. Es war ein Hochzeitsgeschenk meiner Mutter."

„O Gott, das hätten Sie nicht sollen. Das hat Ihnen Unglück gebracht."

„In mein Hotel kann ich nicht zurück. Wovon soll ich morgen die Miete zahlen? Sehen Sie, ich weiß nicht, wo ich heute schlafen werde."

„Ich nehme dich mit", sagte sie. – „Ich habe wirklich kein Geld."

„Nein, nein, ohne Geld. Da ist ein Hotel, dort in dieser Seitengasse. Da kennt man mich. Ich werde das Zimmer zahlen. Ich nehme dich mit, so, weil es mir Spaß macht. Und du... du wirst schon wieder mal Geld haben!" – „Einverstanden", sagte ich.

Sie gefiel mir. Sie war schlank, blond, hatte schöne Zähne und schmale Lippen. Zudem sagte sie das so entschlossen, daß ein Widerspruch gar nicht aufkommen konnte. Sie hatte meine Antwort kaum abgewartet, nahm mich unter den Arm und führte mich.

Wir überquerten den kleinen Platz mit dem Denkmal eines Kaisers und bogen in eine schmale, dunkle, schlecht gepflasterte Straße ein. Vor einem verwahrlosten Haus blieben wir stehen. Sie läutete. Über uns hing eine verlöschte Laterne mit der roten Aufschrift: Hotel.

Wir hörten Schritte aus dem Innern. Ein kaum bekleidetes Mädchen von etwa siebzehn Jahren, rothaarig, mit kleinen Augen und blutleerem Gesicht, öffnete uns. Sie leuchtete uns mit dürrem Arm die Treppe hinauf in ein kleines Zimmer, in dem ein zerwühltes Bett stand, ein Nachttisch mit einer Kerze und ein mit einem schmutzigen Leintuch bedecktes Sofa.

„Bring das Zimmer in Ordnung", sagte ich zu dem Mädchen. „Laß, laß", sagte Lili, „sie ist blöd." Lili brachte selbst das Zimmer in Ordnung. „Willst du etwas", fragte sie, „zu essen, zu trinken." „Wein", sagte ich.

„Sollst du haben!" Ihre Geste war die Geste eines Königs, der eine Provinz verleiht. Sie lief die Treppe hinunter. Von unten hörte ich ihre Stimme, die den Wirt weckte und zu Eile antrieb. Ich vernahm das Öffnen einer Tür und schlurfende Schritte wie von geschwollenen, gichtischen Füßen, die in Pantoffeln steckten. Der Atem stockt mir, wenn ich an diesen Augenblick zurückdenke. Mir ist, als sei in diesem Augenblick etwas in mir bodenlos erschrocken über dieses Geräusch. Erwachte geheimnisvoll und dunkel in meinem Herzen eine entsetzliche Erinnerung? Oder stockt das Blut, wenn an den Rand unseres Seins zuerst das Unbekannte rührt, das bald unser Schicksal sein wird? Ich sprang auf und eilte zur Tür. Ich wollte entfliehen. Eine grauenvolle Angst hatte mich gepackt.

Lili kehrte lachend mit dem Wein zurück. Sie sah mich, den Hut auf dem Kopf, an der Tür stehen. Sie blickte mich fragend und erschrocken an. Ich fühlte, daß ich ihre Wohltaten, die sie beglückten, nicht zurückweisen könne, ohne alles zu erklären. Ich wollte sprechen. Aber schon zerstob alle Angst. Ich lachte. Ich schämte mich meines grundlosen Schreckens. Oh, wäre ich der ersten Eingebung gefolgt und geflohen. Wenn man seinem Schicksal entfliehen kann, ich wäre einem entsetzlichen entgangen, von dem mich nur wenige Stunden noch trennten.

Es war ein herber Moselwein, den wir tranken, besser als ich gehofft hatte. Lili war glücklich, Wirtin zu sein. Ich ließ mich warten wie ein Kind. Wir tranken, schwätzten, lachten und gingen zu Bett. Bald schlief Lili ein, das letzte glückliche Lächeln um die Lippen. Ich schlief nicht. Ich war voll innerer gespannter Unruhe, für die ich mir keinen anderen Grund wußte als die Erregungen des Spiels, die wohl in mir noch nachzitterten. Ich glaube, man kennt diese Wachheit der erregten Sinne, die sich von Minute zu Minute steigert, mit der wachsenden Müdigkeit des Körpers, der fast schmerzenden Schlaffheit der Glieder noch zunimmt. Man möchte aufspringen, durch das Zimmer auf die Straße laufen. Eine unerklärliche Erregung spannt einen. Plötzlich fühlt man das Verlangen zu singen, zu schreien wie ein Kind, das vor Müdigkeit nicht einschlafen kann.

Ich lag so gewiß bis gegen Mittag in dem künstlich verdunkelten Zimmer. Dann kam ein unruhiger Schlummer über mich, in dem mich wirre Träume quälten. Ich spielte dasselbe Spiel, das ich am Abend gespielt hatte, aber die Karten fielen anders. Sie fielen für mich. Ich spielte gegen einen dicken Menschen mir gegenüber. Ich hatte das Gefühl, daß dieser Mensch ganz weich sei, keine Knochen habe. Ich gewann, aber mein Geldhaufen wurde immer kleiner, indes der des formlosen Dicken wuchs. Er lächelte, ich wollte rasen, aber ich konnte mich nicht bewegen, kaum atmen, eine fette, formlose, ekelhaft weiche Masse lag auf mir. Ich erwachte von einem Geräusch. Lili wusch sich. Es war später Nachmittag. Sie eilte fort. Sie legte Geld auf den Tisch, daß ich dem Wirt zahle, sie schämte sich ihrer gestrigen Laune. Lili erledigte die Angelegenheit mit der mißgelaunten Geschäftlichkeit, die sie von ihren Kunden kannte. Der Gedanke machte mich lächeln. Sie sagte „Auf Wiedersehen" und reichte mir die Hand. Ich blieb im Bett. Ich hatte einen schweren Kopf.

Es klopfte an meine Tür. „Wer ist das?" rief ich. Ich hörte ein leises Kichern und leichte Schritte, die sich entfernten. Die Blöde, dachte ich, die uns gestern auf der Treppe geleuchtet hat. Ich stand auf. Auf dem Tisch lag Geld. Ich steckte es in die Tasche. Dann kam mir der Einfall, es wieder aus der Tasche zu ziehen und es anzuspucken. Das tut man doch mit solchem Geld, dachte ich und lachte. Ich lachte noch und war schon gezeichnet als Werkzeug des Todes und der Vernichtung.

Ich tastete die finstere, knarrende Treppe hinunter. Ich war in einem dunklen, steingepflasterten Flur, in den durch die halbgeöffnete Haustür etwas Licht fiel. Einige Schritte vor mir sah ich die Umrisse eine großen Menschen ohne Rock. Sein Hemd schimmerte weiß.

„Drei fünfzig", sagte der Wirt. Mich brachte der Ton, in dem das gesagt wurde, so auf wie die Stimme. Es war eine fette Halsstimme.

„Ich will etwas essen", sagte ich. Gewiß wollte ich ihm den Herrn zeigen, der anordnete. Er stieß eine Tür hinter mir auf. Die Blöde machte Licht in einem kleinen Zimmer, dessen eine Seite von einem Bierschank ausgefüllt war. Ich setzte mich. Der ungedeckte Tisch starrte von Schmutz. Von den Wänden war der Anstrich zum Teil abgefallen. Von den Dielen des Fußbodens kam ein dumpfer Fäulnisgeruch.

Ich hieß den Wirt eine Flasche Wein bringen. Ich aß ein Stück hartes, saftloses Fleisch und trank. Der Wirt saß mir gegenüber. Ich fühlte, daß er mich nicht aus den Augen ließ. Ich dachte daran, ein Gespräch zu beginnen, aber mir fiel kein Wort ein, das ich ihm hätte sagen können. Er saß da unbeweglich und schnaubte beim Atmen. Dieses Geräusch erfüllte mich mit unsagbarem Widerwillen. Ich sah ihn an, ich wollte ihn durch meinen Blick zwingen aufzustehen, mich zu verlassen. Er hatte kleine Augen und dicke Tränensäcke. Sein Schnurrbart, der in den Mund hing, war von schmutzigem Gelb, sein Kopf kahl. Am Hinterkopf hatte er einen Auswuchs. Ich konnte nicht feststellen, ob es ein Geschwür sei oder ein Höcker. Ich griff in die Tasche, als suchte ich eine Waffe. Da fühlte ich das Geld.

In diesem Augenblick durchfuhr mich ein Gedanke. Beim ersten Auftauchen erschreckte er mich, aber er ließ mich nicht mehr los. Hier in meiner Tasche war die Möglichkeit, das Glück zu zwingen. Hatte ich nicht geträumt, daß ich gewinnen würde? Heute würden die Karten mir günstig sein, alles würde mir in den Schoß fallen. Das Glück verlangt Stärke. Ich durfte mich nicht besiegen lassen. Ich wollte Geld, Geld, mit diesen Scheinen in der Tasche würde ich es gewinnen. War das nicht Glücksgeld? Alles hatte sich gewendet, das Glück begünstigte mich, hätte ich sonst Lili getroffen? Wie klug, darauf zu spucken, das war eine Eingebung gewesen! Es war die letzte Möglichkeit, die letzte Rettung. Sie außer acht lassen, hieß es nicht, das Glück zurückstoßen, alles aufgeben, was mir bis jetzt vorgeschwebt hatte? Das Schicksal, auf das ich wartete, war da. Ich mußte nur stark genug sein, es zu ergreifen. Mir war, als sei alles schon gewonnen, allein damit, daß ich in den Spielsaal gelangte mit diesen Scheinen in der Tasche. So fest war mein Glaube.

Ich wußte nicht, wieviel ich in der Tasche hatte. Ich hatte es nicht gezählt. Auch das war glückverheißend. Mit geschlossenen Augen wollte ich es setzen. Vielleicht reichte es gar nicht aus, den Wirt zu befriedigen. Es mußte auf jeden Fall zu einem Auftritt kommen. Sollte ich es wegen dieses fetten Kolosses mir gegenüber auf mein Glück verzichten? Gewiß hatte der Geld genug, irgendwo auf der Sparkasse oder in seinem Haus versteckt. Man sah es ihm an. Man brauchte kein Mitleid zu haben. Das war die letzte Gelegenheit! Wenn ich morgen einen Anzug verkaufte, würde ich die Wohnung bezahlen müssen. Den Rest würde ich für eine Mahlzeit brauchen. Morgen werde ich einen Tag nichts gegessen haben, bedachte ich. Wovon dann spielen? Und wird das Glück morgen für mich sein? Es war die letzte Gelegenheit. Ich mußte sie um jeden Preis benützen.

Alle diese Gedanken gingen auf einmal durch meinen Kopf, nicht hintereinander, sondern nebeneinander. Ich hatte die Flasche Wein rasch leergetrunken. Ich fühlte mich frei und sorglos. Morgen wollte ich wiederkommen, den Wirt bezahlen, aber heute mußte ich hier fort mit Lilis Scheinen, es galt mein Glück. Mein Plan war gefaßt. Ich wollte den Wirt unter irgendeinem Vorwand aus dem Zimmer bringen. Den Augenblick wollte ich benützen und das Weite suchen. Ich rief ihm zu, mir eine neue Flasche Wein zu bringen. Er erhob sich und schlurfte aus dem Zimmer. Ich wollte aufspringen, als sich die Tür öffnete. Die Blöde trat ein und blieb an der Tür stehen.

Mir war klar, daß sie hierzu abgerichtet war. Ich hätte aufstehen können, an die Tür gehen und sie fortschleudern. Das schien mir gefährlich. Wenn der Wirt zurückkam, ehe ich noch aus der Tür war, während ich mich mit der Blöden aufhielt, war meine Flucht verhindert. Deswegen wollte ich die Blöde zu mir locken, solange ich unbefangen saß, wenn sie da war, ihr einen Schlag geben, daß sie mich nicht aufhalten konnte und mit einem Satz aus dem Haus.

Ich rief sie an. „Du! Komm her!" Sie sah mich an mit einem leeren Tierblick. Sie trug eine weiße, lange nicht gewaschene, ärmellose Jacke aus grobem Leinen, die lose über den kurzen Rock hing. Ihre Beine waren nackt wie die Füße und dünn wie ihre Arme. Das Gesicht war von leichenfarbener Blässe, so, als sei es nie von der Sonne beschienen worden. Die Backenknochen traten seitwärts weit hervor, machten das Gesicht flacher und ausdrucksloser, als es an sich war. Das fettrote Haar war ihr ausgegangen, oder sie hatte nie mehr gehabt, als zu einem zehn Zentimeter langen Zöpfchen reichte, das steif wie ein Stock vom Hinterkopf abstand. Ich klopfte auf den Tisch, winkte ihr mit dem Glas. Sie schien zu begreifen und kam heran. Dabei ließ sie die Hände flach und unbeweglich vor dem Körper hängen und drückte den Kopf so in den Nacken, daß das Gesicht aufwärts gewendet war. Sie bewegte sich vorwärts wie die Figuren der Wetterhäuschen, die bei den Bauern im Fenster hängen.

Als sie neben mir stand, wollte ich aufspringen. Die Tür hatte sie offen gelassen. Da erschien die Gestalt des Wirtes mit der

Weinflasche in der Tür. Ich hatte mich halb erhoben. Ich gab mir den Anschein, als habe ich mit der Blöden scherzen wollen, und klopfte ihr auf den Rücken.

„Hahaha", schrie der Wirt, „sie gefällt Ihnen, hahaha!" „Sie ist Ihre Tochter?" „Mein einziges, geliebtes Kind, hahaha!"

Das einzige Kind lachte mit, als es den Vater lachen hörte. Es klang widerlich wie das Glucksen, das manche Menschen beim Trinken hervorbringen. Der Alte hatte zu lachen aufgehört. Er sah die Tochter mit bösem Blick an. Die Blöde machte einen Schritt zur Wand hin und duckte sich wie ein Hund.

„Lachen", rief der Wirt, „lachen... du..."

Sie wollte an der Wand entlang entwischen. Er ergriff sie an dem steifen Zöpfchen, zog sie hoch und schlug ihr die Faust ins Gesicht. Das blöde Kind röchelte leise und taumelte, da er es losließ, gegen den Boden. Die geschlagene Wange war dunkelrot. Die Blöde erhob sich und wankte aus dem Zimmer.

„Was tun Sie", rief ich. „Was ich tu? Ich hab' ihr eine gehauen, wenn Sie es nicht bemerkt haben. Das wäre noch schöner, Herr!"

Er setzte sich schwer auf seinen Platz. Ich goß mir rasch ein Glas Wein ein und trank es auf einen Zug leer. In meiner Tasche fühlte ich das Geld. Ich dachte an nichts anderes, als dem Wirt zu entkommen.

Ich habe mein Leben aufgezeichnet. Ich habe gewiß manches Überflüssige weitschweifig dargelegt. Aber ich habe mit Absicht nichts verschwiegen, was in meinem früheren Leben als Erklärung für das dienen könnte, was jetzt geschah. Ich glaube, ich betrachte mich heute ruhig und gelassen. Ich sehe alles, was böse in mir war, und ich will nichts beschönigen. Und trotzdem: ich weiß keine Erklärung für das, was ich in diesem Augenblick tat. Geschehen die Taten der Menschen nach einem Gesetz? Wo ist es? War ich das Werkzeug eines höheren Willens? Warum ich? Oh, daß ein Schritt dem andern folgt nach einem geheimen Gesetz, das keine Wahl läßt, man kann den Fuß nur vorwärts setzen, nie zurück, und am Ende ist der erste Atemzug des Menschen das unausweichliche Geschick seines Lebens!

Ich dachte, wenn es sein müßte, am Wirt vorbei zu entkommen mit meinem Geld. Ich setzte mir einen Zeitpunkt, aufzuspringen. Die Flasche war halb geleert. Wenn sie leer war, sollte es geschehen. Draußen kamen die ersten Gäste. Die Blöde führte sie über die Treppe in ein Zimmer. Es war Zeit. Ich wollte das letzte Glas zur Neige trinken und dann zu Boden werfen. Die Verwirrung des Wirtes wollte ich benützen, an ihm vorbeizujagen. Ich trank langsam, gleichsam als fürchtete ich mich vor dem Augenblick, den ich mir zur Tat bestimmt hatte. Ich sah den Wirt nicht an. Ich fühlte seinen Blick auf mir und hörte sein gleichmäßiges Schnauben.

Die Tür öffnete sich und die Blöde trat ein. Ihre Wange war dick angeschwollen, daß das eine Auge nur als schmaler Spalt sichtbar war. Sie trat hinter den Bierausschank. Ich hörte das Klirren von Schlüsseln. Ich begriff sogleich. Damit hatte ich nicht gerechnet. Ich hatte mich erhoben. Ich fühlte, daß es jetzt geschehen müsse, in einer Minute war die Haustür versperrt. Es ist unerklärlich, daß ich nicht gleich lossprang, wie ich es mir vorgenommen hatte. Auch der Wirt hatte sich erhoben. Er sah mich an. Mir war, als lächelte er höhnisch. Plötzlich erinnerte ich mich der weichen Masse, die in meinem Traum auf mir gelegen war. Ich ergriff meinen Hut und machte einige unsichere Schritte vorwärts.

Der Wirt versperrte mir den Weg. „Brüderchen, Brüderchen", sagte er. Ich erinnere mich dieser Worte genau. Es ist unerklärlich, was mich an ihnen erschreckte.

Er stieß mich mit ausgestrecktem Finger gegen die Brust. Ich taumelte zurück gegen den Tisch. Die linke Hand hatte ich in der Tasche. Sie umklammerte das Geld, das mich retten sollte. Die rechte Hand lag hinter mir auf dem Tisch. Plötzlich hörte ich einen Schrei, den ich selbst ausgestoßen hatte. Der Wirt bewegte sich auf mich zu. Ich hörte das Schlurfen der Pantoffeln. Mir war, als nähere sich ein formloser Teig, in dem ich gleich versinken würde. Ich lehnte mich über den Tisch zurück. Meine Hand erfaßte etwas Hartes, Kaltes. Nun war er noch einen Schritt von mir entfernt. Mir war, als wollte er noch etwas sagen, vielleicht Brüderchen. Nur das nicht, nur das nicht! Ich mußte fort! Ich ließ das Harte von oben auf seinen Schädel fallen. Die Flasche rollte auf die Erde. Sie zerbrach nicht. Eine gute Weinflasche, dachte ich. Der Wirt war stehengeblieben. Er rührte sich nicht. Warum kommt er nicht, dachte ich, warum kommt er nicht? Ich weiß nicht, wie lange wir beide unbeweglich standen. Plötzlich brach er in die Knie. Dann fiel der Körper vornüber mit dem Gesicht auf die Erde. Es klang dumpf und schwer, wie wenn ein Mehlsack zu Boden fällt.

Die Blöde schritt herbei, hockte sich neben die Leiche hin und gluckste.

Die Untersuchung führte zu dem Ergebnis, daß die Blöde in einem Anfall tierischer Rachsucht den Vater ermordet habe. Sie wurde im Irrenhaus interniert.

Ich schloß mit dem Eigentümer des Hauses einen Pachtvertrag und trat als Wirt an die Stelle des Toten. Ich tat es, weil ich für den Augenblick nichts hatte als diese Möglichkeit. Daneben suchte ich mir zu beweisen, daß eine Ablehnung des Antrags Verdacht gegen mich erwecken könne. Der wahre Grund war vielleicht, daß ich mich schwer von diesem Ort trennen konnte. Das Schicksal erlegte es mir gleichsam auf, das Leben des Wirtes fortzusetzen. Nun führte ich nachts die Gäste auf die Zimmer und lauerte im Flur auf mein Geld. Dieses lege ich nun nicht in guten Kleidern an, sondern in alten Weinen.

Ich fliehe die Erinnerung mit ihrer Qual der unwiederbringlichen Entscheidung. Nachts habe ich keine Zeit nachzudenken. Vormittags schlafe ich. Nachmittags ist das Geschäft still. Ich mache es wie die Künstler. Wie diese vor dem Gewissen in ihre Träume fliehen, so ich. Ich hole eine Flasche Wein und trinke. Ich trinke, wie einer Musik hört. In diesen Stunden lebe ich mein Leben noch einmal, und ich entscheide mich anders. Einmal trete ich in die Handlung meines Onkels ein, einmal bleibe ich Weinreisender, oder ich ändere meine Bahn erst an dem Tag, an dem ich die Uhr des Vaters verkaufte. Ich spiele anders, gewinne und gehe in meine Pension. Wenn der Wirt trotzdem tot ist, dann hat ihn also wirklich die Blöde erschlagen. Oder Wäger leiht mir Geld. Ich sage Lili das einzige kleine Wörtchen: Nein, und werde glücklich, angesehen, erfolgreich. Am Ende ist es mir, als sei das Vergangene doch nicht unwiderruflich. Ich lächle wie mein Vater gelächelt hat, wenn er von seinen staatsmännischen Erfolgen sprach. Daß niemand davon weiß, das ist ja gerade so köstlich! Ich gehe durch Bagdad unerkannt wie der Kalif.

Anhang

Textnachweise und Erläuterungen

Sofern nicht anders vermerkt, folgen die Texte Hermann Ungars in Einteilung, Grammatik, Orthographie, Interpunktion und Spracheigentümlichkeiten jeweils dem frühesten bekannten Abdruck. Es wurden lediglich eindeutige Satzfehler verbessert, Inkonsequenzen innerhalb einzelner Texte bereinigt (etwa in der Stellung der Anführungszeichen bei wörtlicher Rede) und veraltete Schreibweisen (Ae, ss) modernisiert. Eine umfassende Bibliographie der Primärliteratur, die auch alle Nachdrucke anführt, enthält der dritte Band der Werkausgabe.

Knaben und Mörder. Zwei Erzählungen

Leipzig, Wien, Zürich: E. P. Tal & Co. Verlag, 1920; [2]1922 (3. und 4. Tausend); 1927 Übernahme durch den Rowohlt Verlag.

Ein Mann und eine Magd: S. 5-56.
Geschichte eines Mordes: S. 57-123.

Beide Erzählungen entstanden unabhängig voneinander und waren ursprünglich nicht für eine gemeinsame Veröffentlichung gedacht; abgesehen von autobiographischen und psychologischen Momenten, sind sie verbunden durch dieselben Kulissen einer mährischen Kleinstadt, in der unschwer Ungars Geburtsort Boskowitz (Boskovice) zu erkennen ist. Vorbild für das Siechenhaus in *Ein Mann und eine Magd* war das 1884 erbaute, von Nathan Löw-Beer der jüdischen Kultusgemeinde zu Ehren seiner Eltern gewidmete Stiftungshaus, das für drei Männer und drei Knaben bis zum 14. Lebensjahr bestimmt war. Das Geschehen in der *Geschichte eines Mordes* konzentriert sich im wesentlichen auf den Marktplatz im christlichen Teil der Stadt; vgl. die Abbildung bei Dieter Sudhoff: *Hermann Ungar. Leben – Werk – Wirkung.* Würzburg 1990, Abbildungsteil, Nr. 2.
Wie aus einem Brief Ungars an Fritz Lampl vom 15. 9. 1919 hervorgeht, trug die Novelle *Ein Mann und eine Magd* ursprünglich den Untertitel *Weg und Erweckung eines Bösen*; Un-

gar hatte Lampl die Novelle auf Empfehlung von Ernst Weiß für den Genossenschaftsverlag (Wien, Leipzig) angeboten, eine Einigung kam jedoch nicht zustande, weil er den Bedingungen der „Genossenschaft" (u. a. Verlust der Autorenrecht auch für künftige Werke) skeptisch gegenüberstand und eine baldige Veröffentlichung nicht zu erwarten war.
Hermann Ungars erste selbständige Veröffentlichung im Verlag von Ernst Peter Tal (Lektorat Carl Seelig) wurde ein unerwarteter Erfolg in Kritikerkreisen und erfuhr bereits 1922 eine Zweitauflage. Wesentlich zu verdanken war dies einer enthusiastischen, von Ungar selbst angeregten Besprechung Thomas Manns in der Berliner *Vossischen Zeitung* vom 29. 5. 1921: „Dies kommt aus der Fülle, hier sammelt sich präludierend ein Talent zu Taten, die von sich reden machen werden."

Die Ermordung des Hauptmanns Hanika. Tragödie einer Ehe

Berlin: Verlag Die Schmiede [Außenseiter der Gesellschaft – Die Verbrechen der Gegenwart, Band 14. Herausgegeben von Rudolf Leonhard], 1925.

Ungars Kriminalbericht geht zurück auf einen authentischen Mordfall, der eine Zeitlang in der ganzen Tschechoslowakei für Aufsehen sorgte, für ihn aber auch deshalb interessant war, weil er sich in der Nähe seines Heimatortes Boskowitz ereignet hatte und in Brünn (Brno) verhandelt worden war.
Die Hauptangeklagte Hilde Hanika, deren Todesurteil auf dem Gnadenweg in fünfzehnjährige schwere Kerkerstrafe verwandelt worden war, starb 1926 im Frauengefängnis Řepy bei Prag. Vgl. *Prager Tagblatt* (19. 5. 1926), Nr. 118, S. 5; dort ein Foto der „Gattenmörderin".
Der in der *Vorbemerkung* bedankte Brünner Rechtsanwalt Dr. Felix Loria (geb. 1892), einer der Verteidiger, war Mitschüler Hermann Ungars am II. deutschen Staats-Gymnasium in Brünn gewesen und von 1905 bis zum Weltkrieg einer seiner engsten Freunde; vermutlich unterstützte Loria seinen ehemaligen Schulfreund nicht nur mit Material aus den Prozeßakten, sondern regte ihn überhaupt erst zu seiner Dokumentation an.

Vor Hermann Ungar hatten in der berühmten Reihe „Außenseiter der Gesellschaft – Die Verbrechen der Gegenwart“ bereits veröffentlicht: Alfred Döblin (*Die beiden Freundinnen und ihr Giftmord*, 1924), Egon Erwin Kisch (*Der Fall des Generalstabschefs Redl*, 1924), Eduard Trautner (*Der Mord am Polizeiagenten Blau*, 1924), Ernst Weiß (*Der Fall Vukobrankovics*, 1924), Iwan Goll (*Germaine Berton, die rote Jungfrau*, 1925), Theodor Lessing (*Haarmann. Die Geschichte eines Werwolfs*, 1925), Karl Otten (*Der Fall Strauß*, 1925), Arthur Holitscher (*Ravachol und die Pariser Anarchisten*, 1925), Leo Lania (*Der Hitler-Ludendorff-Prozeß*, 1925), Franz Theodor Csokor (*Schuß ins Geschäft. Der Fall Otto Eißler*, 1925), Thomas Schramek (*„Freiherr von Egloffstein“*, 1925), Kurt Kersten (*Der Moskauer Prozeß gegen die Sozialrevolutionäre 1922*, 1925) und Karl Federn (*Ein Justizverbrechen in Italien. Der Prozeß Murri-Bonmartini*). Mit der *Ermordung des Hauptmanns Hanika* brach die Reihe ab; ein von Ungar angekündigter Kriminalbericht *Der Fall Angerstein* wurde nicht mehr geschrieben. Zu diesem Mordfall – der angesehene Direktor Fritz Angerstein hatte im Dezember 1924 im hessischen Haiger acht Menschen: seine Frau, deren Mutter und Schwester, ein Hausmädchen, zwei Angestellte, einen Gärtner und ein fünfjähriges Kind, mit einer Baumaxt erschlagen und war im Juli 1925 vom Schwurgericht in Limburg achtmal zum Tode verurteilt worden – vgl. Sling [Paul Schlesinger]: *Angerstein.* In: Sling: *Richter und Gerichtete. Gerichtsreportagen aus den zwanziger Jahren.* Neu eingeleitet und kommentiert von Robert M. W. Kempner. München 1977, S. 103-106.

Durch Ungars Bericht wurde der Fall Hanika auch überregional bekannt; bemerkenswert ist vor allem der Artikel *Gnade und Krise*, den Kurt Kersten – selber Autor der „Außenseiter“-Reihe – am 27. 2. 1926 im Berliner *Tage-Buch* (Jg. 7, Nr. 9, S. 353-355) veröffentlichte: „Im Spätsommer 1923 wird ein tschechoslowakischer Offizier auf einem Felde in Böhmen ermordet aufgefunden, es ist ein Hauptmann Hanika. Nachforschungen führen zur Verhaftung seiner Frau und Schwiegermutter, endlich seines eigentlichen Mörders, eines jungen Menschen, der anscheinend von den Frauen zur Tat angestiftet war. Nachforschungen ergeben weiter, daß der Hauptmann, ehedem k. k. Offizier, eine sehr merkwürdige Ehe geschlossen hatte: Die Schwiegermutter war eine Engelmacherin, die Tochter war von ihr auf den Strich geschickt, der Hauptmann ließ sich von der Engelmacherin unterhalten, und als sich Konflikte entwickelten, wollte der Hauptmann weder von der Tochter noch von der Kasse der Engelmacherin lassen, man wußte sich keinen Rat und ließ ihn umbringen – von einem Bravo. Der Bravo wird eingekerkert, die Tochter zum Tode verurteilt, die Schwiegermutter kommt ins Zuchthaus. Und der ganze Prozeß wird sehr anschaulich und geistvoll in einem Außenseiterbande der ‚Schmiede' von Hermann Ungar geschildert. – Frau und Tochter zum Tode verurteilt? Man faßt sich an den Kopf. Wo ist der Schuldige? Und jenes Wort Werfels kommt einem in den Sinn: ‚Nicht der Mörder, der Ermordete ist schuldig.' Es handelt sich nicht darum, daß der Hauptmann die Tochter einer Engelmacherin heiratet. Sondern es kommt in Frage, daß er von der Engelmacherin ausgehalten wurde. Aus diesem Moment entwikkelt sich der ganze Konflikt, der schließlich zum Mord auf dem Acker führt und die sozialen Zustände in der jungen Republik grell beleuchtet. Schwerlich zeugt der Fall für die tschechoslowakischen Offiziere. Eigentlich ruht hier das Schwergewicht des Falles. Der Weg schlecht bezahlter Offiziere scheint tatsächlich zuweilen entweder zum Fememord oder zu einer Art Zuhälterei zu führen. Die Zerrüttung des Mittelstandes, die unsichere ökonomische Lage reißt schwankende Existenzen rettungslos in den Abgrund. Vielleicht hätte jene Frau den Hauptmann retten können, aber wer wird unbedingt heroische Taten von einem Menschen erwarten, der immer nur in einem Milieu der Fäulnis aufgewachsen ist? Wer wirft den Stein?! Der Präsident gleicht aus, indem er begnadigt. Aber hinter jenem einen Hanika tauchen die Gesichter vieler anderer Hanikas auf, versinken, verkommen. So führt ein solcher Prozeß zuletzt nicht nur zur Enthüllung sozialer Mißverhältnisse, er wirft auch die

Frage auf, aus welchen Elementen setzt sich eine neue Armee zusammen. Die bürgerliche Armee spiegelt die Schichtung der Gesellschaft, des Staates wider, dem sie dient. Die Fäulnis der Gesellschaft wird sich nicht von der Armee fernhalten lassen, ja sie wird vielleicht sogar zuerst in der Armee auftreten, weil hier der Druck stärker ist, zu repräsentieren, und zwar mit dürftigsten Mitteln. Die Armee ist tatsächlich die äußerlich sichtbarste Visitenkarte der Nation, und der Begriff der Repräsentation ist in einem sehr hohen Sinne zu nehmen. Die Gefahr der Erstarrung, der Enge, ist nahe, sie schaffen neuen Druck und häufen die Konfliktmöglichkeiten. Wunder, daß ein Hanika versinkt? und am Ende das Mündungsfeuer des Revolvers aufblitzt? Ist nur Hanika schuldig? Die Gesellschaft ist schuldig. Ein proletarischer Offizier wird nicht ins Lumpenproletariat versinken, denn das Lumpenproletariat ist die notwendige Ergänzung zur bürgerlichen Gesellschaft. So erscheint die Begnadigung des Präsidenten als Anklage gegen das System und auch gegen die Armee. Die Augen der Gnade scheinen geschlossen, denn sie können den Anblick der Zerrüttung nicht ertragen. Aus solchem Gnadenakt spricht tiefstes Schuldbewußtsein und Hoffnungslosigkeit."

Heilanstalt

In: *Prager Tagblatt*, Prag, 44 (13. 7. 1919), Nr. 164, Unterhaltungs-Beilage, S. 1.

Soweit bekannt, handelt es sich um die erste veröffentlichte Erzählung Hermann Ungars.

Brief an eine Frau

In: *Prager Tagblatt*, Prag, 44 (23. 11. 1919), Nr. 275, Unterhaltungs-Beilage, S. 1.

einfaches Studentenzimmer im 9. Bezirk: Laut den Meldeunterlagen des Wiener Stadt- und Landesarchivs hatte Ungar vom 20. 2. bis 26. 4. 1918 ein Zimmer im 9. Wiener Bezirk (Alsergrund), Widerhofergasse 5/11 (Nähe Strudlhofstiege), wo er sich offenbar auf seine Prager Abschlußprüfungen in den Rechts- und Staatswissenschaften vorbereitete; ein weiterer Aufenthalt ist noch für den 2. bis 18. 9. 1918 nachgewiesen, frühere (etwa auch im Herbst 1913) sind wahrscheinlich.

Traum

In: *Berliner Börsen-Courier*, Berlin, 54 (25. 12. 1921), Nr. 603, Morgen-Ausgabe, 1. Beilage, S. 6.

Den Hintergrund dieser surrealistischen Alptraumsequenz, deren Fragmentcharakter intendiert ist, bilden traumatische Kindheitseindrücke in Boskowitz: So war Oberlehrer Josef *Mayer* (der in der Erzählung *Ein Mann und eine Magd* als Waisenvater porträtiert ist) Schulleiter der Boskowitzer deutschen Volksschule, die Ungar von 1900 bis 1903 besuchte, so erhängte sich der frühere Mitschüler Stephan *Světly*, Sohn einer Tagelöhnerin, tatsächlich am 11. Juli 1909; auch alle weiteren Personen (die Eltern Emil und Jeanette Ungar, der Bruder Felix etc.) und die Lokalitäten sind authentisch.

Colberts Reise

In: Hermann Ungar: *Colberts Reise. Erzählungen.* Berlin: Ernst Rowohlt Verlag, 1930, S. 15-41.

Mit der Bezeichnung *Erzählung* erschien der Text, dessen Stoff später als Vorlage für die Komödie *Die Gartenlaube* (Berlin: Ernst Rowohlt Verlag, 1929) diente, zuerst in der Berliner *Neuen Rundschau* des S. Fischer Verlags (Jg. 33, August 1922, Nr. 8, S. 834-848). Als Druckvorlage wurde dennoch die Fassung im Nachlaßband *Colberts Reise* gewählt, weil diese gegenüber dem Erstdruck vollständiger ist: Da der Herausgeber Rudolf Kayser den Lesern der angesehenen *Neuen Rundschau* die derbe Schlußpointe nicht zumuten wollte, hatte er sie ohne Rücksprache mit dem Autor ersatzlos gestrichen. Nach der Erinnerung von Willy Haas war Ungar darüber so verärgert, daß er sogar gerichtliche Schritte erwog: „In der Novelle, so wie sie publiziert wurde, fehlte die – allerdings sehr anzügliche – Haupt-

pointe der Handlung. Sie war offenbar redaktionell gestrichen worden. Ungar wollte den Verlag verklagen, ob er es dann getan hat, weiss ich nicht." (Brief von Willy Haas an Nanette Klemenz, 19. 7. 1965) Vgl. Anton [Kuh]: *Der Dichter und der Knalleffekt.* In: *Neue Revue*, Berlin-Charlottenburg, 2 (1930/31), S. 260: „Die Novelle ist um vieles genialer als das Theaterstück [*Die Gartenlaube*]. Bündiger, härter, beispielhafter. In ihr wird der tragische Krach am Ende nicht durch eine dem Helden von seiner Gattin applizierte Ohrfeige, sondern durch ein Geräusch herbeigeführt, das der revolutionäre Diener Modlitzky gegen allen Anstand aus seinem Beinkleid auf die Parvenüohren seiner Herrschaft losläßt. ‚Das ist der Hauch des Umsturzes', röchelt der konsternierte Herr Colbert und fällt in Ohnmacht. Mit diesem Schluß von lapidarer Schallkraft hat der verstorbene Ungar wenig Freude erlebt. Die ‚Neue Rundschau', die seine Novelle zum Vorabdruck angenommen hatte, war nämlich zu prüde, um ihre Nobel-Leser mit ihm zu erschrecken, und kassierte ihn kurzerhand. Die Novelle endete jetzt geräuschlos. Das war ein schwerer Schlag für den Dichter. Er konnte sich tagelang in seinen Gesprächen nicht darüber beruhigen, daß man sein Werk um diesen Knalleffekt gebracht hatte. Ein Freund tröstete ihn: ‚Lieber Ungar! Sie sehen damit nur, wie Sie ins Schwarze getroffen haben. Vor dem gemeinen Hauch des Umsturzes fällt auch S. Fischer in Ohnmacht...'"
Der posthume Prosaband *Colberts Reise*, zusammengestellt von Ungars Nachlaßverwalter Camill Hoffmann und dem Rowohlt-Lektor Paul Mayer, erschien im Oktober 1930; er ist eingeleitet von einem *Vorwort* Thomas Manns und enthält die Texte *Colberts Reise*, *Der Weinreisende*, *Die Bewandtnis*, *Tulpe*, *Alexander*, *Mellon, der „Schauspieler"*, *Bobek heiratet*, *Der heimliche Krieg* und *Die Brüder*. Von der vollständigeren Titelnovelle abgesehen, die Thomas Mann in seinem *Vorwort* „ein kleines Meisterstück" nennt, das „mit Ehren innerhalb eines klassischen Lebenswerkes stehen" würde (S. 9), folgt unsere Edition dieser Erzählungen dem jeweiligen Erstdruck, da die posthumen Fassungen offenbar überarbeitet wurden und nicht als autorisiert

gelten können. Das Prosastück *Bobek heiratet* gehört zum Umfeld des Romans *Die Klasse* (1927) und findet sich daher jetzt im ersten Band der *Werke: Romane*, S. 323-328.
In der Erzählung *Colberts Reise* tritt zum ersten Mal der dämonische Diener Modlizki auf, der Gegenspieler des Lehrers Josef Blau im Roman *Die Klasse*. Vgl. *Werke 1: Romane*, S. 195f.: „Josef Blau dachte daran, daß Modlizki das Haus der Eheleute Colbert, die sich seiner angenommen und ihn halb als Pflegekind, halb als Diener gehalten hatten, hatte verlassen müssen, da er sich etwas hatte zu Schulden kommen lassen, was den Sitten eines vornehmen Hauses zuwider war. Niemand hatte es von Modlizki erwartet."

Die Brüder

In: *Berliner Börsen-Courier*, Berlin, 57 (17. 8. 1924), Nr. 385, 1. Beilage, S. 5.

Der Heimweg der beiden *Brüder* – Hermann und Felix Ungar – ist authentisch beschrieben: Er führt mit dem Zug von Brünn zur Eisenbahnstation Skalitz-Boskowitz (Skalice nad Svitavou) und von dort zu Fuß durch den nahen Hohlweg nach Boskowitz; lediglich die Namen wurden geändert (*Virnitz* = Skalitz, *Vintavka* = Swittawka) und die *Rovná*-Ebene fälschlich links des Hohlwegs lokalisiert.

Alexander. Fragment

In: *Berliner Tageblatt*, Berlin, 54 (26. 8. 1925), Nr. 403, Abendausgabe, S. 4.

Vermutlich handelt es sich bei diesem Text um den Beginn eines unvollendeten Romans; Näheres ist jedoch unbekannt, weitere Teile sind nicht überliefert.
Mehrere Hinweise, wie die Erwähnung des „buntgestrichenen Denkmals" der Schutzpatrone Cyrill und Methud (auch in der Prosastudie *Traum* genannt), das noch heute am Ortseingang von Boskowitz steht (vgl. die Abbildung im Sammelband *Der*

Bankbeamte und andere vergessene Prosa, Paderborn 1989, S. 104), lassen Ungars Heimatstadt als Lokalhintergrund erkennen.

Tulpe

In: *Berliner Tageblatt*, Berlin, 54 (11. 9. 1925), Nr. 431, S. 2.

In seinem Feuilleton *Der Tod macht Reklame* (*Berliner Tageblatt*, 10. 8. 1929), der Glosse über einen Versicherungsvertreter, nimmt Ungar Bezug auf diese Erzählung: „Ich hatte in diesem Blatt eine kleine heitere Skizze ‚Tulpe' veröffentlicht, in der der merkwürdige Tod eines Beamten und die Trauer seiner Witwe geschildert wurden. Da erhielt ich von Sommer einen Brief. Tulpes Tod, schrieb er, wäre für seine Witwe kein Anlass des Schmerzes gewesen oder nicht eines so außerordentlichen Schmerzes, wenn der Selige bei der Gesellschaft, die Sommer zu vertreten die Ehre habe, und die nicht nur die grösste, sondern auch die kulanteste in Deutschland sei, versichert gewesen wäre. Zum letzten Male gebe er, Sommer, mir die Chance. Er würde noch einmal versuchen, mich zu sprechen. So kam er und siegte. Jetzt zahle ich Monat für Monat. Aber wenn ich sterbe, wird meine Witwe das Geld bar ausgezahlt erhalten und nicht trauern müssen wie Frau Tulpe, und meine Söhne werden die Stunde meines Todes segnen."

Biba stirbt

In: *Berliner Tageblatt*, Berlin, 54 (23. 12. 1925), Nr. 605, Morgen-Ausgabe, S. 2.

Der Kalif

In: *Magdeburgische Zeitung*, Magdeburg (5. 5. 1927), Nr. 225, 1. (Haupt-)Ausgabe, 3. Unterhaltungs-Beilage, S. 17.

Ungar hat diese Prosaskizze später für die Erzählung *Der Weinreisende* (1929) verwendet, wo sie aus der Perspektive des Sohnes referiert wird.

Kleine Lügen. Dialog zwischen Eheleuten

In: *Prager Tagblatt*, Prag, 52 (7. 10. 1927), Nr. 238, S. 3.

Strenggenommen kein Prosawerk, wird dieser Text, der Entscheidung für den Nachlaßband *Colberts Reise* folgend, dennoch in den Erzählband aufgenommen.

Mellon, der „Schauspieler"

In: *Berliner Tageblatt*, Berlin, 58 (18. 4. 1929), Nr. 182, 1. Beiblatt, S. 1.

Ungars Beitrag, zu dem ihn der verantwortliche Redakteur Walter Zadek eingeladen hatte, erschien zusammen mit Erinnerungen von Marieluise Fleisser [Fleißer] (*Yella, die „Fallschirmakrobatin"*) und Alice Berend (*Lisbeth, die „Zirkusreiterin"*) unter der Überschrift „Rebellen der Schulzeit".
Das Vorbild für *Mellon*, den *armen B. K.* (auf den auch eigene Befindlichkeiten übertragen sind), gab Ungars Klassenkamerad am Brünner II. deutschen Staats-Gymnasium, Karl Blum, „ein schwer belasteter Junge, der gerne Schauspieler geworden wäre und durch beständiges Deklamieren seine Mitschüler belästigte" (Alexander Loebl, damals Zimmernachbar Ungars in Brünn, in einem Brief an Eva Pátková, 8. 2. 1965).

Der heimliche Krieg

In: *Berliner Tageblatt*, Berlin, 58 (30. 6. 1929), Nr. 304, Morgenausgabe, 5. Beiblatt, S. 1.

Ungars Beitrag erschien unter der Überschrift „Irrtümer, mit denen man durchs Leben läuft" und wurde durch eine redaktionelle Notiz (vermutlich von Walter Zadek) eingeleitet: „Wir wissen, welche starken Entwicklungshemmungen ein Jugenderlebnis zur Folge haben kann. Wir haben es erst eben wieder im Prozess gegen Manasse Friedländer erfahren. Ein psychiatrischer Sachverständiger äusserte dort, dass der junge Friedländer sich ein Phantasiebild von seinem Bruder gemacht habe, das ihn dauernd behinderte, und dass diese eingebildete Last ihn von jeder Aktivität zurückgehalten und die Entwicklung seines

männlichen Selbstgefühls erschwert habe. Die folgende autobiographische Erzählung des Autors dreier Entwicklungsromane wirkt wie ein Parallelfall zu demselben Problem." Der neunzehnjährige Manasse Friedländer hatte im Januar 1929 seinen Bruder Waldemar und seinen Freund Tibor Földes erschossen; er wurde vom Berliner Landgericht II zu sechs Jahren Gefängnis verurteilt, im Wiederaufnahmeverfahren aber freigesprochen, weil er die Tat im „Jugendirrsein" begangen habe.
Mit *R.* dürfte der Brünner Mathematiklehrer Romuald Rinesch gemeint sein, den Ungar nach der Erinnerung Alexander Loebls als „armen Teufel" und „schweren Neurotiker" charakterisierte, „der unter argen Minderwertigkeitskomplexen litt und vor seinen Schülern, die ihn nicht respektierten, Angst gehabt haben muß" (Brief an Eva Pátková, 8. 2. 1965); Rinesch gab wohl auch ein Modell für die pädagogische Existenz Josef Blaus im Roman *Die Klasse* (1927) ab.

Die Bewandtnis

In: *Die literarische Welt*, Berlin, 5 (19. 12. 1929), Nr. 51/52, S. 5.

Veröffentlichung aus dem Nachlaß.

Der Weinreisende. Erzählung

In: *Die Neue Rundschau*, Berlin, 41 (Februar 1930), Nr. 2, S. 223-243.

Veröffentlichung aus dem Nachlaß.

Nachwort

Überblickt man das schmale, im wesentlichen innerhalb nur eines Jahrzehnts entstandene Werk Hermann Ungars, so sind es vor allem seine beiden Romane *Die Verstümmelten* (1922) und *Die Klasse* (1927), mit denen sich der mährisch-jüdische Dichter nachdrücklich in die Prager deutsche und die allgemeine Literaturgeschichte einschreiben konnte. Durchaus nicht zu Unrecht, haben sie das Bild eines Autors geprägt, der ein düsterer Chronist gescheiterter Existenzen war, ein scheinbar unbeteiligter Schilderer extremer Figuren und Handlungen, ein betont antibourgeoiser, tabuverletzender Rebell, dem es aufgrund eigener Versehrungen darum zu tun war, unter der trügerischen Oberfläche bürgerlicher Ordnung und Wohlanständigkeit das untergründige Chaos archaischer Triebe aufzudecken. Die hier, im zweiten Band der *Sämtlichen Werke*, erstmals vollständig gesammelten Erzählungen bestätigen und vertiefen dieses Bild, namentlich mit den beiden Geschichten des Buchdebüts *Knaben und Mörder* (1920) und den großen Novellen *Colberts Reise* (1922) und *Der Weinreisende* (1929), die auch qualitativ nicht hinter den Romanen zurückstehen; sie erweitern es aber zugleich um wenig bekannte und doch für den Dichter wesentliche Aspekte, sei es die sentimentale Schwermut der frühen impressionistischen Skizzen *Heilanstalt* (1919) und *Brief an eine Frau* (1919), den vieldeutigen Surrealismus der Phantasien *Traum* (1921) und *Die Bewandtnis* (1929), die engagierte Sozialkritik des Kriminalberichts *Die Ermordung des Hauptmanns Hanika* (1925) oder den abgründigen Humor in Stücken wie *Tulpe* (1925) und *Der Kalif* (1927). Nicht jede dieser Erzählungen ist uneingeschränkt gelungen, manches wirkt etüdenhaft, als habe sich der Dichter nur erproben wollen (so etwa der eigentlich dramatische Ehedialog *Kleine Lügen* von 1927, der dem Versuch voranging, sich auf dem Theater zu etablieren), und doch zeugt noch ein echtes Fragment wie *Alexander* (1925) von einer außergewöhnlichen, allzu vorzeitig gebrochenen Gestaltungskraft. Eine folgerichtige literarische Entwicklungsrichtung, hin etwa zu einem distanzierteren Erzählen, können die Texte aus wenigen Jahren nur andeuten; allemal aber wird deutlich, wie breit Ungars dichterisches Spektrum war und welche Möglichkeiten durch seinen frühen Tod vernichtet wurden.

Seine ersten, noch epigonal tastenden und an neuromantischen Mustern orientierten Novellen und Romane der Vorkriegszeit hat Hermann Ungar ebensowenig veröffentlichen können oder wollen wie später einen kathartischen, expressionistisch inspirierten Ghettoroman, mit dem er sich von den internalisierten Zwängen einer traumatisch erlebten Kindheit und Jugend freischreiben wollte. Als er dann Ende 1920 mit den zwei Erzählungen *Ein Mann und eine Magd* und *Geschichte eines Mordes*, vereint unter dem provokanten Obertitel *Knaben und Mörder*, doch noch verspätet auf den Buchmarkt trat, konnte er sich daher gleich mit seinem vermeintlichen ‚Erstlingswerk' als ein ‚reifer, fertiger' Autor präsentieren, der sicher über die Mittel eines suggestiven realistischen Erzählens verfügte und allenfalls durch die subjektive, auf pubertäre Existenzkrisen konzentrierte Perspektivierung und die von Dostojewski entlehnte Form der ‚Lebensbeichte' an einen literarischen Anfänger denken ließ. Leicht war ihm, der bis dahin außer zwei Prosastücken fürs *Prager Tagblatt* (*Heilanstalt*, *Brief an eine Frau*) nur pseudonym und an abseitigen Orten Nebensächliches veröffentlicht hatte, dieser Einstieg in den Literaturbetrieb nicht gefallen. Bereits seit dem Sommer 1919 hatte er, nach eigenen Worten „in Verlagsgeschäften vollständig unversiert" (Brief an Fritz Lampl vom 30. 9. 1919), beinahe ein Jahr lang vergebens nach einem Verleger für seine Novellen Ausschau gehalten und sie ersatzweise dem Freund Gustav Krojanker nach Berlin geschickt oder sie gleichgesinnten Prager Bekannten wie Ernst Weiß und Johannes Urzidil vorgelesen, stets auf der Suche nach nötiger Anerkennung und Kritik. Als das sehnlich erwartete erste Buch dann endlich vorlag, wurde es zwar in den drei Prager deutschsprachigen Blättern gleich enthusiastisch besprochen, so am 12. 12. 1920 in der *Deutschen Zeitung Bohemia* von dem ebenfalls aus Mähren gebürtigen Dichter-Journalisten Ludwig Winder, der meinte, die „ganze Erscheinung [sei] eine einmalige und die dichterische Kraft so augenfällig, daß man an

den neuen Namen starke Hoffnungen knüpfen darf"; überregionale Beachtung fand es jedoch erst im Mai 1921 durch rückhaltlos lobende Besprechungen in der Berliner Presse von Stefan Zweig und vor allem von Thomass Mann, die dann auch der weiteren Rezeption den Erfolgsweg bahnten. Während Mann in der *Vossischen Zeitung* (29. 5. 1921) die „vom Osten empfangene Kunst" rühmte, „das seelisch Extreme, Exzentrische, ja Groteske als das eigentlich Menschliche empfinden zu lassen", und das Debüt des jungen Autors zum Anlaß auch für eigene abschweifende Reflexionen über das Soldatentum als seelisch-sittliches Symbol oder über den Begriff des Menschlichen nahm, setzte Zweig im *Berliner Tageblatt* (8. 5. 1921) in apodiktischer Kürze ein „Rufzeichen hinter diesen Namen, der zum erstenmal über einem Buche steht": „Hier ist in einem jungen Dichter dämonisches Wissen um letzte Dinge der Seele mit einer harten, klaren, grausam-scheidenden Darstellungskunst vereint – unendliches Mitleid mit der Kreatur kontrastiert großartig mit einer fast elementaren Unbarmherzigkeit der Gestaltung. Wenige der Jugend in unseren Tagen haben ein kühneres Erzählerbuch geschaffen, keiner vielleicht ein bedeutenderes, als dieser junge, heute noch namenlose Mensch, dem für innere Erschütterung hier öffentlich Dank und Bewunderung zu sagen ich als eine unabweisbare Pflicht empfinde."

Besonders der Name Thomas Manns, dem Ungar denn auch gleich am 30. Mai 1921 überschwenglich für die umfangreiche Besprechung dankte („ich bin glücklich, ich freue mich, daß nun mein Name dem Ihren verknüpft sein darf"), wirkte offenbar so autoritativ auf Kritik und Publikum, daß sich nirgends eine Gegenrede erhob und *Knaben und Mörder* wie selten ein anderes Erstlingsbuch allseits emphatisch begrüßt wurde. Noch in den Nachrufen, die nur acht Jahre später geschrieben werden mußten, sollte der Grad des Verlustes bemessen werden an den beinahe übergroßen Erwartungen, die gleich das erste Buch des mährischen Dichters geweckt hatte. Aus der Flut der Begeisterung, die kaum noch Raum ließ für kritisch abwägende Analysen (so ausufernd, daß der anonyme Rezensent des *Tage-Buchs* am 9. 7. 1921 meinte, der „junge Österreicher" möge „vor Rühmlingen geschützt werden"), verdient es die

Besprechung Berthold Viertels für die *Weltbühne*, herausgehoben zu werden, da in ihr die Emphase einhergeht mit einem erstaunlich hellsichtigen Blick für die „herzabwürgende Not", die den „jungen Menschen" seine beiden Erzählungen schreiben ließ:

„Wie wichtig muß es für den Unbekannten gewesen sein, das zu schreiben – möge das Schreiben nie anders wichtig für ihn werden! [...] Nur Beichte hat er geschrieben, nur Inhalt, nach einer schrecklichen Sachlichkeit der Seele gestrebt – als ob er schon gewußt hätte, daß nur sie noch heilen kann! [...] Gewiß hat er schon Entsetzliches gelitten und Entsetzliches verbrochen – aber noch hat er keine Wunde zugefügt und keine erhalten, die seine Idealität erledigte! Noch ist er, in seiner gesunden Verworfenheit, unendlich nach dem Reinen hin! In unsrer Zeit der glänzenden Erstlinge, da es, inmitten des unholdesten Wahnsinns des Lobes so schwer geworden ist, einen neuen Wert zu preisen [...]: auf welche Kraft des Glaubens und Gelobens hin ein neues Buch prüfen? Woran sich versichern, daß nicht auch dieser junge Dichter mit ganzem Schwung in das ideelle Nichts springen wird, das unser öffentlicher Geist ist? [...] So messe ich denn dieses neue Buch an sich selber: von den beiden Erzählungen tut die eine weh, aber die zweite drückt das Herz ab. Hermann Ungars Helden sind Knaben, die aus der Not der Kindheit, aus einem vergeblichen Heißhunger nach dem Guten sich in den Mord flüchten [...]. An den Verführungen unsrer Zeit kommen sie zunächst gar nicht vorbei. Sie beben allzu hart, in schmerzhafter Klemme, zwischen dem Guten und dem Bösen. [...] Unerbittlich gibt es da nichts als die Zweieinigkeit: Charakter und Schicksal. Und keine Landschaft als Himmel und Hölle. Um dieser Härte, um dieser Weichheit willen glaube ich, wie schon seit langem an keine neue Erscheinung, an dieses Buch und seinen Dichter."

Viertels treffendes Wort von der „schrecklichen Sachlichkeit der Seele" bringt ebenjene Aspekte auf den Begriff, die in den meisten zeitgenössischen Kritiken als die auffälligsten Phänomene des Buchs *Knaben und Mörder* beschrieben wurden. Die Zustimmung, die Ungars Debüt fand, hatte auch mit einer von den Desillusionen des Kriegs und Nachkriegs herrührenden Expressionismus-Müdigkeit zu tun und mit der daraus resultierenden Postulierung eines neuen Realismus. Ungars einfache und klare, nüchtern-sachliche Sprache, die auf jeden vordergründigen Effekt verzichtet und allein auf die Imagination des Lesers setzt, traf sich glücklich mit dieser neuen Zeitströmung, und zugleich kam sein biographisch motivierter Drang, das eigene ‚dunkle Ich' zu ergründen, einem aktuellen Interesse an psychologischen Fragen und besonders an der Psychoanalyse entgegen – wobei es bemerkenswert ist, daß Ungar nach eigenem Bekunden bei der Niederschrift der Novellen von Sigmund Freud noch nichts wußte und erst durch eine Kritik seines Buches auf den Namen aufmerksam geworden sein will. Beides, die karge, distanzierende Sprache und die tiefgründende Psychologie, verbindet sich in *Knaben und Mörder* mit Schreckensphantasien, mit einer thematischen Radikalität und Intensität, wie sie zuvor eigentlich nur der Expressionismus kannte; im Kontrast zum objektivierten Stil, ohne die Tröstungen von Abstraktion und Symbol, wirkten sie aber weitaus erregender, verstörender und nachhaltiger als die inzwischen zur bürgerlichen Mode herabgesunkenen Radikalismen einer längst überlebten Avantgarde. Als Ungar freilich unerschrocken auf diesem Weg weiterschritt und in seinem ersten (veröffentlichten) Roman *Die Verstümmelten*, ermutigt durch die Resonanz auf seine *Knaben*-Tragödien, nahezu alle gesellschaftlichen und moralischen Tabus ignorierte, vermochten ihm nur noch wenige zu folgen, reagierten selbst seine ‚Bahnbrecher' mit Irritation, sprachen sie von „monomanischer Verirrung" (Mann) oder einer anlockend-widerlichen „bösen Bedrückung" (Zweig).

Das zwiespältige Echo auf die *Verstümmelten* verstärkte Hermann Ungars grundsätzliche Versagensängste und trug neben persönlichen Lebensumständen in Ehe und Beruf mit dazu bei, daß er in eine Schreibkrise geriet und erst wieder 1927 mit einem Roman, *Die Klasse*, hervortrat, den er dann auch noch mit Rücksicht auf die Kritik entgegen der psychologischen Wahrscheinlichkeit mit einem christlich drapierten happy end versah. Als Ausdruck dieser Krise und zugleich als ein Versuch ihrer Überwindung kann der Kriminalbericht *Die Ermordung des Hauptmanns Hanika. Tragödie einer*

Ehe gelten, den Rudolf Leonhard Ende 1925 als letzten Band der Reihe „Außenseiter der Gesellschaft – Die Verbrechen der Gegenwart" im Berliner Verlag Die Schmiede herausgab. In dieser berühmt gewordenen Reihe sollten anerkannte Schriftsteller in der Art des Pitaval aufsehenerregende Kriminalfälle der jüngsten Vergangenheit schildern und dabei vor allem die gesellschaftspolitischen Hintergründe der Verbrechen aufdecken, um so ein universales Bild der Zeit und ihrer sozialen Abgründe zu entwerfen. Ungars bisherige Bücher *Knaben und Mörder* und *Die Verstümmelten*, die vordergründig durchaus als ‚Kriminalstudien' gelesen werden konnten, prädestinierten den Autor (der zudem noch promovierter Jurist war) für diese Reihe, kamen sie dem Konzept, abgesehen von ihrer psychologisch-individualisierenden Darstellung, in der distanzierten, ‚neusachlich' berichtenden Sprache wie in der analytischen Behandlung (auch) gesellschaftlich determinierter ‚Außenseiter'-Schicksale doch bereits sehr nahe. Ungar seinerseits konnte sich durch die Einladung des Schmiede-Lektors, der ihn dann auch in die „Gruppe 1925" einführte, nicht nur geehrt fühlen (immerhin stellte sie ihn neben Erfolgsautoren wie Alfred Döblin, Egon Erwin Kisch oder Ernst Weiß), sie enthob ihn auch vorerst der lähmenden Frage literarischer Neuorientierung und bot ihm die glückliche Gelegenheit, ein aktuelles Thema der Realität jenseits der eigenen Problematik zu behandeln. Zudem wurde kein ‚Kunstwerk' erwartet, sondern eine ‚grande reportage' auf der Basis von Faktenmaterial; die schreibhemmenden Selbstzweifel waren daher geringer denn je.

Hermann Ungars Mitarbeit an der geplanten Reihe wurde bereits Anfang 1924, ehe noch der erste Band erschienen war, in der Presse angekündigt; wenn es dann dennoch bis Ende 1925 mit der Realisation dauerte, so deshalb, weil Ungar zunächst im Zweifel über ein geeignetes Thema war und schließlich, nachdem er sich für den Brünner Mordfall Hanika entschieden hatte, noch viel Zeit auf sorgfältige Recherchen verwandte, zum Studium der Prozeßakten, persönlichen Unterlagen (Briefe der in den Fall Verwickelten, ein Tagebuch des ermordeten tschechischen Hauptmanns) und nicht zuletzt der Zeitungsberichte, die in dem Prozeß, der Ende

1923/Anfang 1924 die junge tschechoslowakische Republik erschüttert hatte, eine besonders unrühmliche Rolle gespielt hatten. Viele dieser Materialien erhielt Ungar von seinem als Rechtsanwalt in Brünn lebenden Jugendfreund Felix Loria und von den übrigen Verteidigern, was die ungewohnte Arbeit ebenso erleichterte wie die eigene Vertrautheit mit den mährischen Verhältnissen; der Fall lag ihm aber auch thematisch nahe, konnte er hier doch Fragen psychischer und sozialer Determination behandeln, wie etwa die sexuelle und materielle Abhängigkeit, das Soldatentum oder die Auswirkungen eines kleinbürgerlichen Milieus, die ihn seit jeher besonders interessiert hatten. Den Brünner Verhandlungen scheint er jedoch nicht beigewohnt zu haben.

In seiner *Vorbemerkung* zur *Ermordung des Hauptmanns Hanika* weist Ungar darauf hin, es habe ihm widerstrebt, „mit dem Stoff als Künstler umzugehen, aus der Chronik eine Novelle zu machen", und tatsächlich ist er diesem Grundsatz weitgehend gefolgt und hat einen kargen, quellenorientierten Bericht geschrieben. Schon der Untertitel, ‚Tragödie einer Ehe', zeigt aber an, daß es sich nicht um eine Reportage im engeren Sinn handelt, sondern daß der Autor innerlich Partei ergriff für seine Figuren. Die literarisch ambitionslose Darstellung bedeutet weder, „daß er auf eine Analyse des Materials verzichtet hätte, noch, daß diese Analyse, die Durchleuchtung der gesellschaftlichen und psychologischen Zusammenhänge der Vorgeschichte wie der Tat selbst sowie der Bedingungen des Prozesses und seiner Wechselwirkungen mit der Öffentlichkeit, von einem unbeteiligten Standpunkt aus erfolgt wäre. Wie in seinen Romanen und Erzählungen schloß auch in dieser kunstvoll eingesetzten Form des Berichts Sachlichkeit das Mitfühlen nicht aus" (Manfred Linke).

Deutlicher als die fiktiven Arbeiten läßt Ungars Kriminalbericht *Die Ermordung des Hauptmanns Hanika* seine gesellschaftskritische Haltung erkennen, sein Engagement für soziale und politische Veränderungen. Vielen bürgerlichen Kritikern scheint gerade dies suspekt gewesen zu sein: So nannte Hans Nordeck, für den auch die meisten anderen Autoren der Reihe durch „mehr oder minder linksradikale Parteibrillen" sahen und den „Boden ewiger, göttlicher Gebote“ verlassen hatten, Ungar im konservativen Münchner *Hochland* (August 1928) einen „Anhänger der ‚Relativitätslehre‘“, dem Moral, Wahrheit und Gerechtigkeit nur relative Begriffe seien (was objektiv durchaus richtig beobachtet ist); so behauptete Richard Euringer in der Leipziger *Schönen Literatur* (Juni 1927), Ungar und Genossen trieben ein „frivoles Spiel mit Werten“. Andere, ideologisch weniger voreingenommene Kritiker bemängelten, daß die Darstellung nicht alle psychologischen Möglichkeiten des Falles erschöpft habe, oder registrierten, nicht ganz ohne Berechtigung, eine mangelhafte Sprachgestaltung und eine uneinheitliche Komposition.

Da die Bücher der „Außenseiter“-Reihe 1924/25 in kurzen Abständen und teilweise sogar gleichzeitig erschienen, wurden sie meist in Sammelrezensionen behandelt, fand Ungars schmale Kriminalstudie nicht die Beachtung, die sie verdient gehabt hätte. Auch das reichsdeutsche Publikum wird sie nur als einen Titel unter anderen wahrgenommen haben, noch dazu in weitgehender Unkenntnis des Hanika-Falls als weniger interessanten. In der Tschechoslowakei und besonders in Brünn und Mähren war dies verständlicherweise anders. Das große Lokalinteresse führte hier bereits wenige Monate nach der Schmiede-Veröffentlichung zu einer Übersetzung, die vom 25. 2. bis 13. 3. 1926 in täglichen Fortsetzungen in der Brünner *Lidové noviny* erschien: *Vražda kapitána Haniky*.

Bemerkenswert ist eine Kritik in der *Prager Presse* (26. 1. 1926), in der Otto Pick, eingenommen wohl durch seine persönliche Bekanntschaft mit dem „trefflichen deutschmährischen Erzähler“, bei der Vorstellung der jüngsten Titel der „Außenseiter“-Reihe allein auf dessen neues Buch einging; gegen Ungars eigenen Anspruch erhebt er dort die „energisch um sachliche, unparteiische Wiedergabe des Falles bemühte Darstellung“ zum literarischen „Kunstwerk“: „Unter bewußtem Verzicht auf literarische Ausschmückung und psychologisierende Einschiebsel stellt Ungar klipp und klar ‚nur das dar, was aus dem Material, das zur Verfügung stand, hervorging‘, wie es in der allzu bescheidenen Vorbemerkung heißt. Aber gerade diese Darstellungsweise ruft in dem aufmerksamen Leser gelegentlich eine ähnliche Empfindung hervor, wie man sie etwa bei der Lektüre der italienischen Novellen Stendhals erfahren hat: der juristisch gegenständliche Stil beginnt, gleichsam von innen heraus, zu leuchten, die trockene Tatsachenaneinanderreihung wirkt plötzlich erregend, seelische Zwischengebiete werden sichtbar und die Deutung des Rätselhaften erscheint gar nicht so schwer, wie man vermeint hatte. Und so verwahrt sich der Leser schließlich gegen des Verfassers Behauptung, daß diese Darstellung nicht als Kunstwerk gewertet zu werden verdiene."

Auch wenn man Picks Wertung als „Kunstwerk" zustimmen mag, fehlt dem Dokumentarbericht *Die Ermordung des Hauptmanns Hanika* doch naturgemäß die im fiktiven Werk unmittelbar ergreifende szenische Vergegenwärtigung und eine nur innenperspektivisch erreichbare Tiefendimension der Charaktere, so daß man es aus literarischer Sicht bedauern muß, daß Ungar aus dem brisanten Stoff nicht doch eine Novelle oder besser noch einen Roman gestaltet hat. Freilich könnte es sein, daß gerade dieser Umweg über die distanzierte Chronik für ihn notwendig war, um den eigenen Standort zu bestimmen, sich ästhetisch neu zu orientieren und so den bereits 1925 begonnenen Roman *Die Klasse* zu Ende zu schreiben, in dem eine extreme Psyche ganz im Gegensatz zur Dokumentation konsequent aus einer verengten Innenperspektive entwickelt wird. Einen ebenfalls um 1925 angefangenen Roman, von dem allein das Fragment *Alexander* zeugt, hatte Ungar dagegen nach den ersten expositorischen Seiten skrupulös abgebrochen, vielleicht auch deshalb, weil ihm selbst die biographische Konzeption zu sehr als eine Wiederholung der ‚Beichten' seines Erstlingsbuches erschien.

Obwohl Ungar sich auch nach dem Erscheinen der *Klasse*, die zumal wegen des optimistischen Schlusses von der bürgerlichen Kritik wieder positiver als die *Verstümmelten* aufgenommen worden war, noch mit weittragenden Prosaplänen trug und neben seinen Theaterarbeiten einen Roman über die Schicksale einer Gruppe von mährisch-slowakischen Landarbeitern projektierte, konnte er nichts davon mehr realisieren. Sein viertes und letztes Prosabuch wurde so die posthume Sammlung *Colberts Reise. Erzählungen* (1930), eine etwas sorglose, von dem Nachlaßverwalter Camill Hoffmann und dem Rowohlt-Lektor Paul Mayer verantwortete Kompilation bereits früher in Zeitungen und Zeitschriften veröffentlichter Texte, die der Autor in dieser Form gewiß nicht gewollt hätte und die daher auch für unsere Edition nicht maßgeblich sein kann. Aufgewertet wurde der schmale Band durch ein mit spürbarem Engagement geschriebenes *Vorwort* von Thomas Mann, das sich wie eine heimliche Wiedergutmachung dafür liest, den *Verstümmelten*, diesem „Roman von gramvoller Stärke", nicht wirklich gerecht geworden zu sein: „Das wehmütige Vorrecht, die schöne Pflicht, diesen Nachlaßband Hermann Ungars beim deutschen Publikum einzuführen, leite ich von der Tatsache her, daß ich zu den Ersten gehörte, die das außerordentliche Talent des Verstorbenen empfanden und darauf hinwiesen. Da ich mich für seinen Erstling, ‚Knaben und Mörder', einsetzte, wäre es nicht recht, wenn ich beim Erscheinen seines letzten, postumen Werkes unbeteiligt beiseite stände, – dessen seelische Schönheit und künstlerischer Reiz mich noch mehr ergreifen, als die Eigenschaften des ersten es einstmals taten. Denn damals war alles Hoffnung, Aufhorchen, Freude am Aufgang eines verheißungsvollen Gestirns, Lebenszuversicht; heute deckt die Erde dieses Leben, das Träger so großer und nicht zur Erfüllung bestimmter Gaben war."

Daß es sich bei den neun Geschichten des Bandes (*Colberts Reise*, *Der Weinreisende*, *Die Bewandtnis*, *Tulpe*, *Alexander*, *Mellon, der „Schauspieler"*, *Bobek heiratet*, *Der heimliche Krieg*, *Die Brüder*) nicht wirklich um späte und bislang unveröffentlichte Texte aus dem Nachlaß handelte, scheint Thomas Mann wie dann auch die meisten Kritiker nicht gewußt zu haben; seine Argumentation geriet dadurch zwangsläufig in eine Schieflage, und doch möchte man ihm in einem universaleren Sinn zustimmen, wenn er, aus der Novelle *Der Weinreisende* zitierend, einer der tatsächlich letzten Arbeiten des Dichters, das dort definierte Künstlertum auf den Autor selbst bezieht und davon spricht, auch Ungar (dem die Kunst bei aller ‚Todgeweihtheit' ‚Lebensgesang' gewesen sei) habe „durch sein Talent" in einem „tieferen und heiligeren Zusammenhang mit der Natur" gestanden: „gerade diese nachgelassenen Geschichten lassen es am stärksten erkennen, sie zeigen vielleicht deutlicher als das zu Ungars Lebzeiten Erschienene, welche Entwicklungsmöglichkeiten durch seinen vorzeitigen Tod geknickt wurden, und ihre Herausgabe bedeutet uns wirklich eine menschliche Anklage des Schicksals." Von den Texten selbst, auf die Mann indes nur flüchtig eingeht, heißt es, die Novelle *Colberts Reise* mit ihrer „unheimlich bedeutenden Figur" Modlizki sei ein „kleines Meisterstück", das „mit Ehren innerhalb eines klassischen Lebenswerkes" stehen könnte; die übrigen seien „studienhafter, Bruchstücke und Andeutungen einer unverwirklichten epischen Welt, – aber man lese ‚Bobek heiratet' [heute im ersten Band der *Sämtlichen Werke*], um zu spüren, welcher herzhaften Lebensgriffkraft, welcher grotesken Sakramentalität des Sinnlichen dies schwermütige Talent fähig war, und was daraus hätte erwachsen können!"

Thomas Manns einfühlsames *Vorwort*, das von der Presse mehrfach nachgedruckt wurde, hat nicht verhindern können, daß die Sammlung *Colberts Reise* von der Kritik kaum wahrgenommen wurde und auch ihr Autor bald in Vergessenheit geriet. Am ehesten besprochen wurde der Band von alten Weggefährten und Freunden wie Ludwig Winder, Paul Leppin, Anton Kuh oder Paul Kornfeld; ihre Rezensionen sind doppelt interessant, weil sie nicht nur Texten auch der vorliegenden Edition gelten, sondern darüber hinaus auch allgemeine, oft sehr persönliche Charakterisierungen bieten.

Zu den Kritikern, die Ungars Entwicklung von Beginn an aufmerksam verfolgt und beständig kommentiert hatten, gehörte sein geistesverwandter Landsmann Ludwig Winder; in der *Deutschen Zeitung Bohemia* (20. 11. 1930) schrieb er über das „schmale Bändchen": „Ein neuer Zug in dem vertrauten Bild des vor einem Jahr Gestorbenen ist nicht zu entdecken. Aber selbst die kleinste Skizze enthält ihn ganz, diesen unglücklichen jungen Dichter, der nie jung gewesen ist. Sorgen, Beklemmungen, finstere Gesichte huschen vorbei, der Dichter übt an ihnen seinen Witz; der schaurige Humor der meisterlichen Novelle ‚Colberts Reise' kann nur von Lesern, die nichts von Ungar wissen, als Humor empfunden werden." Modlizki, der wie sein Autor aus „Hochmut und Demut" gepaarte Diener, der dieser Novelle entstieg, um dann auch im Roman *Die Klasse* und in der Dramatisierung *Die Gartenlaube* (1929) sein dämonisches Unwesen zu treiben, sei Ungars „Lieblingsgestalt" gewesen, im Grunde aber habe er in jede seiner Figuren die eigene Existenz eingebracht: „In allen Gestalten, die er schuf, war Ungar: dadurch unterschied er sich von den meisten Erzählern unserer Zeit. Sie stehen außerhalb ihres Werks, die Sachlichen wie die Romantiker; Ungar hingegen lebte wie eine von ihm erfundene Gestalt, wie Modlizki oder Colbert oder der Lehrer Blau. Es ist unerträglich anstrengend und aufreibend, so zu leben."

Paul Leppin, ein Prager Dichter der vorigen Generation, rühmte in der Berliner *Literatur* (1930/31) mit gewohntem Pathos eine „Leistung", „die durch den Einbruch des Schicksals im Aufstieg zum Ungewöhnlichen gehemmt wurde": „Grell und böswillig flakkerndes Feuer, Nihilismus der Frömmigkeit, gibt [...] den sparsam gewählten Stücken des posthumen Buchs qualvollen Sinn und Bedeutung. ‚Der Weinreisende', ‚Die Bewandtnis' sind Berichte, die mit unbegreiflicher, fremder, schwer zu ertragender Symbolik gefüllt sind. Die Titelerzählung ‚Colberts Reise' ist ein Meistergebilde der deutschen Prosa."

Für Anton Kuh im Berliner *Querschnitt* (1931) war dagegen *Der Weinreisende* das „beste Stück": „Eine Mordgeschichte von so sprachlicher Gespenstigkeit, daß man, würde mit diesem Namen nicht soviel Schindluder getrieben, doch wieder nur ausrufen könnte: Kleist."

Kritiken, die dem Autor „allzu krassen Realismus und sinnliche Ungehemmtheit" vorwarfen, wie Oskar Lorenzoni im katholischen *Gral* (Oktober 1931), der überdies die „spöttische Note" für ein „Erbteil des jüdischen Blutes" hielt, waren selten und kamen zumeist aus konservativer Ecke; die Bedeutung der Herkunft betonte aber auch Josef Mühlberger in seiner Egerer Zeitschrift *Witiko* (1931) – in Ungars „nachgelassenen Erzählungen" finde sich sowohl das „Wissen um Farbigkeit und Duft des Irdischen" wie die „Ahnung von Vergehen und Geheimnis": „Dazwischen liegt die helldunkle, quälend süße Sehnsucht nach Heimat. Neben ungebrochener Vitalität (‚Bobek heiratet') die Schilderung eines kläglichen, alltäglichen, erbärmlichen Sterbens (‚Tulpe'). Mährisches wird deutlich in der dunklen Durchfärbung der Motive, Jüdisches in der Ahasverischen Heimatlosigkeit. [...] Und die Welt und alle ihre Schönheit ist hier von Trauer, dem Finster und Schatten des Todesengels beschattet."

Bemerkenswert ist auch eine Kritik von Friedrich Burschell, der Ungar durch die „Gruppe 1925" kennengelernt hatte und in der *Frankfurter Zeitung* (4. 10. 1931) nicht nur wie viele andere Rezensenten einen vermeintlich neuen Entwicklungsstand mit den „nachgelassenen Erzählungen und Skizzen" erreicht sah, sondern auch ein fast zwanghaftes Zurückgeworfensein auf die Heimat: „Hermann Ungar stand kurz vor seinem Tod mitten in einer Entwicklung, die ihn aus der noch unbestimmten Melancholie seiner frühen Romane heraus zu jener unerbittlichen Schärfe der Darstellung führen sollte, auf die alle Merkmale seiner besonderen Begabung ihn verwiesen. [...] Ungars produktives Erlebnis war die *Angst*, eine panische, kreatürliche Angst, aus Knabenträumen lebendig geblieben, durch den Krieg bekräftigt. Die Angst hatte ihm die Sinne geschärft und ihn zum Dichter gemacht, der die feinste Witterung für das Unheimliche hatte. Die Angst hatte ihn getrieben, die Heimat zu suchen, nicht um gerührt oder begeistert von ihr zu erzählen, sondern um sich auf ein Feld zu beschränken, das ihm Kräfte gab, weil er es mit allen Rissen genau beschreiben konnte. Alle Geschichten dieses Nachlaßbandes spielen irgendwo in der *böhmisch-mährischen Heimat* des Dichters. Es sind großartige und vollkommene Stücke darunter, manche sind Skizzen geblieben, aber auch an ihnen erkennt man die reichen Möglichkeiten einer Begabung, die auf dem richtigen Wege war. Ob Ungar das kannibalische Behagen einer ländlichen Hochzeit beschreibt [*Bobek heiratet*], ob er den grotesken Tod eines Oberregistraturrats schildert [*Tulpe*], ob er mit seiner merkwürdigsten Gestalt, dem unheimlichen und verbissenen Diener Modlitzki, die Welt der bürgerlichen Konventionen sprengt [*Colberts Reise*], immer sieht man den Weg zu einem bedeutenden Werk geöffnet. – Hermann Ungar hatte das Zeug in sich, völlig rücksichtslos und mit einer Radikalität, die jenseits aller Politik war und sie doch in sich einschloß, das Grauen der Existenz zu enthüllen und jenen Teil der Wahrheit zu sagen, der heute auf vielen Lippen liegt, aber noch nicht entsiegelt ist."

Die persönlichste, ausführlichste und wesentlichste Besprechung von „Ungars Nachlaß" schrieb der befreundete Paul Kornfeld, von dem auch ein wehmütig-zorniger Nachruf stammt, für das *Tage-Buch* (Juni 1931); gegenüber Burschell konstatierte er eine gegenläufige Entwicklungsrichtung, auch er offenbar im Unwissen darüber, daß die meisten Texte Jahre zurück datierten: „War der Roman ‚Die Verstümmelten' das konsequenteste und unerbittlichste seiner Werke, so ist dieses, sein letztes, das liebenswerteste. Es enthält außer zwei meisterhaften Novellen [*Colberts Reise* und *Der Weinreisende*] nur kurze, scheinbar hingeworfene, scheinbar skizzenhafte, fast fragmentarische Erzählungen. Aber gerade aus ihnen klingt ein anderer, neuer Ton. Keiner von ihnen liegt eine Handlung zugrunde, es ist immer nur ein Motiv: wie in den Worten eines, dem Knaben gesungenen, armseligen Kinderverses des Mannes ‚Schicksal unbegreiflicherweise vorweggenommen war' [*Alexander*], wie einer in sein heimatliches Dorf zurückkehrt, glückselig und doch schweigsam [*Die Brüder*], oder wie ein Beamter nach fünfundzwanzigjähriger Dienstzeit bei seiner Arbeit stirbt [*Tulpe*] – es wird immer nur aus dem Labyrinth der tausend Geschehnisse eines herausgehoben, aber von einem Dichter betrachtet und mit dem sanften und gewichtigen Charme eines schwerblütigen Mannes nacherzählt. Aus dem Glauben an die Ordnung ist die Sehnsucht des Menschen nach ihr geworden, in das harte Auge des Pessimismus ist der weiche Blick der Melancholie gekommen, der Aufschrei der Anklage singt sich hinüber in ein Lied der Klage. Auch in diesem letzten Buch von Ungar waltet das Geheimnis der Gestaltung: daß alles Geschaffene hinaustritt und, kaum daß es geschaffen ist, schon, unabhängig vom Schöpfer, als eine neue Wirklichkeit lebt; und das Geheimnis der meisterhaften Prosa: daß man nicht mehr die Hand ahnt, die die Worte niedergeschrieben, nicht mehr das Gehirn, das sie zusammengefügt hat; alles ist in ungekünstelter Weise fertig und selbstverständlich und jeder Satz steht so da, als wäre er irgendwo draußen im Freien gewachsen. Ungar hat schwer und mühsam gearbeitet; natürlich, das Leichte hebt sich schnell und das Gewichtige löst sich nur langsam los, aber er ist ganz bis zum Ende gekommen: daß von der Arbeit nichts mehr spürbar bleibt."

Zur geringen Resonanz auf die Sammlung *Colberts Reise*, trotz solcher Lobeshymnen, trug zweifellos bei, daß die dort vorgestellten Prosatexte, abgesehen allenfalls von ihrem überwiegenden Bezug zur mährischen Welt, sehr heterogen sind, von den in sich ‚vollkommenen', ‚meisterlichen' Novellen *Colberts Reise* und *Der Weinreisende* über die surrealistische, offenbar von einem Bild inspirierte Miniatur *Die Bewandtnis* oder die bissige Bürgersatire *Tulpe* und die unverstellt autobiographischen Erinnerungen *Mellon, der „Schauspieler"* (1929), *Der heimliche Krieg* (1929) und *Die Brüder* (1924) bis hin zum Fragment *Alexander* und dem humoristischen Romandestillat *Bobek heiratet*. Was einem völkischen Kritiker wie Fritz Rostosky (*Die neue Literatur*, April 1931) den „Eindruck eines trostlosen, unorganischen Nebeneinander" machte, ist indes eher als ein Ausweis vielseitiger, in kurzer Lebenszeit nur teilweise verwirklichter Begabung zu werten, ein Befund, der durch weitere, damals vergessene oder bewußt ausgelassene Texte unterstrichen werden kann.

Bisherige Editionen der Erzählungen Hermann Ungars, die Sammlung *Geschichte eines Mordes. Erzählungen* (Berlin 1987), die Publikation im angeblichen *Gesamtwerk* (Wien, Darmstadt 1989) oder auch die französische Übersetzung *Le voyage de Colbert* (Toulouse 1989), haben stets den Nachlaßband *Colberts Reise* zur Textgrundlage genommen und so den fälschlichen Eindruck erweckt, es habe sich dabei um eine autorisierte und noch in der Textfolge verbindliche Ausgabe gehandelt. Auch Einzelveröffentlichungen sind der Einfachheit halber diesem mehr als unzuverlässigen Textzeugen gefolgt. Notwendige Ergänzungen erschienen in den Sammlungen *Der Kalif und andere Kurzprosa* (Siegen 1986) und *Der Bankbeamte und andere vergessene Prosa* (Paderborn 1989). Die vorliegende Ausgabe bietet nun zum ersten Mal – mit Ausnahme der Prosastücke *Der Bankbeamte*, *Fragment* und *Bobek heiratet*, die in den Kontext der beiden Romane gehören und daher in den ersten Band der *Sämtlichen Werke* aufgenommen wurden – alle „verstreuten Erzählungen" Hermann Ungars in chronologischer Folge nach den Erstdrucken (nur bei der Novelle *Colberts Reise* mußte von diesem Prinzip abgewichen werden). Zusätzlich zu den bekannteren Texten des Nachlaßbandes, von denen vor allem die Titelnovelle mehrfach nachgedruckt wurde, enthält sie die frühen Skizzen *Heilanstalt* und *Brief an eine Frau*, deren schmerzliche, autobiographisch fundierte Melancholik etwas von Ungars impressionistischen Anfängen ahnen läßt; den demgegenüber fast experimentell anmutenden und doch mimetischen, eigene Kindheitsängste heraufbeschwörenden *Traum*; die erst neuerdings wiederentdeckte Studie *Biba stirbt* (1925), die in wenigen Schritten das eindringliche Psychogramm eines Kinderarztes im Konflikt zwischen beruflicher und privater Identität zeichnet; den für das poetische Selbstverständnis des Autors wichtigen Monolog *Der Kalif* und die dramatische ‚Fingerübung' *Kleine Lügen*.

Die Entdeckung weiterer Erzählungen Hermann Ungars ist nach jahrelangen Recherchen des Herausgebers weitgehend auszuschließen und scheint allenfalls noch in Privatarchiven oder bisher nicht erschlossenen Nachlaßbeständen denkbar. Aber noch die wenigen überlieferten Texte haben Gewicht genug. Nicht nur Ungars Romane, gerade auch die hier gesammelten Erzählungen, von denen manche wie ein Anlauf zu größeren Werken anmuten, lassen es – mit den Worten Paul Kornfelds – „traurig" und „unbegreiflich" finden, daß diesem Dichter vom Schicksal nicht mehr Zeit gegeben war:

„Wie traurig ist es, vom Nachlaß eines erst Sechsunddreißigjährigen sprechen zu müssen, und wie traurig erst, wenn er ein so reiner und dichterischer Mensch gewesen ist. Aber es ist auch unbegreiflich, daß Ungar so früh sterben mußte, denn man kann nicht zugeben, daß er schon alles gesagt, daß er schon zu Ende gesprochen hatte. Es bleibt unbegreiflich, wenn man sich nicht zu dem Glauben bekehren lassen kann, daß das Schicksal auch dort ohne Besinnung tötet, wo es etwas Besonderes hervorgebracht und einen Menschen noch für etwas Besonderes bestimmt hat. Aber wenn man sonst nur über Dinge sprechen soll, über die man Gewißheit zu haben glaubt, so darf man doch angesichts des Todes getrost eingestehen, daß man hilflos ein Rätsel anstarrt, das unauflösbar scheint."

Dieter Sudhoff